Alois Uhl

Lucrezia Borgia

Biographie

Artemis & Winkler

Für meine Tochter Sonja
mit ihrer großen Begeisterung
für Italien

Bibliografische Information der Deutschen Nationalbibliothek

Die Deutsche Nationalbibliothek verzeichnet diese Publikation
in der Deutschen Nationalbibliografie; detaillierte bibliografische Daten
sind im Internet über http://dnb.d-nb.de abrufbar.

Printed in Germany.
ISBN: 978-3-491-35021-2
www.patmos.de

Alois Uhl

Lucrezia Borgia

Inhalt

Einleitung

»Jedem sein Giftfläschchen!« Unter dieser Überschrift berichtete die Neue Zürcher Zeitung am 27. Juni 2005 über eine Aufführung von Donizettis Oper »Lucrezia Borgia« in einem Hotel in St. Moritz. Freundschaft, Liebe, aber auch Eifersucht, Intrigen und ein tödliches Gift stehen im Mittelpunkt dieses emotional aufgeladenen Renaissancegeschehens. Schon beim Eintritt in den bis auf den letzten Platz ausgebuchten Saal entdeckt man auf den Tischen »herzige« kleine Giftfläschchen, die das

Publikum einladen, sich zur Verschönerung des Abends doch einmal eine Dosis »Arsenik« zu genehmigen. Ein zündender Gag der Regie, der auch heute noch zeigt, was man mit dem Namen Lucrezia Borgia verbindet.

Die berühmteste Frauengestalt der Renaissance lebt bis auf den heutigen Tag fort in Romanen, Filmen und auf Videos, versehen mit verschiedenen Etiketten wie »Satanstochter im Vatikan« oder »Die heißen Nächte der Lucrezia Borgia«. Aus den Begleittexten ist zu erfahren, dass sie schon zu Lebzeiten als Hure, Blutschänderin, Giftmischerin und Hexe geschmäht wurde. Weiterhin heißt es: »Im ausschweifenden, sinnenfrohen Italien der Renaissance lebt die schöne Lucretia Borgia, eine geheimnisvolle und schillernde Frau. Die Tochter des Papstes Alexander VI. gilt als herzenskalt, hinterhältig und verdorben. Aber unter der Schale der männermordenden Teufelin verbirgt sich – ein Engel. Lucretia liebt ihren Bruder, den machthungrigen Cesare über alles. In einem tödlichen Intrigenspiel um Macht und Herrschaft wird sie aus reiner Liebe zur grausamen Mörderin.«

Und sogar in einem seriösen Kalenderblatt des Bayerischen Rundfunks vom 18. April 2006 wird folgende haarsträubende Geschichte dargeboten:

»Beim Konklave 1492 fehlte noch eine Stimme, und die des uralten Kardinals Gherardo war noch zu haben. Nur – was konnte einen so alten Mann noch reizen? Es konnte nur das Leben selbst sein, das blühende Leben in Gestalt seiner Tochter Lucrezia. Wenn Ihr mir im Konklave die Stimme gebt, dann wird Euch morgen um die Mittagsstunde das schönste junge Mädchen von Rom seine Aufwartung machen und ganz ohne Begleitung zu Euch … Die Augen des alten Gherardo funkelten, der Greis nickte, und am Morgen des nächsten Tages stieg das Rauchsignal des Konklave zum Himmel auf. Rodrigo Borgia war der neue Papst Alexander VI. Das war der Beginn der lasterhaften Karriere der Lucrezia Borgia.«

Eine derartige Effekthascherei hat lange Tradition, und bis heute beflügelt die schöne Papsttochter die Fantasie, die Legenden entstehen lässt, die sich hartnäckig halten und in immer neuen Variationen um das gleiche Thema »Sex und Gift« kreisen; damit lässt sich einiges an Spannung und wohligem Gruseln erzeugen. Aber was sagt die historische Forschung? Und bringt die kritische Würdigung der Quellen eine »neue«, gleichsam gereinigte Lucrezia? Man könnte leicht in das andere Extrem verfallen und aus einer Verteidigungshaltung heraus ein geschöntes Bild zeichnen, den »Engel« eben. Wird man der Papsttochter aber auf diese Weise gerecht? Begeben wir uns also auf die Suche nach der wahren Lucrezia und den historisch bewiesenen und beweisbaren Fakten.

Die äußeren Handlungsabläufe sind gut dokumentiert, häufig wird von Zeitgenossen ihre Kleidung beschrieben; was aber fast völlig fehlt, sind authentische Aussagen von Lucrezia über ihre Gedanken und Gefühle. Viel wird über Lucrezia berichtet, aber sie selbst sagt uns wenig über sich. Da verfängt sich der Biograf leicht in den Fallstricken der Interpretation, und psychologische Ausdeutung wird von der Fantasie unter Umständen in falsche Bahnen geleitet. Diese Gefahr besteht, und deshalb ist Vorsicht geboten. Keineswegs sind heutige Wertmaßstäbe anzulegen, und nicht jedem Chronisten ist zu trauen.

Lucrezia ist nicht isoliert zu sehen, sie ist eine Person der damaligen Zeitgeschichte, und es gilt zu zeigen, wie ihr Leben sich mit der Geschichte ihrer Zeit verknüpfte. Sie lebt immer in einem öffentlichen Umfeld, ist geprägt durch das Leben an Höfen, gehört zur Oberschicht. In Rom gelten die Borgia als hochmütige Parvenüs, in Ferrara wird Lucrezia als Herzogin vom Volk geliebt und geachtet. Vielleicht gelingt es einen Blick hinter die Schauseite höfischen Lebens zu werfen und das Denken und die Verhaltensweisen hinter den Fassaden zu ergründen ebenso wie die Motive und Überzeugungen einer Frau in einer exponierten Stellung.

Im Jahr 2002 hat Ferrara ein »Anno di Lucrezia Borgia« ausgerufen. Mit einer großen Ausstellung und vielerlei Feierlichkeiten wurde die unvergessene Herzogin geehrt, im Juni fanden an zwei Abenden auf den Plätzen der Stadt Aufführungen statt, und von vielen Plakaten leuchtete in Großbuchstaben »LUCRETIA ESTENSE DE BORGIA«. Am 2. Februar 1502 war ganz Ferrara auf den Beinen gewesen, um die schöne Braut zu sehen, und dieses Jubiläum »LA INTRATA DE LA SIGNORA LUCREZIA BORGIA DENTRO DA FERRARA« wurde jetzt 500 Jahre später überschwänglich gefeiert. Die Ferraresen haben die Archive nach bisher unbekannten Zeugnissen durchforscht, und die Universität Ferrara hat zahlreiche Texte von zeitgenössischen Chronisten veröffentlicht. Diese Forschungen, aber auch die Ergebnisse eingehender eigener Archivstudien sind in meine Biografie eingegangen.

Mein Buch verfolgt den Lebensweg Lucrezias von ihren jungen Jahren an, als sie auf einem Brokatkissen auf den Stufen des Papstthrones sitzt und mit großen Augen das Geschehen im Vatikan verfolgt. Bald verfügt ihr Vater über sie, zwingt sie in zwei Ehen, die jeweils in einer Katastrophe enden. Wer sich ihren Lebensweg als heitere Operette vorstellt, geht an der Wirklichkeit vorbei. Von Jugend an ist Lucrezia mit der Härte des Lebens konfrontiert, die Leiche ihres Bruder Juan wird aus dem Tiber gefischt, das Borgia-Dasein ist kein pures Glück.

Vater und Bruder nehmen wenig Rücksicht auf ihre Befindlichkeiten, ihr Ehemann Alfonso von Aragón, dem sie herzlich zugetan ist, wird in den Gemächern des Vatikan brutal ermordet. In diesen heiligen Hallen kennt man die Rache sehr wohl, Mord und Intrigen werfen ihre Schatten – nicht pausenlos, aber von Zeit zu Zeit.

Aber bei der päpstlichen Heiratspolitik reibt man sich verwundert die Augen: Was will der Papst mit seinen Kindern anfangen, die er eigentlich gar nicht haben dürfte? Es muss zunächst erstaunen, dass die ganze Borgiafamilie keine Spur von schlechtem Gewissen zeigt. Ihre letzte Ehe führt Lucrezia nach Ferrara, wo der verwitwete Erbprinz Alfonso d'Este in den sauren Apfel beißen und die Papsttochter ehelichen muss, zwar mit einer königlichen Mitgift, aber nicht aus freiem Willen, und es bleibt spannend, ob aus dieser Zwangsheirat eine akzeptable Ehe werden kann.

Man kann Lucrezia nicht verstehen ohne ihren Vater Papst Alexander VI., der keineswegs überraschend auf den päpstlichen Stuhl kam, sondern als Vizekanzler sich durch Fleiß und Tüchtigkeit einen guten Ruf erworben hatte. Seine zahlreiche Kinderschar sah man da eher als einen Schönheitsfehler an, nicht als ein wirkliches Hindernis. Versprechungen und Geschenke beförderten die Entscheidung, wobei auch vor und nach ihm bei einer Papstwahl reichlich Geld geflossen ist. Der gekaufte Stuhl Petri war nicht der einzige Makel einer dekadenten Kirche, die alle ihre Ämter einer schamlosen Bereicherung preisgegeben hatte. Vom Vater dirigiert und im Schatten des mächtigen und stolzen Bruders Cesare hatte Lucrezia Mühe, ihren eigenen Weg zu finden. Bis jetzt war sie die fremdbestimmte Tochter, auf dem Weg nach Ferrara muss sie sich frei schwimmen, eigenes Profil gewinnen, sich durchsetzen.

Es wird auch zu fragen sein, welche Spielräume hatte eine Herzogin, welche Aufgaben kamen auf sie zu bei Abwesenheit ihres Mannes, und wie stand es um die Verwandtschaft, das erlauchte, auf eine jahrhundertealte Tradition zurückblickende Haus der Este? Ihre Schwägerin Isabella d'Este war die berühmte Mäzenin der Renaissance. Auch Lucrezia, selber sehr gebildet, tat sich als Förderin von Literatur und Kunst hervor, eine Rolle, die bisher kaum beachtet wurde. Am brillanten Fürstenhof von Ferrara erlebt sie die wichtigsten Jahre ihres Lebens, geplagt von vielen Schwangerschaften, umschwärmt von bekannten Literaten wie Ariost, Strozzi und vor allem Pietro Bembo, zu dem sich ein inniges Liebesverhältnis entwickelt, das bis heute nicht ganz zu durchschauen ist. Auch zu ihrem Schwager Francesco Gonzaga entsteht eine schwärmerische, nicht ungefährliche Beziehung, bei der viele geheime Briefe hin und her gehen.

Die vorliegende Arbeit, die auf der Auswertung der neuesten Forschungen beruht, sucht eine Annäherung an eine berühmte und berüchtigte Gestalt der Geschichte. Um zum historischen Kern dieser bemerkenswerten Frauengestalt vorzustoßen, ist es notwendig, die Müllberge zweifelhafter Aussagen und abgedroschener Geschichten beiseite zu räumen.

Lucrezia war nicht die Frau der plumpen Sexszenen und flüchtigen amourösen Abenteuer, sie war eine beseelte Frau mit einer subtilen Erotik, eine Frau, die ihre Gefühle nicht verbergen mag, die aus einem frustrierenden Eheleben ihre Sehnsucht ausschweifen lässt. Unbefriedigt in einer langweiligen und wenig zärtlichen Ehe entdeckt sie ihre erotischen Fähigkeiten, will ihre Gefühle nicht verkümmern lassen, gibt sich leidenschaftlich und risikofreudig, sucht das Abenteuer und sieht, dass heiß geliebte Männer nicht ebenso antworten.

Lucrezia war eine leidenschaftliche Frau, sie wollte leben, sie wollte auch erotisch ernst genommen werden. Ihre Lebensart gibt uns Rätsel auf, es ist erstaunlich, wie schnell sie Schicksalsschläge wegsteckt und zur Tagesordnung übergeht. Mit ihrer tiefen Religiosität beschämt sie die Kirchenfürsten ihrer Zeit.

Papsttochter und Herzogin, zwei Leben voller Spannung und Dramatik, Lucrezia Borgia ist die faszinierende, geheimnisvolle Schönheit der Renaissance.

Erster Teil

Die römischen Jahre

Erstes Kapitel

Die Kindheit einer Kardinalstochter

Bildnis der Vannozza Cattanei, der Mutter von Lucrezia Borgia

Eine Sünde? – Vannozza und der Kardinal

Als der stattliche Kardinal ihr den Hof machte und schnell »zur Sache« kommen wollte, wich sie ein wenig zurück. »Ist das nicht eine Sünde?« und Vannozza dachte im Stillen, für ihn als Kirchenfürsten eine besonders schwere; von Kindheit an war sie fromm erzogen, vor der schlimmen Unkeuschheit haben die Mönche in ihren Höllenpredigten gewarnt, unkeusch und dazu noch mit einem Mann Gottes. »Kann etwas so Natürliches Sünde sein?« Rodrigo Borgia lächelte milde, nahm sie in die Arme und zur Beruhigung fügte er an: »Wenn Du es als Sünde siehst, kannst Du es doch beichten und Du bist wieder im Stand der Gnade«, und ohne die vielen Knöpfe einzeln zu öffnen, riss Rodrigo seine Soutane auf, sodass einige Knöpfe auf den Boden rollten, und tat, was ihm gefiel und worauf er so ungeduldig gewartet hatte. Am anderen Morgen mag Vannozza ihn gefragt haben, »Müsst Ihr nicht heute früh die Messe lesen?« Darauf kann er locker antworten: »Ich muss nicht, ich habe Hauskapläne, die beten in meinem Namen, am Sonntag höre ich bei einem von ihnen die Messe.« Voll Bewunderung schaut Vannozza »ihren« Kardinal an, der auch im offensichtlichen Stande der Sünde noch so selbstsicher wirkt. Sie bleibt bei ihm und hat es nie bereut.

Der attraktive und in Liebesdingen ungestüme und ungeduldige Prälat Rodrigo Borgia war schon stolzer Vater dreier Kinder, als er diese neue Liebe entdeckte, vermutlich im Laufe des Jahres 1474; denn 1475 wurde Cesare geboren, 1476 Juan, 1480 Lucrezia und 1482 Jofré, also hatte der Kardinal in Vannozza viel mehr als eine flüchtige Liebschaft gefunden, eine Frau beinahe fürs Leben, natürlich nicht auf alle Zeit, aber doch für einen soliden Lebensabschnitt. Vannozza war keine jugendliche Schönheit, geboren war sie wahrscheinlich 1442, aber immer noch verführerisch genug, um diesen Frauenhelden zu gewinnen. Beide werden ein Liebespaar auf Zeit.

Subiaco – Rocca dei Borgia

Da für Rom 30 Grad angesagt sind, zieht es mich hinaus aufs Land, nach Subiaco in den grünen Hügeln Latiums. Schon beim Aussteigen empfinde ich die Luft hier als erfrischend, ein leichter Wind macht selbst den steilen Anstieg zur Burg erträglich. Durchaus verständlich, dass Päpste und Kardinäle hier gerne die heiße Jahreszeit zubrachten, fern von der römischen Malaria. Subiaco, am Aniene gelegen und ungefähr 70 km von Rom entfernt, hat sein mittelalterliches Flair bewahrt, der Ortskern schmiegt sich eng an den Felsen, auf dem die »Rocca dei Borgia« thront. Hier hat Kardinal Rodrigo Borgia viele Jahre den Sommer verbracht, mit dabei seine Geliebte Vannozza Cattanei. Hier oben soll Lucrezia Borgia geboren sein, auf jeden Fall liegen hier ihre Wurzeln. Ob sie wirklich in Subiaco das Licht der Welt erblickte? Die Einheimischen, die oben auf der Burg in den »Cantine dei Borgia« ihren Cappuccino trinken, sind jedenfalls davon überzeugt: Lucrezia ist eine der Ihren. Was aber brachte den Kardinal überhaupt nach Subiaco?

Das hat mit den einst berühmten Klöstern hier zu tun und ist eine weit zurückliegende Geschichte. Ende des 5. Jahrhunderts verließ der junge Benedikt von Nursia, der selbst dem römischen Adel angehörte, seine Vaterstadt und zog sich als Einsiedler in eine Höhle am Monte Subiaco zurück, die man später »Sacro Speco« nannte und über der das berühmte Kloster S. Benedetto errichtet wurde, romantisch wie ein Schwalbennest. Dieses erhielt im Laufe der Jahrhunderte reiche Schenkungen und wurde zu einer wohlhabenden Abtei, deren Leitung im 15. Jahrhundert einem Kardinal übertragen wurde und im Jahr 1467 eben Rodrigo Borgia. Damit verfügte er über die Abtsburg und die üppigen Einkünfte. Im Palas der Burg ließ er einen Flügel wohnlicher ausbauen und setzte darüber den noch bestehenden viereckigen Turm. Der Kardinal selber machte sich auf seiner Rocca ein fürstliches Leben, sorgte zum Erstaunen der Talbewohner jedoch auch für Zucht und Ordnung. Weil ihm die laxe Lebensweise der Mönche missfiel, verordnete er ihnen eine neue, strenge Regel.

Subiaco oder Rom? Lucrezias Geburtsort ist nicht sicher überliefert. Wer interessierte sich damals schon für die Geburt eines Mädchens? Nur wenige nahmen Notiz davon. Bei unehelichen Töchtern von hohen geistlichen Herren – und eine solche war Lucrezia – wurde auch keine förmliche Legitimation ausgesprochen, sodass Dokumente über ihre frühen Jahre fast völlig fehlen. Als gesichert gilt ihr Geburtsdatum, der 18. April 1480. Die Namenswahl bestimmt der Vater, er entscheidet sich für Lucrezia, einen damals häufig gewählten Namen, gerade in Adelskreisen. Nicht Chiara, nicht Anna, nicht Maria, keinen dieser für eine Kardinalstochter passenden christlichen Namen wählt Rodrigo Borgia – die Renaissance begeistert sich für die berühmten Frauen der Antike, und unter ihnen ist Lucrezia eine der eindrucksvollsten Gestalten, eine Sagenheldin aus dem antiken Rom, die sich nach einer Vergewaltigung selbst den Dolch in die Brust stößt, weil sie nicht ehrlos weiterleben will – ein Beispiel weiblicher Tugend und Standhaftigkeit. Diese Szene wurde von den Malern immer wieder dargestellt, von Botticelli und Cagnacci, Dürer und Cranach, denen sich damit die einmalige Chance bot, eine reizvolle Frau zu zeigen, die durch ihren Stolz und ihre tragische Geste nur um so verführerischer wirkte. Die geistige Welt auch der Kirchenmänner dieser Epoche war von der Antike geprägt, ihr Himmel erfüllt von Mythologien.

Die ersten Jahre bei ihrer Mutter

Das Mädchen wird in etwas verworrene Familienverhältnisse hineingeboren, ihre Mutter war seit 1474 mit einem gewissen Domenico d'Arignano verheiratet, der allerdings vor 1480 verstarb, sodass Vannozza als Witwe ihre Tochter zur Welt brachte. Ende 1481 ging sie eine neue Ehe ein mit Giorgio della Croce, einem Kurienbeamten, der nicht unvermögend einige Liegenschaften in die Ehe mit einbringt, ein Landhaus inmitten eines Weingutes nahe bei S. Pietro in Vincoli. Dies ist auch ein Vorteil für Lucrezia, denn dort kann sie sich als Kind frei bewegen, die damaligen Straßen Roms taugten wohl wenig als Kinderspielplatz.

Die ersten Lebensjahre verbringt Lucrezia im Haus ihrer Mutter mit ihren älteren Brüdern Cesare und Juan, die allerdings das Haus bald verlassen, und mit ihrem jüngeren Bruder Jofré, fast also wie in einer richtigen Familie, dazu mitten in Rom, auf dem Platz Pizzo di Merlo, nur ein paar Schritte vom Palast des Kardinals entfernt. Nicht abgesondert in einem Schloss, lernt sie das normale Leben kennen. Geburt und Tod sind vertraute Ereignisse auch für Kinder; als sie vier Jahre alt ist, kommt noch ein ehelicher Sohn Ottavio auf die Welt. Der Kardinal hatte sich, was seine sexuellen Aktivitäten angeht, zurückgezogen und dem Ehemann die Ausübung seiner ehelichen Rechte »erlaubt«. Aber der kleine Ottavio lebt nicht lange, und Lucrezia erfährt, wie ihr Halbbruder und dann auch ihr Stiefvater 1486 tot aus dem Haus getragen werden. Und noch einmal erhält sie einen neuen Stiefvater; denn Vannozza schließt am 8. Juni 1486 eine dritte Ehe mit Carlo Canale aus Mantua, einem bekannten Humanisten, der Bildung und Sinn für Literatur ins Haus bringt.

Nach außen wirkt die Familie solide und bürgerlich, aber die Besuche des Kardinals bleiben nicht verborgen und lassen Raum für Ahnungen, im Übrigen wird Diskretion gewahrt. Keineswegs spaziert der stadtbekannte Vizekanzler der Kirche mit seiner kleinen Tochter auf dem Arm am Tiber entlang. Nicht jeder hält das folgenreiche Liebesleben eines Kardinals für vereinbar mit seiner geistlichen Würde, und wer ehrgeizige Pläne hat, darf sich nicht zu weit aus dem Fenster lehnen. Ein allzu ramponierter Ruf kann sich nur zu leicht als Stolperstein auf dem Weg zum Papstthron erweisen.

Lucrezia fühlt sich zeitlebens ihrer Mutter verbunden, sie schreiben einander Briefe, werden sich aber mit zunehmenden Jahren immer seltener sehen. Vannozza, die Konkubine, hat sich im Hintergrund zu halten. Von allen Feierlichkeiten ihrer Tochter bleibt sie ausgeschlossen, und im Vatikan wird sie später nie zu sehen sein.

Erziehung bei Adriana de Mila

Mit ungefähr acht Jahren verlässt Lucrezia das Haus ihrer Mutter und wird zu Adriana de Mila gebracht. Kinder in diesem Alter in die Haushalte von Verwandten oder Freunden zu geben, ist für Adlige wie Bürger in dieser Zeit an sich nichts Ungewöhnliches. Allerdings dürfte Vannozza Cattanei gegen die Wegnahme ihrer Tochter protestiert haben, aber dieser Widerspruch wurde nicht groß beachtet. Lucrezia soll im vornehmen Hause Adrianas, der Witwe eines Orsini, den feinen Schliff bekommen, den ihr die eigene Mutter offensichtlich nicht geben kann. Dem Kardinal schwebt für seine Tochter eine aristokratische Erziehung vor, wie sie den Adligen in seiner Heimat, dem für sein hochstilisiertes Zeremoniell berühmten Königreich Aragón, zuteil wird. Dabei geht es nicht um bloße Wissensaneignung, die junge Lucrezia soll eine Dame mit tadellosen, galanten Umgangsformen und einer guten Konversation werden. Bei Adriana trifft Lucrezia auf ihre Brüder, und sie begegnet Orso Orsini, dem Sohn Adrianas. Diese spielt im Leben Rodrigo Borgias eine große Rolle; als Cousine, als Tochter seines Bruders ist sie Rodrigo seit Kindertagen bekannt und wird ein Leben lang seine enge Vertraute und Ratgeberin bleiben. Als Lucrezia in ihr Haus kommt, ist Adriana bereits Witwe, verheiratet war sie mit Ludovico Orsini, in dessen Palast sie wohnt.

Lucrezia galt als fröhliches Kind. Durch Privatlehrer, die in Adrianas Haus kamen, lernte sie Latein und Griechisch, Malen, Musik, Tanzen und die Kunst, Verse zu schmieden, was ihr besonders gut gefiel, eine Sympathie für Poesie hat sie zeitlebens behalten. Sie wird sich später gut mit Literaten verstehen, und auch dem Tanzen gehört von früh an ihre Leidenschaft. Als spezielle Kunstfertigkeit lernte sie, Goldstickereien auf Seide auszuführen. Sie sprach Spanisch, Italienisch und auch Französisch und konnte sich mühelos in diesen Sprachen ausdrücken. Der Unterricht umfasste auch körperliche Übungen, vor allem Reiten war damals ein Nonplusultra, und wenn heute junge Frauen dem Reitsport frönen, dürfen sie in Lucrezia ihr Vorbild sehen.

Ganz allgemein wurden höhere Töchter in relevanten Fächern wie Grammatik, Poesie, Rhetorik, Sprachen, Literatur, aber auch in Gesang und dem Spielen verschiedener Instrumente unterrichtet, wobei wir nicht wissen, ob Lucrezia ein Instrument beherrschte.

Bei alledem wurden der Frauenbildung aber klare Grenzen gesetzt, denn es galt, eine geistige Überflügelung des Mannes unbedingt zu vermeiden. Weibliche Erziehung war anders als bei jungen Männern der Oberschicht nicht als Vorbereitung für ein Staatsamt angelegt.

»Ebenso war für Töchter eine gute Bildung von größter Bedeutung, da sie eines der Kriterien darstellte, nach denen eine Braut ausgewählt und beurteilt wurde. Gute Manieren und ein gewandtes Auftreten waren Teil dieser Ausbildung.«[1]

Die Aneignung einer umfassenden humanistischen Bildung war für Mädchen aber nicht vorgesehen. Nur eine kleine Zahl von weitsichtigen Vätern wie der englische Lordkanzler Thomas More förderte entschieden die Bildung von Mädchen. Er gehörte zu der kleinen Schicht von bürgerlichen Aufsteigern, die ihre fehlende adlige Geburt durch Bildung wettmachen konnten, um in höchste Staatsämter zu gelangen. Im Glauben an die Macht der Bildung gewährte er seinen Töchtern die gleiche Ausbildung wie seinem Sohn.

Nicht wenige vornehme Familien pflegten ihre Töchter zur Erziehung in Klöster zu geben, wobei das Wort Erziehung eigentlich nicht zutrifft. Weggesperrt vom wirklichen Leben, führten die Mädchen unter den Nonnen häufig ein tristes Dasein. Sie sollten vor moralischen Gefahren bewahrt bleiben, um als tugendhafte und unbescholtene Jungfrauen auf dem Heiratsmarkt bessere Karten zu haben. Auch Lucrezia verbrachte einige Zeit im Dominikanerinnenkloster S. Sisto an der Via Appia. Im 13. Jahrhundert errichtet, gehörte es zu den ersten Ordensgründungen und stand in dem Ruf, die Regel diszipliniert einzuhalten. Hier erhielt die Kardinalstochter ihre religiöse Bildung, die für sie ein Leben lang prägend war, und sie erfuhr zugleich etwas über das Leben der heiligen Katharina von Siena, die damals für viele Jugendliche als Vorbild galt. Später besaß Lucrezia auch ein Buch mit den Briefen der heiligen Katharina.

Es besteht kein Anlass, in der Borgiatochter ein Wunderkind oder eine ausgeprägte Intellektuelle zu sehen. Die für die damalige Zeit gehobene Bildung hat sie mitbekommen, sicherlich nicht so umfassend und humanistisch orientiert, wie es an den Höfen von Urbino und Ferrara üblich war, aber immerhin eine Bildung, wie sie nur wenigen Frauen dieser Zeit zuteil wurde. Der Historiker Ferdinand Gregorovius lässt sich in seiner blumigen Sprache über Lucrezias vermuteten Bildungsstand dagegen etwas abschätzig aus:

»Die Tochter Alexanders glänzte später nicht in der Reihe jener klassisch gebildeten Frauen Italiens, denn ihre eigene Bildung scheint sich über das gewöhnliche Maß nicht zu sehr erhoben zu haben.«[2]

Die Ausbildungszeit für junge Leute war knapp bemessen, junge Frauen mussten sich früh in der Welt der Erwachsenen bewegen. Lucrezia wird als Dreizehnjährige verheiratet, erhält eine eigene Hofhaltung, und ein Jahr später tritt sie als Gräfin von Pesaro auf. Eine unbekümmerte Jugendzeit war ihr nicht lange gegönnt.

Neben einem sicher starren und trockenen Unterricht bekam die Kardinalstochter in Rom viele interessante Dinge zu sehen, nicht zuletzt auf dem Gebiet der Kunst. Bald standen ihr die Türen des Vatikan offen, wo von 1492–1494 Pinturicchio beschäftigt war, der die Privaträume des Papstes, das sogenannte *Appartamento Borgia*, über und über mit Fresken verzierte. Sicherlich hat sie gelegentlich dem berühmten Maler zugeschaut und nach den Figuren und ihrer Bedeutung gefragt, vielleicht sogar nach den Geheimnissen der Perspektive und Proportion. Auf jeden Fall wuchs sie auf mit dem Gefühl für das Schöne, und als Vierzehnjährige bestaunte sie die taufrischen Bilder. Pinturicchio malt schöne Frauen, besonders gelungen erscheint die Katharina von Alexandria mit ihren langen blonden Haaren. Der Meister malt Heilige und keine verkappten Porträts, Lucrezia konnte auf das Bild der Heiligen beileibe nicht wie in einen Spiegel sehen, lange Haare machen noch kein Porträt. Später werden viele Autoren in Pinturicchios Katharina eine Lucrezia sehen, aber das ist eine irrige Vermutung.[3]

Als Jugendliche sieht die Papsttochter die Farbenpracht und Vielfalt, später erklärt ihr der Vater einige Bilder. Sie fragt, warum ist da ein Stier, was hat ein Stier mit einem Papst zu tun? In dem Zyklus von Isis und Osiris erscheint der Stier, das Wappentier der Borgia, als ein Tier von göttlichem Ursprung, hergeleitet aus der ägyptischen Mythologie. Details haben sie sicher nicht interessiert, aber das Ensemble als gesamtes konnte großen Eindruck hinterlassen. Alexander bewohnte die Räume des *Appartamento*. Heute sind sie Teil der Vatikanischen Museen, und Besucher können eine Papstwohnung besichtigen, ein einmaliges Erlebnis, denn ansonsten ist die Papstwohnung absolut tabu und nur für wenige hochrangige Gäste zugänglich. Lucrezia war hier nicht direkt zu Hause, aber oft genug hier, um die Privatwohnung ihres Vaters genau zu kennen und immer wieder zu bestaunen.

Lucrezia hat den Kardinal vermutlich nicht bewusst als Liebhaber ihrer Mutter wahrgenommen, sie fühlte sich mit den Brüdern als Teil der Cattanei-Familie, und als ihren Vater erlebt sie Giorgio, an dessen Stelle später Carlo treten wird. Spätestens als Lucrezia ihrer Mutter – vermutlich gegen deren Willen – weggenommen wird, öffnet diese ihr in einer Aufklärungsstunde die Augen. Zu romantisch oder einfühlsam wird das nicht ausfallen, eine vorsichtige, kindgemäße Behandlung kennt diese Zeit nicht; das einzelne Kind, dessen Überleben immer fraglich erscheint, wird nicht sonderlich beachtet. Wie in einer modernen Patchwork-Familie ist die Orientierung nicht einfach, Vannozza erklärt das komplizierte Beziehungsgeflecht, warum der offizielle Vater nicht ihr leiblicher Vater ist und warum sie mit Rodrigo nicht zusammenleben kann, vielleicht hat schon jemand dem Mädchen das Wort Bastard an den Kopf geworfen oder sie hat von Mätressen und Konkubinen gehört, all das will erklärt sein. Die Kindheit Lucrezias spielt sich an wechselnden Orten ab, da ist das Haus ihrer Mutter, der Palast des Kardinals und Adrianas Wohnung im Palazzo der Orsini. Ihre Mutter, der Kardinal und Adriana üben abwechselnd Einfluss auf sie aus.

Auf jeden Fall ist das wichtigste Ereignis ihrer Kindheit die Erkenntnis über ihre Herkunft und das Wissen um ihren leiblichen Vater, eine Erkenntnis, die zutiefst ihr Leben prägt und ihre Kindheit bestimmt. Ob ihr das mit Freude oder Schrecken bewusst wurde, wissen wir nicht. Jedenfalls folgt daraus eine besondere Anhänglichkeit an ihren Vater, aber auch das stolze Gefühl, eine Borgia zu sein. Nie wird sie verschämt und mit Hemmungen als unehelich in der Ecke stehen, vielmehr wird sie immer stolz und selbstbewusst auftreten »Ich bin eine Borgia«. Und wer alles dazugehört, wird ihr langsam eröffnet, auch dass sie ältere Geschwister hat.

Pedro Luis, der älteste Sohn Alexanders, ist am 14. August 1488 in Civitavecchia überraschend gestorben und wird in Rom begraben. Die prunkvoll-düstere Totenfeier ist für die ganze Borgiafamilie ein aufregendes Ereignis, und das kleine Mädchen hat das mitbekommen und Adriana hat ihr mit Erläuterungen weitergeholfen. Pedro Luis wurde am

5. November 1481 durch eine Urkunde von Sixtus IV. legitimiert und zwar mit dem Eintrag, »Vater Kardinal Rodrigo Borgia, Mutter unbekannt.« Ein elternloser Bastard kann es zu nichts bringen, Borgia bekennt sich zu seinem Sohn und auch zu den nachfolgenden Söhnen, um ihnen den Weg für die Karriere zu ebnen. Für seinen Erstgeborenen kauft Kardinal Rodrigo Borgia 1485 das Herzogtum Gandia samt dem Residenzschloss. Gandia liegt in Valencia, der Heimatprovinz der Borgia, an einer herrlichen Mittelmeerbucht und verfügte über einen kleinen Hafen. Das Herzogtum war ein blühender Garten mit Bewässerungsanlagen aus der Maurenzeit, Palmen- und Orangenhainen. Schon als Jugendlicher war Pedro Luis nach Spanien, an den Hof seines Lehnsherrn und Königs Ferdinand von Aragón, gekommen. Auf Wunsch seines Vaters kehrte Pedro Luis wieder nach Italien zurück, doch unmittelbar nach der Landung ereilte ihn unversehens der Tod.

Die intimen Familienverhältnisse werden juristisch offengelegt, als nämlich vor dem Notar Camillo Beneimbene ein Ehevertrag unterzeichnet wird, und zwar geht es um die Ehe der Girolama Borgia mit Gianandrea Cesarini, in Gegenwart des Vaters der Braut im Januar 1482. Der Borgiakardinal nennt sich in dem Dokument, das im Archivio di Stato aufbewahrt wird, als »Vater der edlen Jungfrau Hieronyma« (Girolama), und diese wird als Schwester des Jünglings Petrus Lodovicus de Borgia bezeichnet. Girolama starb schon 1483.

Die andere Halbschwester Isabella erreicht ein hohes Alter und überlebt alle Borgiakinder. Vielleicht sind sich die beiden Geschwister einmal über den Weg gelaufen, aber wir hören nichts von direkten Kontakten. Die 1470 geborene Isabella gehört zu den ersten drei Kindern von Rodrigo Borgia, bei denen die Mutter unbekannt ist. Mit dreizehn Jahren wird Isabella verheiratet, ihr Gemahl Pietro Matuzzi gehört dem römischen Stadtadel an. Die Hochzeit findet 1484 im Palast ihres Vaters statt, und dieser schenkt dem Ehepaar ein Haus ganz nahe bei seinem Palast in der Via dei Leutari.

Isabella hat immer zurückgezogen gelebt und jedes Aufsehen in Rom vermieden. Sie hielt Distanz zum Papsthof, wurde aber von ihrem Vater sehr großzügig versorgt, sodass sie als begüterte Dame mit einem eigenen Hofstaat leben konnte.

Ein unvergessliches Kindheitserlebnis

Nicht immer war stures Pauken von Lateinvokabeln angesagt, es gab auch hin und wieder Farbtupfer im Leben der jungen Lucrezia. Als einen besonderen Höhepunkt erlebt die Zehnjährige eine Hochzeit von verschwenderischer Pracht. Diese findet statt im Mai 1490 im Palast ihres Vaters, in der *Sala Stellata,* dem Sternensaal. Die Zeitgenossen, allesamt der Astrologie ergeben, glaubten sicher an die günstigen Sterne, unter denen das Brautpaar stand, aber darin kann man sich auch täuschen. Adrianas Sohn Orso Orsini veranstaltet diese große Feier, und Lucrezias große Kinderaugen schauen staunend, was da so alles aufgeboten und was eines Tages auch auf sie zukommen wird; dass sie im Laufe ihres kurzen Lebens selbst gleich dreimal Braut sein wird, kann sie nicht ahnen.

Das Fest ist berauschend und eindrucksvoll, es fehlt an nichts. Erst viel später sieht Lucrezia auch die Kehrseite, erkennt, wie sehr das bühnenreife Auftreten der Hochzeiter und ihrer Gäste Fassade ist, während sich das wahre Leben hinter den Kulissen abspielt, wie das Liebesleben eines Kardinals. Lucrezia bestaunt die ausnehmend hübsche Braut, die bewundernd »bella Giulia« genannt wird und dieses »La Bella« blieb ihr als Beiname – welcher Frau würde das nicht gefallen? Lucrezia übrigens erhielt dieses Attribut nicht.

Und diese hübsche, blutjunge Frau Giulia Farnese schickt sich an, einen wahrhaft hässlichen Mann zu heiraten, der aber den Namen Orso Orsini trägt und außer seiner erlesenen Abstammung nicht viel vorzuweisen hat, dem allerdings auch übel mitgespielt wird. Ab Anfang 1491 wird er ferngehalten von seinem eigenen Ehebett, denn ein Mächtiger ist ihm in die Quere gekommen. Rodrigo Borgia hat sich stürmisch in die Braut verliebt, für den sechzigjährigen ergrauten Kirchenfürsten ein Naturereignis. Der Kardinal hat keinerlei Hemmungen, die junge Frau zu seiner Geliebten zu machen. Dieser Partnerwechsel älterer Männer zu ganz jungen Frauen ist heute nicht ungewöhnlich, trotzdem erscheint er als eine üble Geschichte vor allem durch die Rolle Adrianas in diesem falschen Spiel; es ist Adriana, die ihre Schwiegertochter an ihren mächtigen Cousin verkuppelt und damit ihren eigenen Sohn tief demütigt. Sie macht sich zur Komplizin des Kardinals, arrangiert die heimlichen Treffen und intimen Schäferstündchen. Die sechzehnjährige Giulia und der alternde Rodrigo, ein bizarres Paar, aber die Borgia-Leidenschaft kennt keine Schranken oder gesellschaftliche Rücksichten. Lucrezia als Tochter des Liebhabers lebt wohl mit Ahnungen und Andeutungen, irgendwann erfährt sie auch die ganze Wahrheit. Die Ex-Geliebte Vannozza hat die neue Liaison klaglos zu ertragen und macht keine Szenen, eine Konkubine hat keine Rechte.

Der Kardinal wahrte bei alledem doch geschickt Diskretion, zum Stadtgespräch sollte die ehebrecherische Affäre nicht werden, schließlich stand er schon in den Startlöchern für seinen Aufstieg nach ganz oben. Eine junge Geliebte, vor allem wenn man sie zu offen präsentierte, konnte bei älteren Kardinälen eher Neid als Zustimmung wecken, Wähler wollen nicht irritiert werden. Die Kardinäle, die exklusive Führungselite der Kirche, fühlten sich als wahre Fürsten, viele lebten in prächtigen Palästen mit einem Hofstaat, gingen auf die Jagd, spielten um hohe Summen, gaben opulente Gastmähler, feierten Feste und verprassten oftmals ihre hohe Einkünfte. Von kirchlichen Tätigkeiten hört man wenig; predigen, im Beichtstuhl sitzen, die Messe lesen, das war wohl nicht ihre Sache. Rodrigo musste sich nicht lange um Posten bewerben, sie flogen ihm regelrecht zu, nachdem sein Onkel als Calixt III. den päpstlichen Thron bestiegen hatte. Im Februar 1456 setzte ihm der Onkel den roten Hut auf und verschaffte ihm vielerlei Pfründen, sodass Rodrigo Borgia bald zu den reichsten Kardinälen an der Kurie zählte. 1457 wurde er Vizekanzler und 1458 Bischof von Valencia. In deutlichem Kontrast zu seinem prunkvollen Auftreten nach außen war sein persönlicher Lebensstil schlicht und bescheiden. Er hatte als geweihter Priester zwar Ehelosigkeit gelobt, aber ohne Frauen erschien ihm das Klerikerleben fad und öde, und er litt keinen Mangel an Geliebten. Von weitem schon war er als Spanier zu erkennen, dunkelhäutig, schwarzhaarig, mit einer kräftigen Gestalt, mit den Jahren neigte er zur Fülle.

Diskretion war auch angesagt, als im Frühjahr 1492 Giulia eine Tochter zur Welt bringt, die den Namen Laura Orsini erhält. Einige Eingeweihte wissen aber nur allzu gut, dass dieses »Orsini« dem Kind nur den ehelichen Status sichern soll, der wahre Vater ist wieder einmal Rodrigo Borgia, er hatte sein Ziel erreicht, den jungen Ehemann auf Dauer von

Giulia ferngehalten. Orso residierte in Bassanello bei Viterbo und zog meist als Condottiere mit seinen Landsknechten herum. Wenn Lucrezia den Säugling nach der Taufe in Händen halten darf, weiß sie überhaupt, dass sie eine Halbschwester bekommen hat? Langfristig bleibt ihr dieses Geheimnis sicherlich nicht verborgen.

Mein Vater, der Papst

Von der Engelsburg donnern Kanonen, die Nachricht fegt in Windeseile in alle Stadtviertel und verbreitet sich wie ein Lauffeuer »Habemus Papam«. In Rom erfährt Vannozza Cattanei sofort die große Neuigkeit, die sie erschauern lässt. Um ja nichts zu versäumen, ist Adriana de Mila schon am Morgen des 11. August zum Petersplatz geeilt, an ihrer Seite die zwölfjährige Lucrezia. Adriana mit ihrem Spürsinn ist sich fast sicher, dass ihr Cousin es dieses Mal schafft – der hochaufragende, kraftvolle Rodrigo, wird er nicht einen schönen Papst abgeben? Er kann würdevoll auftreten, das zählt, ob er auch würdig ist, fragt eigentlich niemand. Kann ein Kardinal, der mit Kindern gesegnet ist, Papst werden? Kann ein offensichtlicher Gesetzesbrecher, der das kirchliche Zölibatsgebot nicht eingehalten hat, das höchste kirchliche Amt erringen? Falls die Wähler einen Würdigen suchten, mochten sie vielleicht unter ihresgleichen keinen finden. Nicht der Würdigste, wohl aber der Reichste hatte die besten Chancen.

In der Nacht zum 11. August fiel die Entscheidung. Für den 61-jährigen Borgia erschien es als die letzte Chance, also kämpfte er mit allen Mitteln. Und er fand einen einflussreichen Wahlhelfer in Ascanio Sforza, der in der Nacht zum 11. August tätig wurde und mit einer wahren Wundertüte an Versprechungen auf einzelne Wähler zuging. Und sie alle sollten etwas bekommen, nicht direkt Dukaten auf die Hand, aber doch reichlich Pfründen und Ämter, die langfristig gute Gewinne abwarfen. Dem Orsini versprach er das Bistum Cartagena, dem Colonna die Abtei Subiaco, dem Sforza das ertragreiche Amt des Vizekanzlers und obendrein einen der Borgia-Paläste. Das hartnäckige Feilschen und Tauziehen um den obersten Posten der Kirche ist kein Ruhmesblatt für die geistlichen Würdenträger, und das gilt von einigen Ausnahmen abgesehen bis heute. Am Morgen war alles entschieden, der Papstmacher Ascanio hatte die Mehrheit der Wähler auf die Seite des Kardinal Borgia gezogen.

Als erstes erscheint der neue Pontifex mit dem Namen Alexander VI. in der Peterskirche, wo der riesenstarke Kardinal Savelli ihn ergreift und hochhebt, um ihn dem Volk zu zeigen. Und dann tritt er auf die Loggia von St. Peter, ohne Scham und Reue, und spendet seinen Gläubigen den ersten Segen. Adriana hält das Mädchen hoch, damit es besser sieht, wer da hoch oben steht: kein anderer als ihr Vater, der Papst. Was sie da gespürt haben mag ist wie ein Paukenschlag, der ihr ganzes Leben verändert. Von dieser Stunde an wird nichts mehr bleiben, wie es ist, und von nun an wächst der Borgia-Stolz in ihr.

Zunächst hat die Heranwachsende mit weit geöffneten Augen viel zu schauen und zu bestaunen. Am nächsten Abend erscheinen auf dem Petersplatz 800 berittene Bürger, um den Heiligen Vater zu begrüßen, während überall in der Stadt die Freudenfeuer brennen. Der neue Papst will sich der Zustimmung seiner Römer vergewissern, und so findet am 26. August 1492 der Krönungsritt statt; er führt traditionsgemäß von St. Peter zur Basilika San Giovanni in Laterano, der eigentlichen Bischofskirche des Pontifex, der dort feierlich von ihr Besitz ergreift. »Possesso« wird deshalb diese festliche Prozession genannt, in der alles an prächtiger Ausstattung aufgeboten wird. Nicht wenige Triumphbögen waren errichtet worden, ihre Inschriften feierten den neuen Oberhirten in höchsten Tönen.

Am Vormittag setzt sich der Zug in Bewegung, eine begeisterte Menge säumt jubelnd die Straßen, immer wieder gerät der Zug ins Stocken, der Papst reitet auf einem kostbar geschmückten Schimmel, auf dem Haupt trägt er sein Herrschaftszeichen, die Tiara, und er ist bekleidet mit den schweren Pontifikalgewändern. Er grüßt und segnet, und wenn er genau in die Menge schaut, sieht er an einzelnen Stellen »seine« Frauen, Vannozza, die das immer schon wusste, was sie jetzt sieht, Giulia, die nicht weiß, ob die Liebe weitergeht, Adriana als Spanierin mit Stolz erfüllt und etwas erhöht auf einem Mauerabsatz das zwölfjährige Mädchen, das schaut und staunt, aufgeregt und hineingetaucht in den allgemeinen

Jubel. Wenn die päpstliche Hand die Massen segnet, gilt das natürlich auch ihr. Aber was bringt einer Papsttochter Segen?

Spurensuche Borgia

Nicht wenige Touristen eilen die Via Cavour entlang, ein klares Ziel vor Augen, es gilt Michelangelos Meisterwerk zu bestaunen, den Moses, diese gewaltige, dramatisch-zornige Statue am Grabmonument für Papst Julius II. zu finden in der hochgelegenen Kirche S. Pietro in Vincoli, zu der eine breite Steintreppe hinaufführt. Wer nach S. Pietro will, der muss einen etwas unheimlichen Durchgang passieren, über dem sich ein kleiner Palast erhebt mit dem Namen »*Palazzetto detto dei Borgia*«. Teile des Bauwerks gehen auf das 13. Jahrhundert zurück, heute beherbergt es das Istituto Centrale del Restauro. Eine Zeitlang gehörte dieser Palazzo tatsächlich dem Kardinal Rodrigo Borgia, der sich hier mit seiner Geliebten Vannozza Cattanei und ihren Kindern aufhielt. Sicherlich hat auch Lucrezia einige Zeit hier gelebt.

Geheimnisvolle Dinge erzählt man über diesen Palazzo und den finsteren, die Fantasie anregenden Durchgang. Der *cameriere* in der gegenüberliegenden Antica Trattoria da Borgia, gelegen an der Salita dei Borgia, zeigt auf den mit Efeu bewachsenen Balkon und flüstert mir mit Verschwörermiene zu, Lucrezia habe in diesem Haus ihre Liebhaber empfangen und sie dann anschließend vom Balkon gestürzt. Ja, das ist eine schaurig schöne Geschichte, aber eben doch nur eine Legende. Man kann sich Lucrezia ohnehin nur schwer als muskulöse Amazone, die ihre Liebhaber handgreiflich in die Tiefe stößt, vorstellen, vor allem aber eines ist sicher: Als der Balkon errichtet wurde, war Lucrezia schon längst nicht mehr unter den Lebenden.

Zweites Kapitel

Gemahlin eines Sforza – die erste Ehe

Lucrezias mächtiger Vater, der Borgia-Papst Alexander VI.

Heiratspoker

Um ja keine glänzende Partie zu verpassen, begannen Väter, ihre Nachkommen schon im Kindesalter zu verheiraten. Im Hochadel, wo es gewöhnlich um große Erbschaften und dynastische Interessen ging, konnte man nicht früh genug zugreifen. Dabei waren die Kinder der Willkür ihrer Eltern ausgesetzt. Ohne Rücksicht auf Alter oder persönliche Zuneigung wurde der Nachwuchs miteinander verkuppelt. So hat beispielsweise der spätere Kaiser Maximilian seine 1480 geborene Tochter Margarete als Dreijährige nach Frankreich bringen lassen, damit sie dort mit dem elfjährigen Dauphin Charles vermählt wurde. Das Mädchen wuchs am französischen Königshof auf, doch der Dauphin entscheidet sich aus politischer Gegnerschaft gegen Maximilian später für eine andere Dame, die Ehe mit Margarete wird vom Papst annulliert. Diese Kinderheiraten wurden vielfach nachgeahmt, auch Rodrigo Borgia wollte seine Tochter früh versorgt wissen.

So kam es 1491 – und Lucrezia ist noch nicht ganz elf Jahre alt – zu einer ersten Verlobung; der Auserwählte Don Cherubino Juan de Centelles stammt aus dem alten spanischen Adelsgeschlecht der Grafen von Oliva, es handelt sich also um keine schlechte Partie. Durch den Notar Camillo Beneimbene wird im Februar der Vertrag besiegelt.

Nun aber folgt ein schneller Wechsel, dessen Gründe nicht bekannt sind. Am 30. April 1491 wird vor dem Notar noch einmal ein Eheverlöbnis geschlossen und zwar mit Don Gasparo, dem Sohn des Grafen von Aversa. Das Eheversprechen wurde durch Prokuratoren abgegeben und vom Notar juristisch festgehalten. Der Verlobte ist fünfzehn Jahre alt und lebt in Valencia. Ende April 1492 wird dieser Ehevertrag bestätigt und tritt damit in Kraft. Der Kardinal hat sich verpflichtet, seine Tochter kostenfrei nach Valencia zu schicken, wo dann die Ehe kirchlich geschlossen werden soll. Rodrigo Borgia sieht die Zukunft seiner Kinder in Spanien, und deshalb werden Ehekontrakte mit spanischen Adligen abgeschlossen. Für eine gewisse Zeit ist Lucrezia also doppelt vergeben, bis dann Don Cherubino freiwillig zurücktritt. Für das heranwachsende Mädchen dürfte das ein Schock gewesen sein; in Kürze soll sie nach Spanien reisen, um dort irgendwo unter Fremden zu wohnen, eine schreckliche Vorstellung für ein anhängliches Mädchen. Wäre das alles so gekommen, wüsste heute wahrscheinlich niemand mehr etwas über Lucrezia Borgia.

Mein Vater ist Papst, dieses sensationelle Ereignis verändert natürlich schlagartig die Heiratschancen, aus der Kardinalstochter ist über Nacht eine Papsttochter geworden. Aber wer ist nun würdig genug für sie, oder in welche Kreise kann sie mit diesem Vater aufsteigen? Zunächst ist klar, dass der spanische Grafensohn verloren hat, er passt nicht mehr auf die Top-Etage des Papsttums. Aber Vertrag ist Vertrag, ungeniert kommt Don Gasparo nach Rom und fordert sein Recht, auf das er um so mehr pocht, nachdem seine Braut eine derartige »Wertsteigerung« erfahren hat.

Unbeeindruckt davon lässt der Papst neue Heiratskandidaten suchen. Kardinal Ascanio Sforza, mit dem der Papst eng befreundet ist, schaut sich in seiner Verwandtschaft um. Fündig wird er in Pesaro, wo der achtundzwanzigjährige Giovanni Sforza lebt, Graf von Cotignola und Signore von Pesaro. Er ist verwitwet, seine erste Frau Maddalena Gonzaga ist bei der Geburt des ersten Kindes gestorben. Die Nähe zu den Sforza, die in Mailand herrschen, passt zur päpstlichen Politik, dass Giovanni ein Bastardkind ist, kann nicht ernsthaft stören. Mitte Oktober 1492 kommt der Graf Sforza inkognito nach Rom. Doch zur gleichen Zeit ist auch der Spanier zur Stelle, mit einem Vertrag in der Tasche; Don Gasparo führt das große Wort und schwingt sich zu heftigen Drohungen auf, lässt sich aber mit 3000 Golddukaten den Mund stopfen.

Ein anderer Heiratsinteressent macht sich von Neapel auf den Weg nach Rom, Federico, der zweitgeborene Sohn von König Ferrante. Er bietet sich selber an, kommt, um gleichsam Marktforschung für seine Ehechancen zu betreiben. Federico ist ein gebildeter, feinsinniger Prinz, wird von Alexander ehrenvoll empfangen, aber die politische Verbindung mit den mailändischen Sforza erhält den Vorrang – kurzsichtig gedacht und ohne Weitblick.

Nicht mitzureden hat die Braut, die gar nicht erst gefragt wird. Sie hat in dem damaligen patriarchalischen System schlicht zu akzeptieren, hier handelt Alexander, obwohl er als Papst dem Prinzip des Ehekonsenses verpflichtet sein müsste, so wie viele andere adlige Väter auch.

Im Februar 1493 wird ein Ehevertrag mit Giovanni Sforza unterzeichnet, und Lucrezia tritt ins Rampenlicht der Öffentlichkeit. Die Abgesandten der Fürstenhäuser überbringen ihre Glückwünsche, unter ihnen auch der Bischof von Modena, der im Auftrag des Herzogs Ercole aus Ferrara vorspricht; der Herzog hört bei dieser Gelegenheit zum ersten Mal von jenem unbekannten Mädchen, das eines Tages auch Braut in Ferrara sein wird.

In diesem Frühjahr bezieht Lucrezia den Palazzo Santa Maria di Portico, den Kardinal Zeno 1484 hatte erbauen lassen und den sie zur vorübergehenden Nutzung erhält. Der Palast grenzt an St. Peter und hat einen direkten Zugang zur Peterskirche und durch sie hindurch in den Papstpalast. Lucrezia wohnt also nicht in einem alten Gemäuer, sondern in einem modernen Palast, der im 1. Stock eine breite Loggia aufweist.

An der Porta del Popolo herrscht Geschäftigkeit, und viele Purpurträger mit ihrer Begleitung sind unterwegs. Eine ihrer Hauptaufgaben besteht darin, für farbenprächtige Empfänge zu sorgen, sie sind Höflinge, gleichsam Statisten auf einer Bühne, und so empfangen sie in großer Robe den ankommenden Bräutigam, den spöttische Zungen schon »Schwiegersohn der Christenheit« nennen. Der Sforzaspross zieht am 9. Juni 1493 in Rom ein. Mit Trompeten und Pfeifen geht es quer durch die Stadt, vorbei an der Engelsburg in Richtung Petersplatz, zum Palast von Lucrezia, die strahlend auf der Loggia steht, von den Römern bestaunt, beobachtet, beurteilt, zum ersten Mal im Mittelpunkt. Die festlich herausgeputzte Braut trägt ein prächtiges Kleid aus himmelblauem Brokat, ihr langes blondes Haar, das auf ihre schmalen Schultern fällt, glänzt im Sonnenlicht. Der ankommende Giovanni hebt bewundernd die Brauen, die alten Kardinäle schauen staunend nach oben, der Bräutigam verneigt sich galant, Lucrezia grüßt zurück, und der Zug geht weiter, hin zum Eingang des Vatikan. Giovanni darf emporsteigen und den Papst, seinen Schwiegervater, begrüßen. Rom hat wieder einmal eine Neuigkeit und erlebt verschwenderische und spannende Tage.

Hochzeit im Vatikan

Der 12. Juni 1493 wird der große Tag des Brautpaares, strahlend ist die Sonne über Rom aufgegangen, und diese erste Hochzeit kennt keinen bitteren Beigeschmack. Die Hochzeitsglocken tönen hell und freudig und rufen die Feiernden in die Peterskirche, wo sich alles, was Rang und Namen besitzt, versammelt hat und wo eben das glückliche Brautpaar eingezogen ist. Giovanni und Lucrezia durchschreiten den Kirchenraum, um auf einem festlich geschmückten Betstuhl nahe dem Altar Platz zu nehmen. Wer möchte sich Lucrezias Hochzeit nicht so vorstellen? Aber damals ist das anders, die Eingeladenen strömen am Vormittag in den Papstpalast, wo der Notar Camillo Beneimbene auf sie wartet. Eheschließung ist damals vor allem eine juristische Angelegenheit.

Giovanni Sforza, als Bräutigam festlich gekleidet, erscheint in einer Turca alla francese aus reichem Goldgewebe, am Hals funkelt ein goldenes Halsband, das er sich in Mantua ausgeliehen hat. Der kleine Graf von Pesaro, der von der Macht seines berühmten Clans nur einen bescheidenen Anteil abbekommen hat, kann hier keine Reichtümer vorführen. Ganz anders die beiden Brüder Lucrezias. Cesare erscheint in einem Bischofsgewand. Die Braut in den Saal zu führen, übernimmt Juan, ebenfalls in der gerade modischen Turca, mit vielen Perlen auf den Pelzärmeln und mit einem Halsband aus Rubinen und Perlen, dazu ein Barett mit einem strahlenden Edelstein, auftrumpfend und pomphaft ist sein Erscheinen.

Auch die Braut ist reich mit Edelsteinen geschmückt, ihre Schleppe trägt ein Mohrenmädchen, an ihrer Seite geht Giulia Farnese, die alle Blicke auf sich zieht.

Die beiden Verlobten knien zu Füßen des Papstes auf silbernen Kissen nieder. Der Notar tritt in Aktion, verliest den Ehevertrag und stellt die bekannten Fragen, auf die beide ihre klare Antwort geben: ja, ich will. Der Bischof von Concordia steckt die Ringe an, während der Graf von Pitigliano sehr eindrucksvoll den gezückten Degen über das Brautpaar hält. Der Bischof darf dann noch eine kleine Rede halten, von Segen oder Gebeten wird nichts berichtet, und dann beginnt die Hochzeitsfeier. Das vornehme Rom, darunter fast alle Kardinäle, gratulieren in geziemender

Weise, was sie sich dabei denken mögen, geben sie nicht preis. Ein wichtiger Gast fehlt, aber darüber wird nicht gesprochen, vielleicht diskret getuschelt: Wo ist die Mutter der Braut? Vannozza ist nicht geladen und auch nicht erwünscht, die Freudentränen einer Mutter fehlen. Umso stolzer, fast eingebildet gebärdet sich der Papst als Brautvater.

Das Fest geht weiter mit einer Theatervorstellung, die »Menächmen« (Zwillingsbrüder) des Plautus werden gegeben, und zwar in Latein. Langeweile macht sich breit und der Papst lässt den Klassiker vorzeitig beenden. Erfrischungen werden jetzt gereicht und vor allem Süßigkeiten, Marzipan und Zuckerkonfekt. Was übrigbleibt wird aus dem Fenster geworfen, wo unten das Volk sich um die »Kamelle« balgt und Beifall klatscht.

Abends ist ein auserlesener Kreis zu einem festlichen Bankett geladen, neben den Kardinälen und Gesandten nicht wenige Frauen, alle in prunkvollen Kleidern, Teodorina Cibo, die Tochter von Papst Innozenz VIII., und ihre Tochter Battistina, Giulia Farnese und Adriana de Mila, die natürlich nirgends fehlen wird. Die Sitzordnung zeigt das unbekümmerte Gemüt Alexanders. Statt zwischen den altersschwachen Kardinälen sitzt er bei den jungen Frauen, zur Rechten seine Tochter Lucrezia und zur Linken seine Geliebte Giulia, so gefällt es ihm, und so kann es alle Welt sehen. Gegen Mitternacht werden die Geschenke hereingetragen und herumgezeigt, und dann geht es weiter mit Komödien, Musik und Tanz, ausgelassen wird gefeiert, das Ganze endet aber nicht in einer wüsten Orgie. Die Borgia haben sich zum ersten Mal mit einem großen Fest im Vatikan der römischen Gesellschaft präsentiert, es werden noch viele folgen. Der Pontifex zeigt sich als Familienvater, und sein Nachwuchs ist gleichsam geadelt.

Lucrezia und Giovanni leben weiterhin getrennt; wegen der Jugend der Braut wird der Vollzug der Ehe verschoben. Die Hauptsache, man ist ordnungsgemäß verheiratet, ob man die Ehe auch leben kann, ist für diese Zeit sekundär. Giovanni zieht sich zurück nach Pesaro, und Lucrezia hält Hof in ihrem schönen Palazzo, immer wieder machen Gesandte und Besucher des Papstes auch ihr die Aufwartung.

In diesen Palazzo mit dem schönen Namen Santa Maria zieht auch Giulia Farnese mit ihrer Tochter Laura ein. Alexander will seine Geliebte in der Nähe haben, damit sie ohne Aufsehen in den Papstpalast gelangen kann. Auch als Oberhaupt der Kirche will Borgia seine Gewohnheiten nicht ändern, und denkt nicht daran, seine Nächte als einsamer Zölibatär zu verbringen. Wie selbstverständlich empfängt er seine Geliebte, und bis ins hohe Alter unterhält er sexuelle Beziehungen, auch mit anderen Frauen.

Der Altersabstand zwischen Lucrezia und Giulia ist nicht gravierend, Giulia ist fünf Jahre älter, wie zwei Schwestern leben die beiden zusammen. Giulia stammt aus der Familie der Farnese, ursprünglich kleinen Landadligen, die dem einträglichen Kriegshandwerk nachgingen und als *Condottieri,* Söldnerführer, zu Vermögen kamen. Die Heirat mit einem Mitglied der altberühmten und weit verzweigten Familie Orsini war für sie ebenfalls ein Imagegewinn.

Giulia spielt für die Entwicklung Lucrezias eine wichtige Rolle, viele Jahre leben sie gemeinsam in Rom, an den wichtigen Brennpunkten ihres Lebens ist Giulia dabei, das verbindet. In den römischen Jahren sind sie zwei feste und einander ergänzende Freundinnen geworden. Wie sich das vertrug, die eine als Tochter und die andere als Geliebte desselben Mannes, bleibt ihr Geheimnis. Allzu naiv darf man sich Lucrezia nicht vorstellen. Von einem bestimmten Zeitpunkt an wusste sie, warum und wozu Giulia das Haus verließ, ob beide darüber viel gesprochen haben? Giulias intimes Verhältnis zu Alexander endet vermutlich schon Ende 1494, aber sie wohnt nach wie vor bei Lucrezia, zu deren Hofdame sie im gleichen Jahr ernannt wird. Beide Frauen nehmen regen Anteil am gesellschaftlichen Leben Roms und genießen ihre privilegierte Rolle am päpstlichen Hof.

Die Papstgeliebte Giulia geht bei der Kardinalserhebung 1493 nicht leer aus. Ihr Bruder Alessandro Farnese, zu diesem Zeitpunkt ein unbedeutender Kurienbeamter, erfährt einen geradezu kometenhaften Aufstieg. Seine Ernennung zum Kardinal kommt völlig überraschend und wird als Sensation empfunden, nichts hat ihn dafür empfohlen; aber was spätere französische Mätressen beherrschen werden, kann jetzt schon eine römische zu Wege bringen. Alessandro Farnese wird ein lebensfroher Kardinal, und eines Tages wird er als Papst Paul III. dankbar seines Vorgängers und großen Förderers gedenken.

Am kleinen Hof von Pesaro

Nicht unbedingt aus eigenem Antrieb begibt sich die junge Ehefrau auf die Reise nach Pesaro, zum Wohnsitz ihres Ehemanns, der die erlesene Frauengruppe begleitet. Mit von der Partie sind ihre Mutter Vannozza, Giulia Farnese und Madonna Adriana. Alexander selbst hat ihre Abreise befohlen, aus Furcht vor der Pest, die sich in Rom auszubreiten droht. Am 31. Mai brechen sie auf – schön wäre es, wenn man vorher ein Familienbild gemacht hätte, Damengruppe mit Papst, für den diese vier Frauen eine unschätzbare Bedeutung haben. Mit ihrem Hofstaat kommen die Damen nur gemächlich voran, am 8. Juni 1494 zieht Lucrezia mit ihrem Gemahl in Pesaro ein, in ihre neue Heimat, wo sie als verheiratete Frau schließlich hin gehört. Der Einzug findet leider bei strömendem Regen statt, sodass sich das festliche Empfangszeremoniell nicht richtig entfalten kann. Völlig durchnässt und erschöpft bezieht die junge Ehefrau ihre Appartements im Herzogspalast, der jetzt ihre Residenz sein soll. Von Anfang an haben die eleganten Römerinnen die Absicht, durch den Luxus ihrer Garderobe die Provinzdamen von Pesaro zu beeindrucken und sich als etwas ganz Besonderes zu präsentieren. Bälle und sonstige Lustbarkeiten lösen einander in dichter Folge ab, Giulia schreibt in einem Brief »ohne Unterbrechung tanze man, singe man, mache Musik und trage Maske«. Was sollen sie sonst auch tun?

Hier in Pesaro, das heute ein viel besuchtes Seebad ist, konnte die Papsttochter einmal richtig durchatmen, nicht nur klimatisch. Fort aus der päpstlichen Luft Roms, erlöst von der ständigen Beobachtung durch Vater und Bruder, empfindet sie zum ersten Mal Freiheit und Eigenständigkeit und das Gefühl, nicht in allen Dingen am Gängelband des Vaters zu hängen. Den Mittelpunkt der Stadt bildet der Palazzo Ducale, der 1474 begonnen, bei ihrem Einzug noch nicht ganz vollendet war. Den prachtvollen Festsaal allerdings konnte man benutzen; in ihm hat Lucrezia nicht nur einmal den Tanz angeführt. Zur Vermeidung der berüchtigten *noia*, der Langeweile bei Hofe, konnten die Frauen auch von Zeit zu Zeit einen Tapetenwechsel vornehmen. So residierten sie manchmal auf dem hoch gelegenen Schloss Gradara, das mit seinen roten Mauern und Türmen noch heute unversehrt über der Straße nach Rimini thront, oder aber in der Villa Imperiale, einem gewaltigen Renaissancebau auf dem Monte Accio mit einem weiten Blick aufs Meer hinaus.

Zwischendurch wurde auch mal Hochzeit gefeiert, damit die gehobene Stimmung nicht allzu sehr nachließ. Lucrezias spanische Hofdame López heiratete den Hofarzt Adizi, da waren zwei sich nahe gekommen und die Gräfin gab ihren Segen dazu. Auch Einkäufe können belebend wirken, sie schickt einen ihrer Ratgeber nach Venedig zum Kauf kostbarer Perlen. Zwischendurch empfängt sie auch Besuch, aus dem nahen Urbino kommt Herzog Guidobaldo, der die Gräfin auf sein Schloss einlädt. Die Stellung als *First Lady* des kleinen Herzogtums Pesaro ist im Übrigen natürlich keine Herausforderung für eine unternehmungslustige junge Frau, und sie fragt sich manchmal, was sie eigentlich an diesem langweiligen Ort in der tiefsten Provinz und an der Seite dieses Gemahls zu suchen hat.

Das wachsame Vaterauge

Prominente Väter haben in der Regel wenig Zeit für ihre Kinder, der Beruf nimmt sie voll gefangen und saugt alle ihre Kräfte auf. Die Kirchenregierung darf als kräftezehrende Tätigkeit gesehen werden, aber wer nun meint, Papst Alexander sei damit voll ausgelastet gewesen und habe weder rechts noch links geschaut, sieht sich eines Besseren belehrt. Die Sorge um die Kirche ist eine Sache, aber die Sorge um seine Kinder treibt ihn wirklich um, und so will er über alles informiert sein und kümmert sich fast um jede Kleinigkeit. Ständig ermahnt er seine Tochter, sie solle ihm fleißiger schreiben. Sie folgt der väterlichen Mahnung, doch viel Spannendes hat sie nicht zu berichten. So gehen nicht wenige Briefe hin und her zwischen Rom und Pesaro, sieben Briefe Lucrezias aus Pesaro sind erhalten, im päpstlichen Geheimarchiv haben sie die Zeiten überdauert.

Kaum ist sie angekommen, da geht schon am 10. Juni ein Brief ab nach Rom, den heute das Vatikanische Museum in Faksimilie den Besuchern zum Kauf anbietet, da man ein gesteigertes Interesse des Publikums für einen eigenhändigen Brief Lucrezias vermutet. Die Jungvermählte berichtet ihrem Vater vom festlichen Empfang in Pesaro. Auch dieser persönliche Brief verwendet die gängigen Anreden und bleibt sehr förmlich.

»Beatissime Pater, post pedum oscula beatorum, aviso Vostra Santità …«, nach dem Kuss der seligen Füße, dies die übliche Einleitungsformel; Lucrezia gebraucht ebenso die offizielle Anrede »Eure Heiligkeit«. In ihrem Brief führt sie aus, dass sie und ihr Gefolge gesund und wohlbehalten in Pesaro angekommen seien und »con grandissima demostratione de amore de tuto populo«, mit einer sehr großen Bekundung der Liebe des ganzen Volkes, empfangen worden seien. Der Brief endet mit der Schlussformel »De Vostra Beatitudine indengna schiav(a)«. Als unwürdige Sklavin grüßt sie ihren Vater und unterschreibt mit »Lucretia Borgia Sf(ortia) manu propia«.

Nach Pesaro sollte auch Caterina Gonzaga di Montevecchio kommen, deren Schönheit weithin gerühmt wurde und für die sich auch Alexander lebhaft interessierte. Über sie verfasst Lucrezia einen Brief, der mit seiner direkten Sprache beleidigend wirkt.

»Ihre Caterina Gonzaga-Schönheit werde ich Euer Heiligkeit zum Teil schildern, denn ich bin dessen sicher, dass ihr großer Ruf schon zu Euch gelangt ist. Vor allem ist sie um sechs Finger größer als Madonna Julia, hat eine schöne weiße Haut, schöne Hände und eine schöne Gestalt, aber einen hässlichen Mund und ganz abscheuliche Zähne, sehr große farblose Augen, die Nase eher hässlich als hübsch, das Gesicht lang, hässliche Haarfarbe und viel vom Gehaben eines Mannes, sie spricht gut und gewandt, und ich habe sie tanzen sehen, was mich aber nicht sehr befriedigt hat.«[4]

Ende Juni verbreitete sich ein Gerücht in Rom über eine schlimme Krankheit Lucrezias, und Alexander beruhigt sich erst, als er einen Brief seiner Tochter in Händen hält. Der folgende Brief ist seine Antwort:

»Donna Lucrezia, teuerste Tochter, fürwahr, Du hast Uns vier oder fünf sehr schmerzliche und von schweren Sorgen erfüllte Tage bereitet durch die in ganz Rom verbreitete üble und bittere Nachricht, Du seiest gestorben oder liegest so krank, dass es für Dein Leben keine Hoffnung mehr gebe. Du kannst Dir vorstellen, welchen Schmerz Unsere Seele empfand bei der herzlichen und grenzenlosen Liebe, die Wir Dir mehr als irgendeiner anderen Person auf Erden entgegenbringen, und erst als Wir den Brief sahen, den Du Uns mit eigener Hand, wenngleich mit schlechter Handschrift, die Uns verrät, dass es Dir noch nicht gut geht, geschickt hast, hat sich Unser Gemüt beruhigt. Wir danken Gott und Unserer glorreichen Lieben Frau, dass sie Dich aus jeglicher Gefahr errettet haben und Du kannst dessen gewiss sein, dass Wir nie wieder Zufriedenheit finden werden, solange Wir Dich nicht persönlich sehen.«[5]

Immer wieder lässt der Papst Vorwürfe laut werden, und Lucrezia antwortet darauf geschickt, vielleicht nicht immer ganz ehrlich, er solle ihrer Liebe versichert sein, denn sie ersehne nichts anderes, als »unablässig zu den Füßen Euer Gnaden zu weilen, und darum bitte ich demütig und so gut ich kann, dessen gewürdigt zu werden und solange ich nicht dorthin gelangt bin, werde ich niemals mehr zufrieden sein«.[6]

Wenn ein Vater gerne Schmeicheleien hört, warum sollte er sie nicht erhalten. In energischem Ton und gespickt mit Vorwürfen kommt Ende Juli 1494 folgender Brief in Pesaro an:

»Alexander Papst VI., mit eigener Hand.

Donna Lucrezia, teuerste Tochter. Wir haben seit mehreren Tagen keinen Brief von Dir; dies setzt Uns sehr in Verwunderung, und dass Du es vernachlässigst, Uns öfter zu schreiben, und von Deiner Gesundheit und der des Herrn Giovanni, Unseres geliebten Sohnes, Nachricht zu geben. In Zukunft sei sorgsamer und fleißiger. Madonna Adriana und Julia sind in Capodimonte eingetroffen, wo sie den Bruder tot gefunden haben. Dieser Todesfall hat sowohl den Kardinal als Julia so tief betrübt und erschüttert, dass sie beide in das Fieber verfallen sind. Wir haben Pietro Caranza abgeschickt, nach ihnen zu sehen, und für Ärzte und alles Nötige gesorgt. Wir hoffen zu Gott und zur glorreichen Madonna, dass sie bald hergestellt sein werden. In Wahrheit, der Herr Giovanni und Du habt bei dieser Abreise von Madonna Adriana und Julia wenig Rücksicht auf Uns genommen, da Ihr sie ohne Unsere ausdrückliche Erlaubnis abreisen ließet; denn Ihr hättet, wie es Eure Pflicht gebot, bedenken sollen, dass eine so plötzliche Entfernung ohne Unser Wissen Unser höchstes Missfallen erregen musste. Und wenn Du sagst, dass sie es so gewollt haben, weil es der Kardinal Farnese so befahl, so hättet Ihr anderen bedenken sollen, ob dies dem Papst gefallen würde. Nun ist es geschehen; doch ein anderes Mal werden Wir vorsichtiger sein und Uns wohl umsehen, in welche Hand Wir Unsere Angelegenheiten legen. Wir befinden Uns, Gott und der ruhmvollen Jungfrau sei es gedankt, sehr wohl. So bleibt mir diesmal nichts übrig, als Dich zu ermahnen, für Dein Wohlbefinden zu sorgen und fleißig zur Madonna zu beten. Gegeben in Rom, bei St. Peter, am 24. Juli 1494.«[7]

Grund der Vorwürfe ist die unerlaubte Entfernung seiner Geliebten, die, ohne vorher die Erlaubnis des Papstes einzuholen, Mitte Juli mit Adriana unvermittelt an den Bolsenasee nach Capodimonte reist, um ihren erkrankten Bruder Angiolo zu besuchen. Nach einem Brief, der sich bei dem venezianischen Geschichtsschreiber Marin Sanudo findet, hatte sie überhaupt Rom verlassen, um an einer Vermählung bei ihren Verwandten teilzunehmen, und der Schreiber nennt sie bei dieser Gelegenheit »die Favoritin des Papstes, ein junges Weib von großer Schönheit, von Verstand, Klugheit und Sanftmut«. Der Papst verlangt von seinen Frauen Disziplin und Gehorsam und reagiert äußerst gereizt, wenn er sich übergangen fühlt.

Nur am Rande erwähnt sei, dass natürlich auch die anderen »Borgia-Frauen« fleißig Briefe an »ihren« Papst geschrieben haben, von denen einige erhalten sind. Nicht ohne Interesse ist natürlich, was Giulia ihrem Liebhaber in Rom zu vermelden hat. Sie vermeidet alles Anstößig-Pikante, versteht es aber, seine Gefühle wach zu halten, wenn sie von ihrer Sehnsucht nach ihm spricht. Einfältig und naiv war die schöne Giulia gewiss nicht. Zwei Briefe Giulias wurden im päpstlichen Geheimarchiv gefunden, »Padre Santo«, schreibt sie »Eure Heiligkeit sind nicht zugegen und da all mein Wohl und Glück von Euch abhängt, kann ich weder Vergnügen noch Zufriedenheit bei noch so viel Lustbarkeiten finden.«

Dieser Brief ist datiert vom 10. Juni 1494, da ist sie erst einen Tag in Pesaro und schon bemüht sie sich, schmeichelnd und geschmeidig dem fernen Alexander zu gefallen, ob echt oder gespielt, wer weiß das schon?

Der Papst in Bedrängnis

Während Lucrezia in Pesaro unbekümmert und vermutlich etwas gelangweilt vor sich hinlebt, beginnt ein Rumoren in der großen Politik, die dann auch in ihr Leben hineinstrahlt. Denn schon ihre Ehe mit dem Grafen von Pesaro war nicht ihre persönliche Herzensangelegenheit, sondern eine politische Entscheidung pro Sforza und zugleich auch ein Dank an den Kardinal Ascanio Sforza, der sich als Papstmacher Verdienste erworben hatte.

Die italienische Politik dieser Zeit gibt viele Rätsel auf. Italien als geschlossenes Staatsgebilde existiert nicht, das reichste Land Europas ist ein bunt gesprenkelter Fleckerlteppich. Beherrschend sind die großen Fünf: das Herzogtum Mailand, die Republik Venedig, die Republik Florenz, der Kirchenstaat und das Königreich Neapel. Die Fürstentümer Mantua, Ferrara und Urbino sind mit ihren glanzvollen Höfen vor allem von kultureller Bedeutung. Die einstigen Freien Kommunen, die stolzen Stadtrepubliken des Mittelalters, haben ihren Zenit längst überschritten; soweit sie überhaupt noch existieren, werden sie meist von despotischen Stadtherren-Clans beherrscht. Dieses fragile Machtsystem im Gleichgewicht zu halten, ist nicht einfach; Eifersüchteleien, Intrigen und Misstrauen machen einem friedlichen Ausgleich immer wieder einen Strich durch die Rechnung.

Als besonders instabiles Element erweist sich das Papsttum, das Bündnisse eingeht und bedenkenlos wieder löst, das eine nahezu unberechenbare Schaukelpolitik betreibt und zwar über viele Jahrzehnte hinweg.

Bei alledem könnte Italien in leidlichem Frieden leben, wenn nicht Frankreich und Spanien hier auf Eroberung ausgingen. Beide Mächte kommen mit dubiosen Erbansprüchen auf Mailand und Neapel ins Land und sehen in Italien einen Selbstbedienungsladen, was zu einer Reihe von sinnlosen Kriegen führt, in denen sich die Rivalität der beiden Supermächte austobt. Den Anfang macht König Karl VIII. von Frankreich.

An Silvester 1494 erlebten die Römer ein unvergessliches Schauspiel. Der französische König ritt unter einem Baldachin mit seiner schneidigen Truppe in Rom ein. Papst Alexander floh vor der Übermacht in die Engelsburg, der Geheimgang, den er hatte bauen lassen, erwies sich als Rettung. Die Lage des Pontifex schien hoffnungslos. Würde ihn der feindliche Franzose als Gefangenen abführen oder gar absetzen? Vor der letzten Konsequenz schreckte König Karl allerdings zurück; immerhin schmückten sich die französischen Monarchen seit Menschengedenken mit dem Ehrentitel »Allerchristlichster König«. So begann Karl VIII. Verhandlungen, die dann sehr vorteilhaft für Alexander ausgingen. An der Stellung des Borgia als Papst wurde nicht gerüttelt.

Karl VII. zog ungehindert weiter nach Neapel, und auf dem Rückweg von diesem Kriegsabenteuer machte er Station in Rom, wo er aber seinen einstigen Verhandlungspartner nicht mehr antraf; Alexander VI. hatte längst das Weite gesucht und sich Ende Mai nach Orvieto und Perugia zurückgezogen.

Und dort konnte der Papst Mitte Juni seine Tochter in die Arme schließen, die seiner Einladung gefolgt war, begleitet von ihrem Mann und 80 berittenen Soldaten. Während Giovanni nach einigen Tagen wieder abreiste, blieb die Tochter bei ihrem Vater. Perugia ist eigentlich eine Papststadt, der große Innozenz III. starb hier, und die reiche Handels- und Universitätsstadt war im 13. Jahrhundert eine päpstliche Ausweichresidenz. Wenn Papst und Tochter von hier über die grünen Hügel Umbriens hinüberblickten in Richtung Assisi, dann musste vor ihrem geistigen Auge jener berühmte Arme, der *poverello* der Kirchengeschichte, erscheinen. Vermutlich konnten sie aber beide mit der Gestalt des heiligen Franziskus nicht viel anfangen, der allerdings, geehrt und geliebt bis heute, die meisten Päpste in die Bedeutungslosigkeit verweist. Statt hier über Armut zu meditieren, ein dem Papsttum absolut wesensfremdes Wort, lassen sich die päpstlichen Gäste lieber von der Stadtherrenfamilie Perugias, den Baglioni, mit Festen und Banketten verwöhnen, wobei diese Baglioni für ihre skrupellose Tyrannei weithin berüchtigt waren. Den heißen Sommer über ließ es sich in Perugia mit seinem angenehmen Bergklima gut leben. Und neugierig wie die Papsttochter war, wollte sie die große Attraktion Perugias nicht versäumen, nämlich einen Besuch bei der berühmten Seherin Suor Colomba da Rieti, die nicht so sehr bibelfeste Verse zum Besten gab, sondern mehr für ihre astrologischen Deutungen bekannt war.

Man konnte die Nonne über die eigene Zukunft befragen, und nichts tat Lucrezia lieber als das. Aberglauben übrigens war dem Papsthof keineswegs fremd. Vielleicht fühlte sich die Nonne geehrt von dem hohen Besuch, aber ihre Botschaft war doch vieldeutig. »Ihr werdet noch höher steigen, Madonna, und viele Ehren werden euch zuteil werden«, das zeichnete sich schon ab, aber die weiteren Worte der Nonne konnten die junge Ehefrau eher in Melancholie versetzen. Lucrezia werde dort oben bleiben, aber um einen hohen Preis, Blut und Kämpfe werde das kosten und in ihrem Herzen werde ein Stachel sein, den sie nicht entfernen könne.

Im Herbst 1495 kehrten sie alle zurück nach Rom, Lucrezia in ihren Palazzo. Auch Giovanni kam im Oktober und blieb bis zum Februar. Über das Leben der Gatten miteinander und ihre mögliche Zuneigung drang nichts durch die Mauern nach außen. Fand hier nun Eheleben statt oder nicht?

Das Jahr 1495 endet mit einer fürchterlichen Katastrophe, ein Jahrhundert-Hochwasser führt zu chaotischen Zuständen. Tagelang regnet es ohne Unterlass, wie bei einer Sintflut, und nicht wenige müssen an dieses biblische Strafgericht denken, als der Tiber die Stadt mit Wassermassen überzieht, Schlamm und Dreck in die tiefergelegenen Viertel spült. Immer wieder werden auch Menschen von der Flut weggerissen, viele Römer irren obdachlos umher, Seuchen drohen. Ist das nicht ein Fingerzeig an die Spitze der Kirche, an Papst und Kardinäle, die selbstherrlich ihr Leben genießen? Sind damit nicht die drohenden Predigten des Propheten Savonarola in Florenz bestätigt? Der Bußprediger wird nicht müde, die üblen Zustände in Rom zu geißeln.

Eheprobleme

Am 26. Februar 1496 ist der Palazzo S. Maria in Portico mit Leben erfüllt. Lucrezia gibt einen Empfang für vier neue Kardinäle. Immer mehr wird ihr Wohnsitz zur »ersten Adresse«, an der man nicht vorbeigehen kann. Die Papsttochter wird inzwischen gesellschaftlich für voll genommen und zur Institution. Wenige Tage später macht Francesco Gonzaga aus

Mantua seine Aufwartung, der als Sieger gefeierte Generalkapitän der Kirche, der flotte Condottiere. Der junge Mann aus großem Hause ist ein schlanker, hochgewachsener Hüne, auch ein Frauenheld. Ob er der sechzehnjährigen Lucrezia tief in die Augen geschaut hat, wer weiß das schon? Und: Was er nicht ahnen kann, diese Augen werden ihn eines Tages verliebt anschauen.

Unterdessen ist Lucrezias Ehemann ebenfalls als Condottiere mit seinen Landsknechten unterwegs im Dienst des Papstes und im Sommer sehen wir ihn in Neapel, wo die letzten Franzosen verjagt werden, von dort reist er direkt nach Pesaro, vermeidet aber den Weg nach Rom. Dorthin zieht ihn nichts. Im September erhält er freundliche Post aus dem Vatikan, er möge sich doch wieder einmal sehen lassen. Bisher zeigte sich die junge Ehefrau keineswegs betrübt über die Abwesenheit ihres Gemahls, Unterhaltung bot Rom auch ohne ihn.

Das Ehepaar Sforza machte weder einen verliebten noch einen normalen Eindruck. Von Mai bis Dezember 1496 glänzte Giovanni durch Abwesenheit, wurde zwar von der päpstlichen Kasse besoldet, saß aber untätig in Pesaro und zeigte keinerlei Eifer, seinem Dienstherrn zu gefallen. Er hielt sich meist passiv im Hintergrund, von einem schneidigen Heerführer konnte keine Rede sein. Im Januar 1497 musste er wohl oder übel in Rom erscheinen, die Sehnsucht nach seiner Ehefrau hat ihn dabei nicht angetrieben. Des Papstes Liebenswürdigkeit erschien ihm wie eine Falle, aber er nahm an allen Festen und offiziellen Anlässen willig teil. Den Helden wollte er aber auf keinen Fall spielen.

Rom muss nicht jedem gefallen. Giovanni Sforza spürt, wie ihm das Klima zusetzt, auch und besonders das Klima innerhalb des Borgia-Clans. Lucrezias Brüder behandeln ihn mit abschätzigem Hochmut. Er fürchtet, dass sie etwas im Schilde führen, will den Kopf aus der Schlinge ziehen, solange noch Zeit ist. Am Morgen des Karfreitags 1497 verabschiedet er sich freundlich von seiner Gemahlin, sagt, er wolle nach Trastevere zur Beichte gehen und dann für den Ablass die vorgeschriebenen sieben Kirchenbesuche absolvieren. In Wirklichkeit schwingt er sich auf sein bestes Pferd und galoppiert davon, so schnell er nur kann. Sein Ziel ist Pesaro. Als er dort das Stadttor passiert, bricht das Pferd tot unter ihm zusammen. Aber er ist in Sicherheit. Ob ihm Lucrezia selber einen Tipp gegeben hat, ist ungewiss. Ihre wirkliche Beziehung bleibt nebulös – warum hat der Graf von Pesaro die Ehe mit der jetzt Siebzehnjährigen nicht vollzogen? Wie standen die Eheleute zueinander? Ziemlich ratlos verbringt Giovanni nach der überstürzten Flucht seine Tage in Pesaro, wendet sich hilfesuchend an seine Verwandten, den Kardinal Ascanio Sforza und den Herzog von Mailand, aber die wollen ihr gespanntes Verhältnis mit dem Papst nicht noch durch Fürsprache zugunsten des Sforza verschlechtern. In den ersten Apriltagen erscheint ein Bote Alexanders bei Giovanni mit dem klaren Befehl, sich in Rom einzufinden. Es ist ein Ultimatum. Der Sforza weiß darauf mit einer Gegeneinladung zu antworten, seine Gemahlin möge doch bitte nach Pesaro kommen, und hier ist er im Recht. Damalige Ehefrauen haben kein eigenes Aufenthaltsrecht, sie müssen sich nach den Weisungen ihres Ehemannes richten und haben, wenn es so gewünscht wird, an dessen Wohnsitz zu leben. Giovanni weiß aber, dass der Papst nie und nimmer zulassen wird, dass seine Tochter ihm nachreist. Die räumliche Trennung ist damit vollzogen, Trennung von Tisch und Bett, nun braucht es noch einen juristischen Schlussstrich.

Annullierung einer Ehe

Um ihre Eheprobleme kümmern sich Vater und Sohn, die beschließen, dass Lucrezia einen neuen Ehemann zu bekommen hat. Der bisherige allerdings steht dem im Weg. Gift könnte hier helfen, aber es bietet sich eine unblutige Lösung an, die Annullierung dieser Ehe. Eine Ehescheidung ist für die katholische Kirche zwar grundsätzlich tabu, aber Kirchenjuristen wissen einen Ausweg. Eine Ehe wird für nichtig erklärt, das heißt, die betreffende Ehe ist nicht gültig, nicht existent und kann deshalb annulliert werden. Das Verfahren wird auch heute noch angewandt und (erstinstanzlich) in den Diözesen durchgeführt. Bei Prominenten kommt so etwas auch in die Presse, erinnert sei nur an die Ehe der Grimalditochter. Caroline von Monaco hatte 1978 den wesentlich älteren Philippe Junot geheiratet, von dem sie schon zwei Jahre später wieder geschieden wurde. Kinder hatten die beiden keine. Die Grimaldis wollten eine kirchliche Klärung nicht zuletzt wegen ihrer Erbfolge, und 1992 wurde Carolines erste Ehe von der Rota, dem u. a. für Eheprozesse katholischer Paare zuständigen Gerichtshof der Kurie, annulliert.

Hochrangige Geistliche werden sich nun mit dem berühmten Fall Sforza befassen, der General der Augustinermönche reist nach Pesaro und versucht, mit Geschick und Logik den päpstlichen Schwiegersohn zum Einlenken zu bewegen. Er solle erklären, die Ehe niemals vollzogen zu haben, in solchen Fällen gestattet das kanonische Recht die Nichtigkeitserklärung einer Ehe, und die Causa Sforza hätte ihre unkomplizierte Lösung gefunden. Verständlicherweise fühlt Giovanni sich in die Enge getrieben, wünscht Bedenkzeit und reitet nach Mailand zu Ludovico il Moro, der sich an einer Vermittlung aber wenig interessiert zeigt, da er seine angespannte Beziehung zum Papst nicht weiter belasten will.

Die siebzehnjährige Ehefrau wird nicht gefragt, offensichtlich ist sie mit ihrem bisherigen Leben soweit zufrieden und hofft noch auf den Vollzug ihrer Ehe. Das ganze Verfahren kann ihr nicht gefallen, und unbeschädigt geht sie daraus auch nicht hervor. Sie muss sich die Frage gefallen lassen, warum in den vier Jahren Ehe nichts passiert ist. Ist die Ehefrau verklemmt und abweisend, konnte sie so wenig Verführungskünste entwickeln, um ihren jungen kräftigen Giovanni ins Ehebett zu bringen? Am Ende steht auch sie blamiert da, und so wehrt sie sich auf ihre Weise und zieht sich beleidigt und gekränkt am 6. Juni 1497 in das Kloster S. Sisto zurück, das ihr von Kindheit an vertraut ist. Sie will damit ihren eigenen Willen zeigen, tritt in Opposition zu ihrem Vater. Eine Woche später pocht ein päpstlicher Hauptmann an die Klosterpforte; er soll die Papsttochter aus dem Kloster wieder in ihren Palazzo zurückbringen, aber sie weigert sich standhaft, will nicht mehr das in allem gehorsame Mädchen spielen und verbleibt trotzig noch einige Zeit in S. Sisto; die Äbtissin Suor Girolama Pichi steht ihr zur Seite. Vielleicht denkt sie auch daran, den Schleier zu nehmen und für immer in S. Sisto zu bleiben, wie manche in Rom das Gerücht ausstreuen. Aber ihr Vater, der Papst, setzt sich durch.

In Rom pocht man auf den Nichtvollzug der Ehe, und daraus folgt die Impotenz des Giovanni Sforza. Kardinal Ascanio Sforza soll auf den Grafen Einfluss ausüben, damit dieser der Auflösung der Ehe zustimmt. Das klingt einfach, ist aber für Giovanni eine schlimme Zumutung, er macht sich lächerlich. Ein italienischer Adliger in der Blüte seiner Jugend soll impotent sein und das auch noch vor aller Öffentlichkeit zugeben? Eine herbe Zumutung für den jungen Mann! Er behauptet vielmehr, die Ehe vollzogen zu haben, und dass er zeugungsfähig sei, habe er längst bewiesen, denn seine erste Gemahlin ist im Kindbett verstorben. Hilfesuchend wendet er sich nach Mailand und Mantua, und erhält den wenig hilfreichen Rat, seine Potenz unter Beweis zu stellen. Ludovico Moro schlägt dem Verwandten vor, er solle seine Manneskraft in Mailand mit einer anderen Frau vor Zeugen beweisen. Er würde für ihn die Veranstaltung organisieren. Was auf den ersten Blick wie ein schlechter Witz erscheint, war in Eheprozessen des Mittelalters gängige Gerichtspraxis gewesen und wurde auch in der Renaissance noch gelegentlich praktiziert. Ein Gonzaga liefert dafür ein Beispiel. Dem Vincenzo Gonzaga wurde nachgesagt, hauptsächlich an jungen Männern Interesse zu haben. Als er eine Medici heiraten wollte, verlangten diese, dass er vor der Ehe einen Beweis seiner Männlichkeit erbringe. Und er war damit einverstanden. Nach einigem Suchen fand man eine passende und bereitwillige Jungfrau, und in Gegenwart eines Arztes und des florentinischen Gesandten kam es zum öffentlichen Geschlechtsverkehr. Die Augenzeugen hielten den Vorgang schriftlich fest.

In Giovannis Fall kommt nun Geld ins Spiel, der Papst verspricht dem Grafen die volle Mitgift, und diesem Lockmittel kann er nicht widerstehen und unterzeichnet am 18. November in Pesaro ein Dokument über den Nichtvollzug der Ehe. In Rom wird die Sache weiter verhandelt; mit dem Scheidungsprozess werden zwei Kardinäle beauftragt und ein Auditor der Rota, des päpstlichen Gerichtshofs. Damit sind die kanonischen Richter bestellt, verhandelt wird nach den Dekretalen Gregors IX., nach denen eine Frau die Trennung der Ehe fordern kann, wenn diese innerhalb von drei Jahren von der Hochzeit an noch nicht vollzogen wurde. Lucrezia reicht in lateinischer Sprache und wohl gesetzten Worten ihr Scheidungsbegehren ein, in dem sie geltend macht, dass keine eheliche Vereinigung stattgefunden habe und verwendet auch den Fachbegriff »copula carnalis«. Am 22. Dezember 1497, an dem Tag, an dem die Nichtigkeit ihrer Ehe ausgesprochen wird, erscheint sie selber im Vatikan, um der feierlichen Verlesung des Dokumentes beizuwohnen, das sie wieder zur Jungfrau erklärt. Auf Latein bedankt sie sich mit Eleganz und Liebenswürdigkeit, wie berichtet wird. Dennoch – das ganze Verfahren hinterlässt einen schalen Beigeschmack. Der Pontifex hat selbstherrlich das Kirchenrecht für seine Ziele umgebogen, aus fadenscheinigen Gründen wird eine Ehe beendet, die sich vielleicht noch hätte entfalten können.

Am Ende des Jahres kann sich Lucrezia über den guten Ausgang freuen, ob sie sich auch glücklich fühlt, sei dahingestellt. Schlimme Folgen zeigen sich bald; auch ein kleiner Graf lässt sich nicht einfach mit Schimpf und Schande davonjagen. Ihr rachedurstiger Ex-Gemahl streut gezielte Gerüchte aus, die den Borgia bis heute an den Füßen kleben. Mit der Ehe konnte es nichts werden, weil der Papstvater selber seine Tochter bei sich im Bett haben wollte, und auch mit ihrem Bruder Cesare habe sie es getrieben, die ganze Sippschaft vergnüge sich in blutschänderischer Weise. Diese unbewiesenen Vorwürfe wurden von den Borgiafeinden ungeprüft, aber gierig aufgesogen; das Bild der Blutschänderin überdauerte die Jahrhunderte, sehr zu Unrecht, wie wir heute wissen. Die Rache eines abgeblitzten kleinen Grafen wird zum Selbstläufer.

Drittes Kapitel

Eine neue Schickeria – die Borgia erobern Rom

Lucrezias Bruder Cesare Borgia, Papstsohn, Herzog, Condottiere

Lucrezia und ihre Brüder

Lucrezia ist nur zu begreifen, wenn man sie als Mitglied der Borgiafamilie wahrnimmt, neben ihrem Vater sind es ihre zwei älteren Brüder, die einen wachsenden Einfluss auf sie ausüben. Ende des Jahres 1496 sind alle in Rom versammelt, der Vater will seine Kinder um sich haben und weist jedem eine Rolle zu. Bescheiden sind sie alle nicht, sie trumpfen auf und wollen den Ton angeben. Die Borgia, ursprünglich eine kleine Landadelsfamilie aus dem fernen Valencia, die es mit Alonso de Borja (Calixt III.) erstmals zu päpstlichen Ehren gebracht hat, suchen konsequent ihren Eigennutz; die Familie als Ganzes denkt erfolgsorientiert, Familieninteressen bestimmten die Kirchenpolitik, die Familie bedient sich der Kirche, um sie in gewisser Weise auszubeuten. Zu diesem Zweck schafft sie sich eine Klientel aus anderen Habenichtsen, aber auch aus Mitgliedern der alten Elite. Die Politik der absoluten Vorteilssuche führt zu Umbrüchen und Verwerfungen. Die alteingesessenen Familien sehen den Ehrgeiz der katalanischen Parvenus mit Naserümpfen, aber auch mit lähmendem Entsetzen. Man ist eben eine Orsini oder Colonna oder Gaetani, alles ist Abstammung, man gehört dazu und bleibt unter seinesgleichen, standesgemäße Heiraten verschieben die Akzente nur geringfügig. Nur in der Kirche können kleine Leute ganz nach oben kommen, ein ständiges Ärgernis für die Hochgeborenen.

Lucrezia ist Teil des Borgia-Systems, sie ist Mitläuferin und Nutznießerin, ohne aktiv beteiligt zu sein. Sie kann ihren Vater und die Brüder bewundern, aber sie hat nichts zu sagen. Sie schaut zu, darf Beifall spenden, doch dabei bleibt es nicht: Von 1495 bis Ende 1501 lebt sie wieder in Rom und übernimmt nun eine Rolle, die es bisher nicht gab und die in dieser bühnenreifen Weise auch keine Fortsetzung findet. Ihre Rolle als Papsttochter ist illegitim, spielt sich in einer Grauzone zwischen öffentlichem und privatem Raum ab, wird aber doch von vielen akzeptiert, sie selber wird nicht verachtet, Kritik an ihr persönlich wird kaum geübt.

Als Nachfolger seines früh verstorbenen Halbbruders Pedro Luis durfte Juan Borgia das Herzogtum Gandia im Lande von Valencia übernehmen, das kleine Borgiareich, ein fruchtbares und landschaftlich schönes Gebiet. Zugleich erhielt er die Witwe des verstorbenen Bruders zur Ehefrau; der junge Herzog macht sich gut, sorgt für eine vernünftige Verwaltung und genießt ansonsten sein Leben, mit guten Ratschlägen seines Vaters im Übermaß eingedeckt. Warum Alexander VI. seinen Sohn im Sommer nach Rom zurückbeordert, ist kaum zu verstehen und erweist sich im Nachhinein als gravierender Fehler. Juan muss Frau und Sohn zurücklassen, kommt am 10. August 1496 in Rom an und wird wie ein König mit viel Theatralik in die Stadt geleitet. Der Papstsohn ist ein hübscher junger Mann, der sehr auf sein Äußeres bedacht ist, immer modisch gekleidet und mit viel Schmuck behängt. Selbstbewusst und arrogant tritt er auf und findet damit eher Feinde als Freunde.

Mit ihrem ältesten Bruder Cesare fühlte sich Lucrezia von früh an innig verbunden und trotz heftiger Probleme lebten sie als harmonisches Geschwisterpaar. Cesare fiel schon bald durch seinen extravaganten Lebensstil auf, war sexuell freizügig, von Frauen umschwärmt, wollte nie Schranken akzeptieren. Er ist der geborene Condottiere, allerdings hat sein Vater ihm zunächst einen anderen Platz zugewiesen, er soll auf der kirchlichen Karriereleiter möglichst bis nach oben steigen. Ohne Rücksicht auf Eignung hat Alexander seine Söhne mit Posten versorgt und dabei gewaltig daneben gegriffen, Juan beispielsweise zeigte sich als Feldherr völlig unfähig, während Cesare es verstand, auf dem Schlachtfeld zu glänzen.

Bruder Kardinal

Cesare ist der berühmteste und zugleich berüchtigste aller Papstsöhne. Er lebte viele Jahre hautnah am Zentrum der Macht, nicht in einem eigenen Palast, sondern im Vatikan, ein Stockwerk über der Papstwohnung, vielleicht auch sonst über dem Pontifex. Die kirchliche Laufbahn konnte damals- und dies war einer der gravierenden Missstände – schon sehr früh beginnen. Cesare wurde als Siebenjähriger Kanoniker an der Kathedrale zu Valencia, mit sechzehn Jahren erhielt er das Bistum Pamplona und ein Jahr später das sehr gut dotierte Erzbistum Valencia, finanziell hatte er also früh ausgesorgt und konnte auf eigenen Füßen stehen. Der Papstsohn, keineswegs ein primitiver blindwütiger Haudegen, erhielt eine humanistische Erziehung, studierte in Perugia und Pisa, und auch mit dieser Bildung konnte er später Eindruck machen und die Bewunderung seiner jüngeren Schwester finden.

Seine Ernennung zum Kardinal am 20. September 1493 war eine echte Überraschung. Der Sohn als Kardinal, so hatten sich das die Papstwähler nicht vorgestellt. Indem Alexander völlig ungeniert den eigenen Sohn mit dem Purpur bekleidete, zeigte er in aller Deutlichkeit, dass er den Heiligen Stuhl zu einem Familienunternehmen degradierte. Aber Rücksichten kannten die Borgia nicht. Der Papst scheute vor nichts zurück und sprengte alle bisherigen Grenzen, ein Neffe als Kardinal, das hatte schon Tradition, aber ein Sohn, das war ungeheuerlich. Die Kardinäle sind schockiert vor soviel Unverfrorenheit. Allerdings konnte ein Bastard, dem die »echte und rechte Geburt« fehlte, nicht Kardinal werden, also musste etwas nachgeholfen werden. Auch das Papier von Urkunden ist geduldig. Alexander lässt zwei Dokumente ausstellen, nach dem einen ist Cesare der legitime Sohn von Domenico d'Arignano, in einer zweiten Urkunde für das Geheimarchiv bezeichnet er sich selbst als den Vater. Auch ein Papst kommt nicht ohne Lügen aus, ob ein Segen darauf liegt, wird sich zeigen.

Seine Schwester blickt staunend auf Cesare, als der frischgebackene Würdenträger im roten Talar mit einem weiten Mantel und dem großen Hut seinen festlichen Einzug hält und seine Aufnahme ins Kardinalskollegium feiert, ein Fest auch für die Schwester. Es ist nicht ihre Sache, das Skandalöse dieser Erhebung zu begreifen. Cesare fehlten alle Voraussetzungen für ein Kirchenamt, vor allem war er kaum religiös, ein Mann ohne Gottesfurcht und Frömmigkeit. In diesem Punkt passte er gut zu seinem neuen Kollegen Ippolito d'Este, der mit ihm zusammen den roten Hut erhielt. Euphorie erfasst den ganzen Borgia-Clan, mit allen geht es steil aufwärts! Lucrezia steht mit ihrem relativ unscheinbaren Ehemann allerdings irgendwie im Abseits, aber sie ist auch noch sehr jung, Karriere machen die Söhne.

Pracht und Prunk – der Einzug ihres Bruders Jofré

Rom ist die Bühne, auf der die Papstkinder agieren, sich selbst inszenieren, vom Vater theatralisch vorgeführt werden, und wenn es geht, schaut er selber von seinem Fenster aus zu. Mit seinen blonden, lockigen Haaren sieht Jofré weder wie ein typischer Spanier noch wie ein Italiener aus, er wirkt seltsam blass und hellhäutig. Als Zwölfjähriger wird er nach Neapel verheiratet, wo das Haus Aragón regiert. Jofré erhält Sanchia (Sancha) von Aragón, die uneheliche Tochter von König Alfons II., zur Frau. Und von ihr hört man nicht nur Gutes. Die Neapolitanerin, die ihres blassen und kindlichen Ehemannes schnell überdrüssig wird, geht auf Männerfang aus; die Kunde von ihrer moralischen Freizügigkeit und ihren zahlreichen Liebhabern dringt bis nach Rom und erzürnt den Papst. Auch wenn sein eigener Lebenswandel nicht gerade untadelig ist, eine liederliche Schwiegertochter mag er nicht ertragen. Deshalb ruft er die beiden nach Rom, um sie besser im Blick zu haben. Jofrés Einzug am 20. Mai 1496 wird mit grandiosem Gepränge inszeniert. Alexander lässt sämtliche Kardinäle antreten, nicht zum gemeinsamen Chorgebet, davon ist nie die Rede, sondern um seinen halbwüchsigen Sohn in die Stadt zu geleiten. Wer ist er denn, ein Papstsohn, und was ist ein Papstsohn? Alexander will es der ganzen Stadt sichtbar vorführen.

Der päpstliche Zeremonienmeister Burchard liefert darüber einen langen Bericht, der hier nur auszugsweise angeführt wird, wirken doch die Festzüge und feierlichen Empfänge, die den Menschen jener Epoche so viel bedeuteten, heute eher etwas ermüdend.

»Am Freitag, 20. Mai 1496 zogen um 6 Uhr nachmittags in Rom durch das Laterantor ein Jofré (Gofredo) Borgia von Aragonien, der etwa vierzehnjährige Sohn des Papstes, und seine Gemahlin Sanchia von Aragón mit etwa sechs anderen Damen des Gefolges. Ihnen gingen entgegen der Schwadronskapitän mit seinen Bewaffneten, gegen 200, das Gefolge aller Kardinäle und päpstlichen Prälaten. Die einzelnen Kardinäle waren nämlich an diesem Morgen durch päpstliche Läufer auf Veranlassung und von Seiten Cesares gebeten worden, sie möchten geruhen, ihre Kapläne und Schildknappen seinem Bruder Jofré beim Einzug in die Stadt entgegenzuschicken. Dies taten auch alle vor das besagte Tor hinaus, vor dem ihnen auch Lucrezia (Lucretia) Sforza, ebenfalls des Papstes Tochter, ... mit etwa zwölf anderen Frauen entgegenkam. Ihr voran zwei Pagen, die zwei Mäntel trugen und auf zwei Pferden saßen, von denen das eine Ross eine Decke von Karminsamt hatte. Sie begrüßte zärtlich ihren Bruder und seine Gattin.«[8]

Ausführlich werden die weiteren Honoratioren und die wichtigsten Gesandten aufgezählt. »Jofré ritt zwischen dem Gouverneur der Stadt rechts und dem kaiserlichen Gesandten links, dahinter kam Sanchia auf einem Pferd, bedeckt mit schwarzer geränderter Seide und links von ihr Lucretia auf einem mit schwarzer Seide bedeckten Maultier zwischen dem neapolitanischen und dem spanischen Gesandten.«[9] Im Vatikan findet die Begrüßung von Jofré und Sanchia nach dem üblichen Modus statt.

›Jofré erwies dem Papst in gewohnter Weise die Reverenz und küsste ihm Fuß und Hand. Der Papst nahm das Haupt Jofrés zwischen beide Hände und neigte seinen Kopf darüber, aber gab ihm keinen Kuss. (...) Auch Lucrezia wurde so vom Papst empfangen.«[10]

Im weiteren Verlauf des Abends können es sich Lucrezia und Sanchia bequem machen, sie sitzen neben dem päpstlichen Vater bzw. Schwiegervater; der Pontifex von zwei Schönheiten eingerahmt, wie schade, dass kein Maler das festgehalten hat, was Burchard uns berichtet:

›Lucrezia ließ sich auf ein Kissen am Boden rechts vom Papst nieder, Sanchia auf ein anderes zur Linken des Papstes, und die übrigen Damen traten heran zum Kuss des päpstlichen Fußes. Der Papst, Sanchia und Lucrezia tauschten miteinander ein paar heitere Scherzworte.«[11]

Alexander genießt diese einzigartige Szene. Ungeniert spielt er Familie, er will nicht die heimliche Idylle, sucht vielmehr Öffentlichkeit auch mit seinen Kindern. Die Gesandten wissen wieder, was sie aus Rom berichten können. Empfänge können sich in trübe Langeweile ausdehnen, Lucrezia erlebte offensichtlich einen unterhaltsamen Abend. Es ging also besser, als sie dachte. Tage vorher war sie nämlich reizbar und nervös gewesen, von einer seltsamen Unruhe erfasst; ihre Umgebung bemerkte Zeichen von Eifersucht. Offenbar trieb sie die Sorge um, von der temperamentvollen Neapolitanerin in den Schatten gestellt zu werden. Zum Empfang musste deshalb ihr Gefolge besonders herausgeputzt sein, sie wollte von Anfang an den besten Eindruck machen. Übrigens war Sanchia an guter Stimmung interessiert, sie hatte vier Hofnarren und zwei angemietete Narren mitgebracht, ein wenig Narretei konnte in Rom nicht schaden. Die beiden Frauen küssten sich, und es ging mit ihnen besser, als gedacht, sie wurden Freundinnen. Was Cesare und Juan anlangte, brachte Sanchia ihr Blut nicht wenig in Wallung, und so entstand ein gefährliches Spiel.

Eine Pfingstmesse der besonderen Art

Zwei Tage später sorgen die beiden Damen selber für Unterhaltung und notabene beträchtliches Aufsehen. Am 22. Mai 1496 wird Pfingsten gefeiert, und die Borgiafamilie findet sich zum Hochamt in der Peterskirche ein. Der Papst saß auf seinem Thron, Kardinal Cibo zelebrierte die Messe, ein spanischer Kaplan hielt die Predigt, und sein Sermon fiel reichlich weitschweifig aus, was die Entrüstung des Papstes erregte. Die Geistsendung an Pfingsten ist ein hochdramatisches Ereignis, das man sehr wohl originell und spannend erzählen könnte, aber der Kaplan, aufgeregt vor soviel Prominenz, wollte wohl hohe Dogmatik bieten. Alexander konnte keine Reden ertragen, die er langweilig fand, und gab bald Zeichen seiner Ungeduld, aber der Prediger, ein kleiner Kaplan, ließ sich vom Pontifex Maximus überhaupt nicht beirren und setzte in aller Ruhe seine Predigt fort, obwohl der Papst seinen Zorn immer heftiger artikulierte. Doch neben diesem denkwürdigen Auftritt hatte das feierliche Hochamt eine noch größere Attraktion: Lucrezia und Sanchia waren mit ihren Hofdamen gekommen und wollten natürlich nicht hinten in einer Ecke stehen. Was also tun die beiden? Sie schreiten in ihren erlesenen Festkleidern ganz nach vorn in den Chorraum und nehmen – welch unerhörtes Ereignis! – Platz auf der marmornen Erhöhung, auf der die Kanoniker gewöhnlich die Epistel und das Evangelium singen. Tochter und Schwiegertochter des Papstes haben im Handstreich von jenen Plätzen, die allein der Klerisei gebühren, Besitz ergriffen; die Aufregung und Entrüstung beim Volk ist riesengroß, wie Augenzeugen berichten. Viele empfanden das Verhalten der jungen Damen seitdem als haarsträubende Dreistigkeit und unerhörten Affront, es war aber wohl nicht viel mehr als ein Ausdruck des Übermuts zweier junger Frauen, die in ihrer schicken Garderobe gesehen und von den im Petersdom versammelten Römern bewundert werden wollten.

Die Borgia – am Ziel ihrer Wünsche?

Für den 26. Oktober 1496 sind viele Vornehme und Edle in die Peterskirche geladen. Wir sehen Lucrezia, nicht vorne am Altar, auch nicht neben dem Papstthron, aber doch ganz vorne unter den prominenten Ehrengästen; Rom beachtet die traditionellen Schranken für Frauen, und die sind in der Kirche unüberwindbar. Vorne am Altar hat eine weibliche Person nichts zu suchen, übrigens in St. Peter bis heute nicht. Während andernorts Frauen Kommunion austeilen und die Hostienschale am Altar abholen, ist dies in der Mutterkirche der katholischen Christenheit nach wie vor ein striktes Tabu. Vor den Augen eines Papstes eine Frau am Altar, auch heute noch undenkbar, unten an den Stufen darf sie aber stehen.

Lucrezia sieht ihre Brüder ganz vorne im Chor der Basilika, sie bekleiden Ämter, sie erhalten ehrenvolle Aufgaben zugeteilt, sie selber ist lediglich Objekt politisch motivierter Hochzeiten.

Ganz vorne also Cesare, in den Purpur des Kardinals gehüllt, eine nicht gerade fromme, aber elegante Erscheinung, und vor dem Papst ihr Bruder Juan, der heute zum Gonfaloniere ernannt wird, zum Bannerträger und obersten Kriegsherrn der Kurie, dies gewiss ein hochtrabender Titel für einen unerfahrenen jungen Mann, aber das höchste päpstliche Amt für einen Laien, sein Vater Papst Alexander überreicht ihm den Feldherrnstab.

Hier in St. Peter sind nun alle versammelt, die ganze Borgiafamilie, jedenfalls alle Kinder der Vannozza, die selber wohl in einer Ecke hinter einer Säule steht, mit tränenfeuchten Augen, ein Glückstag auch für sie. Beachtet wird sie aber nicht, allenfalls von Besuchern, die Bescheid wissen aus den Augenwinkeln gemustert; sie ist zwar die Mutter der Papstkinder, aber hier doch störend, eine Konkubine macht sich nicht gut im geheiligten Raum der Kirche.

Alexander schaut mit glänzenden Augen auf seine Kinderschar, ergriffen und sentimental. Der wohlkalkulierte Karrieresprung seiner beiden ältesten Söhne ergibt nach vier Jahren Papsttum eine erste Zwischenbilanz, der eine Kardinal, der andere oberster General der päpstlichen Truppen. Der dritte Sohn ist immerhin mit der natürlichen Tochter eines Königs verheiratet, am schlechtesten steht allerdings Lucrezia da, eine glänzende Partie kann man ihre jetzige Noch-Ehe wahrlich nicht nennen. Dennoch: alle vier Kinder sind gut versorgt, sie haben von den Segnungen des Papstamtes hinreichend profitiert. Aber eitel Harmonie herrscht natürlich auch nicht, Juan und Cesare verbindet eine heftige Abneigung; sie rivalisieren um die Gunst Sanchias und schrecken nicht davor zurück, ihrem jüngeren Bruder Hörner aufzusetzen; wie weit sie ihr Ziel erreicht haben, bleibt im Verborgenen.

Das Jahr 1496 ist geprägt durch die auffallende Öffentlichkeit der Papstkinder. Die Einzüge der Borgiasöhne sind ein Massenspektakel für das schaulustige Volk, »panem et circenses« wie seit eh und je in Rom. Juan, der Liebling des Vaters, und der vierzehnjährige Jofré werden wie Könige empfangen. Sie sind Emporkömmlinge, die Aufsehen erregen und dies auch so wollen, eingebildet, hochnäsig, Lucrezia gehört dazu, aber sie hat nichts zu sagen, sie spielt keine erste Geige in der Borgiawelt.

Tod im Tiber

Während Lucrezia in S. Sisto über ihre verpfuschte Ehe meditieren konnte, wurden ihre beiden älteren Brüder am 14. Juni 1497 von ihrer Mutter zu einem Abendessen eingeladen, offensichtlich stand Vannozza mit ihren Kindern in gutem Einvernehmen. Es war ein vergnüglicher Abend, die Mutter hatte das Gefühl, auch mal dazuzugehören, es waren auch andere Gäste eingeladen, die Gesellschaft speiste unter freiem Himmel. Mit Stolz blickt die Mutter auf ihre Söhne. Beide haben in sehr jungen Jahren Spitzenpositionen erreicht, um die sie viele beneiden, und Neid sinnt auf Rache.

Auf dem Rückweg zum Vatikan sondert sich Juan ab. Vermutlich besucht er eine seiner heimlichen Geliebten, und niemand wundert sich daher, dass er am nächsten Vormittag nicht beim Papstvater die gewohnte Aufwartung macht. Alexander zeigt dafür Verständnis, das Vergnügen einer Liebesnacht wird dem Sohn gegönnt.

Am späten Abend begann dann doch eine fieberhafte Suche. Ein Schiffer hatte gesehen, wie nachts eine Leiche in den Tiber geworfen wurde, aber das passierte so manche Nacht und fiel zunächst nicht weiter auf. Mit Netzen wurde nun der Tiber abgesucht und, siehe da, man fischte den Herzog von Gandia aus den Fluten. Der schlammverkrustete Leichnam bot einen grausigen Anblick; Juan war von Dolchstichen durchbohrt worden, und man hatte ihm die Kehle durchgeschnitten. Der Tote wurde in die Engelsburg gebracht und von dort beim Schein von 120 Fackeln in einem eindrucksvollen Trauerzug nach Santa Maria del Popolo geleitet, wo er seine letzte Ruhestätte fand.

Alexander, wie vom Thron gestürzt, überließ sich seinem nagenden Schmerz, tagelang verweigerte er die Nahrung, und seine Schreie hallten von den Wänden des Vatikan wider. Es war die Totenklage eines zu tiefst Getroffenen. Sein Lieblingssohn, mit dem er so große Pläne hatte, war regelrecht hingerichtet worden, hier waren eindeutig *Bravos,* professionelle Killer, am Werk gewesen. Mit großem Pathos kündigte der gedemütigte Heilige Vater eine umfassende Kirchenreform an, aber als die Trauer verebbte, versandete auch das lobenswerte Vorhaben. Die Mörder und ihre Hintermänner wurden nie bekannt, der Papst hatte Ahnungen, aber es gab einfach zu viele Feinde.

Für Lucrezia war dieses schlimme Ereignis eine bitter-herbe Erfahrung, es war nicht allein die Trauer um den ermordeten Bruder, es war vielmehr die Erkenntnis, dass ihre Familie von mächtigen Feinden umgeben war. Die junge Frau wollte beliebt sein und sorglos leben können, das Wissen um die Gefährdung beendete auch bei ihr die Zeit der Leichtlebigkeit und Oberflächlichkeit. Was aber Lucrezia besonders zusetzte, waren allerhand Gerüchte über die mutmaßlichen Mörder Juans, und in ihnen fiel immer wieder der Name ihres Bruders Cesare, dem man alles zutraute, auch einen Brudermord. Sie glaubte diesen Gerüchten nie und hielt ihn eines solchen Verbrechens nicht für fähig, und die heutigen Historiker geben ihr recht.

Neu gemischte Karten – vom Kardinal zum Kriegsherrn

Nach Juans Tod stehen die Borgia zunächst vor einem Scherbenhaufen, aber bald werden die Karten neu gemischt. Cesare soll Juans Rolle übernehmen, in der Romagna, der reichen und strategisch wichtigen Landschaft um Ravenna, zwischen Apennin und Adria, soll er ein Herzogtum der Borgia errichten, und der für Politik und Kriegführung Begabte übernimmt die ihm gemäße Aufgabe. Wie schade, dass er allzu schnell ins Kardinalat gehievt wurde, in dem er eigentlich auf Lebenszeit gefangen ist, einmal Kardinal heißt immer Kardinal, oder doch nicht? Was bedeutet für den Borgiapapst schon die Tradition? Noch nie hat einer den roten Hut, dieses in der ganzen Christenheit hoch begehrte Zeichen der Kardinalswürde, zurückgegeben. Aber Cesare unternimmt dieses Wagestück, und Vater Alexander in seiner unbegrenzten Machtfülle spielt mit. Am 17. August 1498 erklärt Cesare im Konsistorium reumütig, dass er zum geistlichen Stand nicht tauge und deshalb bitte, seine Würde niederlegen zu dürfen. Cesare Borgia legt den Kardinalspurpur ab, ein bisher unerhörter Vorgang, der Papst ist wie entfesselt, locker setzt er sich über die kirchlichen Regeln hinweg und scheut keinen Skandal.

Kaum hat sich Cesare seiner geistlichen Bürde entledigt, geht er schnell auf Brautschau. Geliebte hatte er schon genug, aber jetzt geht es um Macht und Ansehen, um die Einheirat in eine große Dynastie. Im schönen Neapel lebt Carlotta von Aragón, die auffallend hässlich gewesen sein soll, aber als Tochter König Ferdinands von Aragón und Neapel aus königlichem Haus stammte, eine temperamentvolle und energische Frau. In Neapel ließe sich vielleicht einmal ein großes Erbe antreten. Aber die Auserwählte zeigt sich widerspenstig und weigert sich beharrlich. Mit der süffisanten Bemerkung, sie wolle keine »la cardinalia« werden, schmettert sie den werbenden Cesare ab, der daran schwer zu kauen hat. Tief beleidigt sucht der abgeblitzte Papstsohn weiter und findet endlich in Frankreich Gehör. Charlotte d'Albret, Schwester des Königs von Navarra und Nichte von König Ludwig XII. von Frankreich, schließt mit ihm den Bund fürs Leben, damit steht Cesare jetzt auf französischer Seite.

Für Papst Alexander VI. wurden seine Kinder immer mehr sein Schicksal. In der Sorge für sie, oft in der falschen Sorge, verlor er jedes Maß und jeglichen Begriff von Recht und Gesetz. Er missbrauchte seine Stellung als Papst, verletzte geltendes Kirchenrecht, und manche seiner Handlungen waren schlicht töricht und eines Papstes unwürdig. Borgia-Theater auf höchstem Niveau, nicht intellektuell, sondern auf der politischen Ebene. Eine maßvolle Versorgung hätte ihm niemand übel genommen, Nepotismus hält sich über Jahrhunderte.

Die Borgiakinder waren Emporkömmlinge, aber sie waren jung, schön, reich und sicher auch begabt; sie verkörperten das herrschende Ideal der Renaissance und wurden deshalb auch nicht wenig bewundert.

Aber was da um St. Peter herum aufgeführt wurde, war nicht großes Welttheater, eher eine Posse. Für viele Besucher wurde der Frauen-Palazzo allerdings zu einer wichtigen Anlaufstelle. Es war der Ort, wo junge und schöne Frauen einen glänzenden Hof hielten, Lucrezia mit sechzehn und Sanchia mit etwas über siebzehn Jahren, und das vornehme Rom kam, um ihnen zu huldigen. Der Historiker Gregorovius lässt freilich kein gutes Haar an ihnen, spricht von den »Liebesränken in den Palästen dieser jugendlichen Weiber« und meint, niemand solle glauben, dass diese »Prinzessinnen voll Jugendlust und Übermut wie Nonnen oder Heilige im Schatten von St. Peter« lebten. Ein Leben wie im Kloster führten sie sicher nicht, aber konkrete und historisch verbürgte Beispiele für ihre sittenlosen »Liebesränke« weiß auch der berühmte Historiker nicht anzuführen.

Viertes Kapitel

Die zweite Ehe und ihr schlimmes Ende

Alfonso d' Aragona, Lucrezias zweiter Gemahl

Und wieder Tote im Tiber

Die von ihrem Ehemann gelöste Lucrezia fühlte sich fremdgesteuert. Vater und Bruder hatten diese Befreiungsaktion konsequent durchgezogen, nun stand sie wieder bereit für neue Bewerber, die nicht lange auf sich warten ließen. Da trat ein gewisser Antonello Sanseverino, Sohn des Fürsten von Salerno, auf die Bewerberbühne, ihm folgten andere Männer mit klingenden Namen wie ein Francesco Orsini und Ottaviano Riario. Keiner davon kam in die engere Wahl, und die Borgia begannen, nun selber zu suchen. Wieder ergriffen Vater und Bruder die Initiative, wer sonst? Lucrezia selber wird weder gefragt noch kann sie Vorschläge machen.

Mitten in diese Zeit der Kandidatensuche platzt eine Nachricht, die auch Lucrezia sehr persönlich betrifft und an ihrem Image Spuren hinterlässt. Was der päpstliche Zeremonienmeister zu berichten weiß, ist eine schaurige Geschichte:

»Am Mittwoch, dem 14. Februar 1498, wurde der päpstliche Kammerdiener Petrus Caldes, mit dem Beinamen Perotto, der am vergangenen Donnerstag, dem 8. Februar, in der Nacht unfreiwillig in den Tiber gefallen war, im Flusse aufgefunden, worüber in Rom viel gesprochen wurde.«[12]

Wer war dieser Perotto, der »unfreiwillig in den Tiber gefallen war«, wie Burchard es mit unübertroffener Ironie ausdrückt? Der Kammerdiener hatte eine Vertrauensstellung, er fungierte als Bote zwischen Vater und Tochter, war Mitwisser vieler geheimer Dinge, durfte sie sogar ungehindert aufsuchen, wenn sie im Kloster San Sisto weilte. Perotto, der Undurchsichtige fand immer offene Türen, er war Spanier, das machte die Sache um so rätselhafter. War er ein Spion und in wessen Auftrag? Wie eng war sein Verhältnis zur Papsttochter und waren die beiden zu weit gegangen? Das alles war natürlich ein heißes Thema, über das nicht nur viel geredet, sondern noch mehr spekuliert wurde, vor allem, weil es nicht bei der einen Wasserleiche blieb.

Zugleich mit Perotto wurden die sterblichen Überreste einer gewissen Penthesilea aus dem Tiber gefischt. Auch sie stand im Dienst Lucrezias, fungierte als ihre Zofe. Zwei junge Menschen aus dem engsten Umfeld der Papsttochter waren offensichtlich ermordet worden. Wer steckte hinter der Tat? Sollte hier jemand zum Schweigen gebracht werden? Von Lucrezia selbst hören wir kein Bedauern. Aber es kursierte eine besonders wilde Geschichte. Die Papsttochter sei schwanger gewesen von Perotto, und wutentbrannt habe Cesare den Kammerdiener im Vatikan mit dem offenen Schwert verfolgt. Perotto rannte um sein Leben und suchte Schutz zu Füßen des Papstes, unter dessen Mantel er sich verbarg. Cesare habe wütend zugestochen und dabei sei der weiße Talar mit Blut bespritzt worden, das Gewand des Heiligen Vaters blutbesudelt! Eine schauerliche Mordtat an heiliger Stätte. Diese abenteuerliche Geschichte machte in Rom die Runde. Wir dürfen sie getrost zur Borgialegende zählen, die gerne pikante Skandalgeschichten voll von *sex and crime* sammelte.

Ebenfalls im Februar 1498 ließ dann ein freudiges Ereignis aufhorchen, ein Sohn wurde geboren. Seine Herkunft ist zunächst so rätselhaft wie sein Name, »Infans Romanus« wurde er genannt, römisches Kind, getauft wurde er dann doch auf den Namen Giovanni. Gerüchte wollten wissen, dies sei ein Sohn Lucrezias von Perotto; das würde dessen Ermordung erklären. Der Bruder hatte die Ehre seiner Schwester und der Borgia gerächt. Der Papst hat allerdings in einer Urkunde klipp und klar zu Protokoll gegeben, dass dieser Sohn von ihm gezeugt war und von einer unbekannten Mutter geboren wurde. Dass ein Kind von so seltsamer Herkunft die Fantasie anregt, sollte nicht verwundern. Der Mord bleibt rätselhaft bis heute, und es wurde nie deutlich, was eigentlich Lucrezia von dieser dunklen Angelegenheit wusste. Soviel scheint klar zu sein, dieser Infans Romanus stammt nicht von ihr. Aber ein Makel bleibt an ihr haften, jetzt sind auch über sie allerlei Gerüchte im Umlauf.

Junges Eheglück mit einem neapolitanischen Prinzen

Bei der Kandidatensuche für einen neuen Ehemann wird man fündig, das Rennen macht Alfonso d'Aragona, Herzog von Bisceglie, der uneheliche Sohn des Königs Alfons II. von Neapel aus dem Hause Aragón. Als Bruder von Sanchia ist er kein Unbekannter. Man will noch einen Fuß ins

Königreich Neapel setzen, denn parallel dazu zeichnet sich schon ein anderes Heiratsprojekt im Nebel ab, der Noch-Kardinal Cesare könnte eines Tages auch nach Neapel einheiraten. Lucrezia selbst hört nur Gutes über ihren Zukünftigen; wenn er nur halb so viel Temperament mitbringt wie die feurige Sanchia, dann könnte sich die künftige Ehefrau freuen. Auf jeden Fall gilt der Achtzehnjährige als ein gut aussehender Mann, ist elegant, liebenswürdig und von sanftem Wesen, zwar kein legitimer Königssohn (und daher nur sehr eingeschränkt erbberechtigt), aber doch von etwas königlichem Glanz umgeben.

Am 20. Juni 1498 wurde der Ehevertrag im Vatikan unterschrieben, die Brautleute waren dabei nicht anwesend. Die eigentliche Hochzeitsfeier fand am 21. Juli statt, wieder im Appartamento Borgia, aber dieses Mal im kleinen Kreis. Die Borgia blieben lieber unter sich, wollten kein Getuschel und keine heimlichen Fragen. Ganz ohne Gezänk ging auch dieses Fest nicht über die Bühne. Cesare und Sanchia kamen mit ihrem Gefolge zeitgleich zum Eingang, und nun erhob sich die große Frage: Wer darf zuerst einziehen? Für uns Heutige vielleicht etwas lächerlich Belangloses, aber damals eine ungemein wichtige Sache des Protokolls, bei der es letztlich um die Ehre ging. Das Gefolge beider Kontrahenten geriet in Streit, wüste Schimpfwörter flogen hin und her. Der Rangstreit eskalierte zu einer Rauferei, wobei zwei Bischöfe mit den Fäusten aufeinander losgingen, eine geradezu filmreife Szene. Es dauerte einige Zeit, bis der Streit beigelegt werden konnte und alle um das Brautpaar versammelt waren, ein hübsches Paar, ohne Übertreibung würde die Bezeichnung Traumpaar passen. Der Notar stellte wieder seine Fragen, protokollierte und siegelte, das Ganze verlief schmucklos und ohne Glanz, dafür war das Gastmahl um so üppiger.

Zur Unterhaltung trug auch Cesare bei, der sich als Einhorn verkleidet auf der Bühne bewegte. Die Rolle des Einhorns, in Antike und Mittelalter ein Symbol der jungfräulichen Reinheit, schien nicht gerade sinnig für einen, der die Anzeichen der Syphilis nur noch mühsam verbergen konnte. Bald war die Ehe vollzogen, jetzt mussten sich auch die Borgia gebunden fühlen.

Die Eheleute bleiben in Rom, wohnen im Palast Lucrezias und führen ein schönes Leben, das aber trotz aller Verliebtheit wieder etwas leer und unausgefüllt ist. Sie haben keinerlei Aufgaben und Verantwortlichkeiten, leben wie Schmarotzer am päpstlichen Hof. In ihrem Haus bildet sich allerdings eine kleine aragonesische Partei, viele Besucher kommen und an Festen ist kein Mangel. Das Ehepaar mischt sich im Übrigen nicht in die Politik ein. Gelegentlich darf der Schwiegersohn mit auf einen Jagdausflug des Pontifex. Anfang Februar zeigt sich der Papst mit Lucrezia auf den Balkons der Engelsburg, um die Karnevalsmasken zu sehen und über ihr Treiben zu lachen.

Aber noch im Februar 1499 erhielt das frohe Feiern der Borgiafamilie einen gewaltigen Dämpfer. Ein Anschlag auf den siebzehnjährigen Papstsohn Jofré beunruhigte auch seine Schwester. Vermummte Angreifer überfielen ihn und wollten ihn in den Tiber werfen, seine Begleiter konnten ihn vor dem Schlimmsten bewahren, und er kam mit einer Blessur davon. Schon wieder ein Attentat, das Lucrezia nachdenklich stimmte. Mit ihren neunzehn Jahren wollte sie geliebt und anerkannt werden, aber offensichtlich gehörte sie zu einer verhassten Familie, deren Gefährdung nicht mehr zu übersehen war.

Das pure Glück hatten die Reichen auch damals nicht für sich gepachtet. Lucrezia musste dies schmerzlich am eigenen Leibe erfahren. Sie war mit Hofdamen auf dem Weg zum Weinberg des Kardinals López, da begannen die Damen voll Übermut einen kleinen Wettlauf. Lucrezia, obwohl schwanger, wollte nicht kneifen, sie rannte los, rutschte aus, fiel hin und blieb bewusstlos liegen. Man trug sie zurück in den Palast, wo sie nachts einen Abgang erlitt, ein Trauma für die junge Frau und ein Grund für bittere Selbstvorwürfe. Ihr Ehemann suchte sie zu trösten, und bald spürte sie wieder eine Schwangerschaft in sich. Während sich in ihrem Palazzo die Stimmung wieder aufhellte, herrschte am Papsthof eine angespannte Situation, die auch das junge Paar berührte. Der Politikwechsel hin zu den Franzosen, der in der Heirat Cesares mit der Prinzessin von Albret sichtbaren Ausdruck fand, missfiel den Spaniern, und der spanische Botschafter, ganz arroganter Vertreter einer Weltmacht, trat ausfallend und respektlos vor den Papst hin. Es kam zu einem lautstarken Disput, wobei die Spanier ihrem Landsmann auf dem Papstthron unverhohlen mit Vertreibung und Absetzung drohten. Zwischen dem Papst und König Ferdinand von Aragón herrschte Missstimmung und ein Geist der Konfrontation. Dies betraf nun auch Lucrezias Ehemann, der als Abkömmling des Hauses Aragón (wenn auch der rivalisierenden neapolitanischen Linie) der spanischen Partei nahe stand. Schon zum zweiten Mal befindet sich ein Schwiegersohn des Papstes auf der falschen Seite und sieht sich an der Kurie isoliert. Wie mag das für ihn ausgehen?

Seine Frau ist schwanger, es ist die Zeit der gemeinsamen Erwartung und Vorfreude, aber nichts kann Alfonso in Rom halten, auch nicht die Abschiedstränen seiner Ehefrau. Anfang August 1499 flieht er aus dem päpstlichen Machtbereich, findet Unterschlupf bei den Colonna und erreicht schließlich seine Heimatstadt Neapel. Seiner Frau lässt er Briefe zuspielen, dass sie ihm nach Neapel nachkommen solle, was sie aber entschieden ablehnt. Sie ist außer sich; süffisante Kommentare dringen an ihr Ohr, ihr Vater tobt wutentbrannt im Vatikan, und in barschem Ton befiehlt er Sanchia, Rom sofort zu verlassen, er wirft sie regelrecht hinaus. Von dieser Brut des Hauses Aragón will er nichts mehr wissen.

Auch das trifft Lucrezia, denn mit Sanchia, ihrer Schwägerin, hat sie sich gut verstanden, enge Freundinnen sind sie geworden, sie lässt ihren Tränen freien Lauf. Obwohl sie nach wie vor keine Stimme im Borgia-Clan hat, zeigt sie ihren Schmerz auch öffentlich und bedrängt ihren Vater, dass er ihr den geliebten Alfonso zurückgibt.

Lucrezia als Gouverneurin

Eine so trübsinnige Tochter gefällt Alexander auch nicht, und so will er ihr zur Ablenkung eine Aufgabe geben. Er ernennt sie zur Gouverneurin von Spoleto, ein Amt, das bisher ausschließlich Kardinäle innehatten und das noch nie eine Frau ausgeübt hat. Hier hat der Papst psychologisch nicht schlecht gedacht, beschäftigungslose Langeweile kann Kummer nur verstärken, und mit dem Gouverneursamt in Spoleto, einer wichtigen Stadt des Kirchenstaates, übernimmt die Papsttochter konkrete Verwaltungsaufgaben und Verantwortlichkeiten und zugleich erhält sie eigene Einkünfte. Lucrezia bekommt erstmals die Chance, sich zu profilieren.

Am 8. August 1499 reist Lucrezia von Rom ab, von ihrem Bruder Jofré begleitet. Mit Rücksicht auf ihre Schwangerschaft bekommt sie eine Sänfte, die mit Matratzen aus rotem, blumenbesticktem Samt und mit Kissen einigermaßen bequem ausgestattet ist, dazu einen eigenen Lehnstuhl. Über 40 Wagen ergeben einen mächtigen Zug, der überall Aufsehen erregt. Die neue Gouverneurin macht schon dadurch nach außen Eindruck. Eher gemütlich kommt der Zug voran, am 14. August erreicht man Spoleto, schon von weitem erblickt man die Rocca, die Burg hoch über der Stadt, eine mächtige quadratische Anlage, im 14. Jahrhundert erbaut. Unter einem Baldachin zieht Lucrezia in die Stadt ein, begrüßt und bejubelt von einer fröhlichen, wohl auch neugierigen Menge. Schon viele Statthalter sah man hier einziehen, aber noch nie eine zierliche, blonde, schwangere Frau. Am nächsten Tag geht Lucrezia vielleicht in den Dom Santa Maria Assunta, wo wie gewohnt am 15. August das Fest Mariä Himmelfahrt in feierlicher Weise begangen wird. Dort hat sie sicher die farbenprächtigen Bilder von Filippo Lippi mit Szenen aus dem Marienleben bewundert, ein Trost in ihrer eigenen ungewissen Lage.

Am Abend des 19. September kommt dann plötzlich freudige Aufregung in die düsteren Mauern; überraschend erscheint ihr Ehemann Alfonso, und nun lässt sie Musiker aufspielen, und alles sieht nach Harmonie aus. Lucrezia und Alfonso sind ein zärtliches Liebespaar voll tiefer Zuneigung. Schon am 23. September verlassen die Eheleute Spoleto und reisen nach Nepi, wo Lucrezia ihren Vater trifft und mit ihm eine Woche verbringt. Auch die Herrschaft über Nepi wird ihr übertragen, sodass sie eine ansehnliche Feudalherrin wird. Als Mitglied der Borgiafamilie hat sie nun dank der väterlichen Fürsorge auch eine öffentliche Funktion. Mitte Oktober reist das Ehepaar nach Rom zurück, Lucrezia ist hochschwanger, schon zwei Wochen später, am Allerheiligentag 1499, wird ihr Sohn geboren. Im Palazzo S. Maria in Portico kommt neue Zuversicht auf, das zarte Stimmchen eines Kindes lässt hoffen und mit Optimismus in die Zukunft schauen, nun sind sie eine richtige Familie.

Der Großvater ist begeistert, und das Kind erhält ihm zu Ehren den Namen Rodrigo, aber was an sich als privates Ereignis zu sehen ist, wird von ihm zu einer Staatsaktion hochstilisiert und muss dementsprechend gewürdigt und gefeiert werden.

Ein Papstenkel wird geboren

Der neue Erdenbürger kommt um sechs Uhr früh auf die Welt. Kaum ist er geboren, da lässt der Papst schon seine Boten ausschwärmen; alle Kardinäle, Gesandten und Freunde sollen umgehend die Neuigkeit erfahren, die den päpstlichen Großvater in euphorische Stimmung versetzt.

Die Taufe, es ist schließlich ein Papstenkel, soll groß gefeiert werden und zugleich die Familie Borgia glänzen und strahlen lassen. Soweit mag natürlich Alexander nicht gehen, das Kind selber zu taufen, aber ein Kardinal soll es schon sein. Und so versammeln sich am Martinsfest, dem 11. November, gleich 16 Kardinäle im Palazzo S. Maria in Portico, wo Lucrezia mit einem strahlenden Lächeln auf ihrem Bett sitzt, das mit rotem Samt geschmückt und mit Gold verziert ist. Alle Gäste defilieren an ihr vorbei, Kirchenfürsten, Botschafter, Adlige, um ihre Glückwünsche zu überbringen.

Der Täufling wird in einer großen Prozession zur Peterskirche getragen, zur Rechten der Gouverneur von Rom, links der kaiserliche Gesandte, Trommler und Pfeifer sorgen für festliche Stimmung. Francesco Borgia, der Erzbischof von Cosenza, hält den Kleinen über das silberne Taufbecken, wo ihm Kardinal Carafa das Wasser über die Stirn gießt. Anschließend nimmt Paolo Orsini das Kind auf den rechten Arm, um es zurückzutragen. Das Ganze wurde dem Baby dann doch zu viel, und so kann Burchard sogar dieses Detail beschreiben:

»Ehe er noch am Kapelleneingang war, fing es kläglich an zu schreien; vorher, vom Bett der Mutter bis in die Kapelle und während der Taufhandlungen hatte es alles ohne Unbehagen ganz geduldig über sich ergehen lassen. Auf dem Rückweg aber war in der Kirche ein solcher Lärm von Tuben und anderen Instrumenten, dass einer kaum sein eigenes Wort verstand.«[13]

Die Taufe wird als großes Schauspiel inszeniert, immer wird Öffentlichkeit gesucht, das ist Borgia-Stil. Der erste Ausgang einer Mutter nach einer Geburt soll zum Gotteshaus führen, ein Brauch, der sich in vielen Dörfern bis ins 20. Jahrhundert erhalten hatte. Dieses Ritual befolgt auch die fromme junge Mutter Lucrezia. Burchard berichtet uns davon:

»Am Freitag, dem 29. November morgens, verließ Donna Lucrezia zum erstenmal nach der Geburt das Haus und besuchte die Peterskirche; der Bischof von Carignola, Petrus Gamboa, führte sie auf dem Hin- und Rückweg am linken Arm. Er zelebrierte die Messe vor ihr. Ich habe auch gehört, dass Donna Lucrezia gestern Abend mit ihrem Vater, dem Papst, zusammen war.«[14]

Das Heilige Jahr 1500 – ein Jahr für Lucrezia

Diesem freudigen Ereignis für Lucrezia schließt sich zum Jahresende ein freudiges Mammutereignis für ganz Rom an, das Jahr 1500 steht vor der Tür, ein Heiliges Jahr, eine Attraktion für die gesamte Christenheit. Es erweist sich als hervorragende Borgia-Bühne, auf der die Papsttochter einige glückliche Monate erlebt und sich im Glanz eines triumphalen Papsttums sonnen kann, bis dieses Jahr für sie durch eine schreckliche Tragödie zum Schicksalsjahr wird, denn vor Skandalen und tödlichen Intrigen schützte auch das Heilige Jahr nicht.

Die Zahl 1500 befeuerte viele Hoffnungen, aber auch Ängste vor Weltuntergang und Antichrist. Alexander, immer auf geschickte Propaganda bedacht, vollbrachte zum Auftakt dieses Jubeljahres ein zeremonielles Meisterstück, vorzüglich geeignet für eine sinnfällige Darstellung der christlichen Religion. Von ihm stammt die Idee mit der Heiligen Pforte. Am Vorabend von Weihnachten, am 24. Dezember 1499, eröffnete er das Heilige Jahr, indem er sich auf einem Prunksessel nach St. Peter tragen ließ, eine brennende Kerze, die vergoldet und verziert war, in der Linken, mit der Rechten die Gläubigen segnend, begleitet von Kardinälen und anderen Geistlichen mit Kerzen. Er schritt die Stufen zur Basilika hinauf und schlug mit einem Prunkhammer dreimal an die vermauerte Heilige Pforte, eine Anspielung auf Moses, der durch das Schlagen auf einen Felsen Wasser entspringen ließ und zugleich ein deutlicher Hinweis auf Petri Schlüsselgewalt. Schon einen Tag vorher war die Mauer dieser »Porta aurea«, der Goldenen Pforte, herausgebrochen worden, anschließend wurden die Steine ohne Mörtel wieder aufgeschichtet, sodass das Tor jetzt von Handwerkern leicht und schnell geöffnet wurde, Alexander war kein Mann der langen Wartezeiten. Als er vor der Pforte angelangt ist, stimmen die Sänger der Päpstlichen Kapelle die passende Antiphon an. Als erster schreitet der Papst hindurch, es ist der Einzug zur Feier der Vesper, ihm folgen die Kardinäle und Bischöfe, dann kommt das vornehme Rom und ganz vorne die Frauenriege, Lucrezia, Giulia, Adriana, sicherlich mit frommen Gedanken, aber auch um gesehen und bewundert zu werden. Nach dieser grandiosen Zeremonie, die seitdem den Auftakt des Heiligen Jahres bildet, erlebte die Papsttochter eine schöne Zeit. Täglich strömen Menschen aus ganz Europa in die Ewige Stadt, beten am Petrusgrab, wollen den Papst sehen und den ihnen verheißenen vollkommenen Sündenablass erlangen. Der Ostersonntag gerät zu einem triumphalen Erlebnis, noch nie drängten sich so viele Pilger aus aller Welt auf dem Petersplatz, um den Ostersegen »urbi et orbi« zu empfangen, eine Sternstunde für den Borgiapapst, der den Höhepunkt seiner Amtszeit erlebt.

Angstvolle Sorge um das Seelenheil trieb die Menschen aller Stände um. In der von Heilsnot und fiebriger Frömmigkeit geprägten Zeit suchte man, die Hilfe von Heiligen im Diesseits wie für das Jenseits zu erlangen. Es kamen Spontanwallfahrten auf, man verrichtete Gute Werke, um dereinst gerechtfertigt vor Gott zu stehen, um jedenfalls dem Fegfeuer zu entgehen, in dem man die Sündenstrafen zu verbüßen hatte. So spendete man für fromme Zwecke, um Ablass zu erwerben, das Ganze erwies sich als eine sehr werbewirksame und äußerst einträgliche Idee.

Hinter der eigens geschaffenen Heiligen Pforte ließ Alexander VI. eine große versiegelte Truhe aufstellen, in die jeder Eintretende einen angemessenen Geldbetrag einwerfen sollte. Diese Praxis, die unverhohlen den Hunger der Kurie nach Geld demonstrierte, wurde schon von Zeitgenossen kritisiert. Musste nicht der Eindruck entstehen, die Gnadenmittel des Heiligen Jahres seien käuflich? Längst war ruchbar geworden, dass der Großteil der gespendeten Summen in die Privatschatulle des Papstes floss, der immense Geldmittel für die Feldzüge Cesares in der Romagna benötigte. Fromme Spenden also fürs Kanonengießen und die Anwerbung brutaler Landsknechte! Das Wissen um solche Zusammenhänge musste die religiöse Unruhe schüren und die Zweifel der Christenheit an einem Papsttum nähren, dem die Gewissenhaftigkeit und Gottesfurcht der einfachen Gläubigen fremd geworden waren.

Die Romeuphorie wird vom Pontifex als positives Zeichen gesehen, solche Sympathiebeweise tun gut, und etwas Glanz fällt auch auf die Papsttochter, die bei Gottesdiensten, Festlichkeiten und Umzügen überdeutlich in Erscheinung tritt und sich wie eine vatikanische Prinzessin geriert. Hochrangige Rombesucher erscheinen in ihrem Palast, Gesandte und Kardinäle sind dort anzutreffen. Rom staunt und hat zum ersten Mal eine »First Lady«.

Die Stellung der Papsttochter

Ihre Stellung ist und bleibt zwiespältig, als Bastardkind eines zölibatären Bischofs hat sie im Grunde hier nichts zu suchen. Als Frau konnte ihr natürlich kein kirchliches Amt übertragen werden, aber sie ist auch keine reine Privatperson. Sie ist ohne Zweifel die erste Dame Roms, Tochter des amtierenden Fürsten auf dem Papstthron. Diesem weltlichen Begriff von Herrschaft hat der Borgiapapst den ersten Rang eingeräumt, der geistliche Inhalt des Amtes wird daneben zu einer belanglosen Komponente. Die Akzente des komplexen Papstamtes sind verschoben, und in dieses Milieu passt auch eine hübsche, vatikanische »principessa«. Dabei ist sie keineswegs darauf aus, Männer zu umgarnen und zu betören. Für den Umgang mit Liebhabern fehlte ihr schlicht der Spielraum. Eine Papsttochter sucht sich nicht wahllos Männer aus.

Lucrezias Möglichkeiten liegen im atmosphärischen Bereich. Sie repräsentiert inoffiziell den Papsthof und tut dies mit Geschick. Nach neuester Mode gekleidet, tritt sie elegant auf, wirkt gebildet und gewandt und kann auf ihre Gesprächspartner Eindruck machen. Ihr heiteres Wesen und ihre freundliche Art finden Anklang und Bewunderung. Sie ist mittlerweile zu einer ausnehmend hübschen jungen Frau herangewachsen.

Lucrezias Rolle als informelle Repräsentantin wird unterstützt durch ihre Erhöhung zur regierenden Herzogin; so könnte man das umschreiben, was eine päpstliche Bulle im März 1500 juristisch ausdrückt: Alexander verleiht seiner Tochter das Herzogtum Sermoneta, das im Besitz der gestürzten und entmachteten Caetani war. Nach einem Dokument hat die neue Herzogin dafür 80 000 Dukaten an die päpstliche Finanzkasse entrichtet, die Frage ist nur, woher sie das viele Geld hatte. Die Summe stammte sicherlich aus der päpstlichen Schatulle und wurde lediglich, wie man heute zu sagen pflegt, »umgewidmet«; sogar mit billigen Finanztricks sollte der schöne Schein nach außen gewahrt bleiben.

Nach einer gewissen Phase der Trennung taucht auch Giulia wieder im Vatikan auf und nimmt an offiziellen Festivitäten des Heiligen Jahres teil. Jetzt ist sie wieder fest an der Seite der Papsttochter, und die beiden jungen und hübschen Frauen aus der geheimnisvollen Sphäre des Vatikan sind nicht zu übersehen; der vornehme römische Adel schaut mit einer Mischung aus Empörung und heimlicher Bewunderung auf die schönen und reichen Emporkömmlinge. Vielleicht sollten wir uns fragen, was machen diese beiden jungen Frauen den ganzen Tag in ihrem Palazzo? Sie tun in erster Linie etwas für ihre Schönheit! Die »Toilette«, Körperpflege und Kleideranprobe, die Wahl von Frisur, Makeup und Parfum, die oft mühevolle Suche nach dem jeweils richtigen Outfit, füllen einen Großteil des Tages. Ein Verwandter von Giulia Farnese beschreibt ihre Körperpflege, und wir können das ohne Abstriche auch auf Lucrezia übertragen. Lorenzo Pucci weiß zu berichten:

»Ich ging ins Haus bei Santa Maria in Portico, um Madonna Giulia zu besuchen, die ich antraf, wie sie sich den Kopf wusch, und sie war in Gesellschaft der Madonna Lucrezia und sie saßen beim Feuer. Madonna Giulia, stärker geworden, ist jetzt von besonderer Schönheit. In meiner Anwesenheit öffnete sie sich das Haar und ließ sich Haare und Kopf schmücken, und die Haare reichten ihr bis zu den Füßen und schließlich nahm sie eine Haube aus Leinwand und eine Art Netz, zart wie Rauch, mit Gold bestickt, dass es aussah wie eine Sonne.«[15]

In der Renaissance stand Körperpflege hoch im Kurs, und die Papsttochter verwendete darauf viel Sorgfalt. Zum Ritual geworden war das wöchentliche Waschen ihrer Haare, wobei sie ihr eigenes Rezept anwandte, eine Mixtur aus Eiweiß, Kamille und Zitrone. Damit sollte ihr Haar einen leuchtenden Glanz erhalten. Lucrezia hatte Glück, blond war damals die Modefarbe und blond war die Originalfarbe ihrer langen Haarpracht. Manche Römerinnen saßen stundenlang auf ihrer Terrasse in der prallen Sonne, um die Haare bleichen zu lassen.

Bei dieser Gelegenheit sollten wir vielleicht einen Blick auf Lucrezias äußere Erscheinung werfen, wobei wir uns mit Andeutungen begnügen. Der Gesandte Niccolò Cagnolo aus Parma hat sie uns beschrieben:

»Sie ist von mittlerer Größe und anmutiger Gestalt, ihr Gesicht eher lang, die Nase schön geschnitten, das Haar golden, die Augen haben keine besondere Farbe, ihr Mund ist ziemlich groß, die Zähne strahlend weiß, ihr Hals schlank und schön, ihr Busen bewunderungswürdig geformt. Immer ist sie fröhlich und lächelt.«[16]

Wir haben uns also keine stämmige Brunhilde oder ein vollbusiges »Sexidol« vorzustellen, Lucrezia wirkt eher zierlich, mit einem schmalen Körperbau, schlank, sie bewegt sich mit Grazie, strahlt Heiterkeit aus und ist liebenswürdig. Gesundheitlich ist sie nicht sehr robust, immer wieder wird sie von kleineren Krankheiten heimgesucht. Später werden in Ferrara einige Medaillen angefertigt, die wohl ihrem Aussehen am nächsten kommen. Der Historiker Ludwig Pastor versucht die Medaillen zu deuten, wenn er schreibt:

»ein zartes Köpfchen mit feinen Linien, mehr anmutig als schön, mädchenhaft, fast kindlich anzuschauen mit seinen über die Schultern wallenden Haaren, den großen, ins Weite blickenden Augen. Es liegt etwas Weiches, Unentschiedenes, Willenloses in diesen Zügen, keine Spur von heftigen Leidenschaften; alles deutet auf eine zarte und schwache passive Natur, die sich nicht selbst bestimmt.«[17]

Hier hat Pastor schon viel Fantasie entwickelt, niemand wird heute derartige Details aus einer Medaille herauslesen. Das Schönheitsideal der Renaissance ist gut dokumentiert, Bilder von Botticelli bis Raffael veranschaulichen schöne Frauen. Lucrezia war eitel, sehr auf das Äußere bedacht, sie will imponieren und auftreten, sie putzt sich heraus, ihr Erscheinen in der Öffentlichkeit wird immer zum großen Auftritt.

Lucrezia – war sie nun das bestaunte, bewunderte oder verachtete Papstkind? Wie sahen das die Römer? Sie haben sich schnell an sie gewöhnt, und Lucrezia gehörte zum normalen Erscheinungsbild der Ewigen Stadt. War das nun einmalig? Einmalig war sicher, wie unverfroren Alexander seine Tochter vorführte und mit welch unbekümmerter Selbstverständlichkeit sie selber auftrat.

Was unterscheidet sie von den anderen päpstlichen Töchtern? Es gab ja noch einige mehr (in diesem Zusammenhang verweise ich auf mein Buch »Papstkinder«). Man muss betonen: Sie war von allen die prominenteste.

Schauen wir zum Vergleich auf zwei andere Papsttöchter: Die 1483 geborene Felice, Tochter des Kardinals Giuliano Della Rovere, wuchs unbeachtet im fernen Savona auf; erst als ihr Vater als Julius II. den Papstthron bestieg, durfte sie nach Rom kommen und ab und zu diskret über den Hintereingang ihren Vater besuchen, der ihre Hochzeit auch nicht im Vatikan feiern ließ. Erst an seinem Krankenlager durfte Felice Della Rovere öffentlich in Erscheinung treten; wir sehen hier einen völlig anderen Umgang eines Papstes mit seiner Tochter.[18]

Im Heiligen Jahr 1500 wurde dem Kardinal Alessandro Farnese eine Tochter Costanza geboren, also eine Nichte der mit Lucrezia befreundeten Giulia. Diese Costanza übernahm, als ihr Vater als Paul III. den Papstthron bestieg, eine völlig andere Rolle. Sie mischte sich ein in die päpstliche Personalpolitik, ihre Fürsprache konnte einem Bewerber den Kardinalshut verschaffen, und auch die Jesuiten suchten ihre Unterstützung. Demgegenüber war Lucrezias Einfluss eher bescheiden. Der Vergleich hinkt natürlich auch, weil Costanza bereits 34 Jahre alt war, als ihr Vater in den Vatikan einzog. Sie war im Unterschied zur fast noch jugendlichen Lucrezia eine erfahrene Frau.

Nicht nur die Papsttochter, auch ihr Bruder Cesare erlebte in diesem Heiligen Jahr als Feldherr und Eroberer eine erfolgreiche Zeit. Der Papst schuf eine legale Basis für seinen Feldzug, indem er den Stadtherren die Lehensverträge aufkündigte. Cesare, der Ex-Kardinal, verstand sich trefflich auf psychologische Kriegführung und nutzte geschickt den Hass der Bürger auf ihre Tyrannen für die eigenen Ziele aus. Auch dank der Hilfe der Franzosen verlief der Romagna-Feldzug daher zunächst erfolgreich, Forlì und Imola wurden genommen. Caterina Sforza kam in Gefangenschaft nach Rom. Ende Februar kehrte Cesare als Sieger nach Rom zurück. Es war gerade Karneval – auch der wurde im Heiligen Jahr ausgelassen gefeiert –, und so wurde dem päpstlichen Kriegsherrn ein überschwänglicher Einzug bereitet, zum Wohlgefallen Lucrezias, die ihren Bruder herzlich begrüßte. »Der Papst ist fröhlicher denn je«, urteilte der venezianische Gesandte.

Mordanschlag im Heiligen Jahr

Was sich da am 15. Juli gegen Abend ereignet, ist in Rom nicht ungewöhnlich, ein Mann wird überfallen, eine fast alltägliche Sache. Doch das Opfer des heimtückischen Angriffs ist nicht irgendwer. Unterwegs im abendlichen Rom war nämlich Alfonso d'Aragona, der prominenteste Ehemann der Stadt, der an St. Peter vorbei zum Palast seiner Frau eilte. Plötzlich stürzen sich Bewaffnete auf ihn und sein Gefolge, es kommt zu einem kurzen Kampf, die Angreifer ziehen sich schnell zurück. Am Boden liegt Alfonso, schwer verwundet, am Kopf, am rechten Arm und am Schenkel. Eilends wurde der Halbtote in die päpstlichen Gemächer getragen, wo sich Lucrezia und Sanchia gerade um den kranken Papst kümmerten. Als die Papsttochter ihren blutüberströmten Gemahl erblickte, wurde sie kreidebleich, stieß einen furchtbaren Schrei aus und fiel in Ohnmacht. Die nächsten Tage waren ausgefüllt mit der Pflege des Schwerverwundeten. Ärzte aus Neapel werden herbeigerufen. Aus besonderer Vorsicht behielten sich die beiden Frauen die Betreuung des Verletzten und die Bereitung der Mahlzeiten für Alfonso ausschließlich selber vor, damit sich ja kein Giftmischer einschlich. Und dank ihrer sorgfältigen Pflege ging es dem Verwundeten rasch besser. Lucrezia wich nicht von seiner Seite wie ein Schutzengel. Und das Leben kehrte trotz des Schocks über den neuerlichen Mordanschlag allmählich wieder in seine gewohnten Bahnen zurück. Die Pläne des jungen Paares waren klar; Alfonso wartete mit Sehnsucht darauf, reisefähig zu sein, und seine Ehefrau war dieses Mal entschlossen, ihn zu begleiten. Weg von Rom und auf nach Neapel war ihr erklärtes Ziel.

Unterdessen wurde natürlich in Rom gerätselt, wer wohl die Auftraggeber des Attentatsversuches waren, ohne Zweifel war der Angriff von bezahlten Killern ausgeführt worden. Alexander gab sich überrascht, und das klang ehrlich, aber ganz zu trauen war ihm fast nie.

Inzwischen machte die Genesung Alfonsos weitere Fortschritte. Lucrezias Ehemann, der Rekonvaleszent, stand oben am Fenster und vergnügte sich mit Pfeil und Bogen. Er schoss einen Pfeil in den Garten, der in einem Baum hängen blieb. Nur so aus Spaß und zum Zeitvertreib. Oder hatte er doch ein klares Ziel? Unten ging nämlich Cesare vorbei und schaute, als er den Pfeil schwirren hörte, mit einem breiten Grinsen nach oben. Hier sah er am Fenster seinen Schwager stehen, und sein Entschluss stand fest. Noch am gleichen Abend, es ist der 18. August 1500, ist Alfonso ein toter Mann; der Mord geschieht mitten im Heiligen Jahr und im Vatikan. Burchard hat das Ereignis, das eigentlich hohe Wellen hätte schlagen müssen, knapp und sachlich festgehalten:

»Am Dienstag, dem 18. August, wurde Alfonso von Aragonien, der nach seiner neulichen Verwundung in den Neuen Turm über dem päpstlichen Keller im Hauptgarten des Vatikans gebracht und sorgfältig bewacht worden war, nachmittags um 4 Uhr in seinem Bett erdrosselt, da er an seinen Wunden nicht sterben wollte, und am Abend um 10 Uhr trug man die Leiche in die Peterskirche und bestattete sie dort in der Kapelle der Maria delle Febbri.«[19]

So hatte der Tod den Alfonso, der – wie Burchard lakonisch vermerkt – »an seinen Wunden einfach nicht sterben wollte«, nun doch noch ereilt. Langsam dringen Einzelheiten an die Öffentlichkeit. An diesem besagten Nachmittag kam Cesares Hauptmann Don Michele Corella, Michelotto genannt, mit einer Schar Bewaffneter zum Vorzimmer Alfonsos und verhaftete dessen Leute mit der Begründung, es sei ein Komplott aufgedeckt worden. Auch die beiden Ärzte wurden festgenommen. Lucrezia und Sanchia waren zunächst fassungslos vor dieser Blitzaktion, sie protestierten heftig und verlangten die Freilassung der Verhafteten. Seelenruhig antwortete ihnen Michelotto, er wisse nichts Genaues und führe hier nur einen Auftrag aus, sie sollten doch zum Papst gehen, und der könne natürlich die Freilassung verfügen. Beide Frauen eilten davon und stürmten in Alexanders Zimmer, der aber besänftigend von einem Missverständnis sprach, alles werde unverzüglich geklärt. Erleichtert kommen die Frauen zurück und finden vor Alfonsos Zimmer Wachen, die ihnen den Eingang verwehren. In der kurzen Zeitspanne hat Micheletto, der abgebrühte Condottiere, Alfonso mit einer Schnur erdrosselt, wie es ihm von Cesare befohlen war. Lucrezia darf ihren toten Ehemann nicht mehr sehen, sie kann nur ahnen, was geschehen ist. Sie bricht zusammen und wird in ihr Zimmer getragen, sie schreit nicht, wütet nicht, verfällt in ein stechendes Schweigen und in einen tiefen Groll auf ihre Familie. Die gepeinigte Witwe schließt sich ein, verweigert die Nahrung und jeden Kontakt, drückt ihren Sohn Rodrigo fest an sich. Ganz Rom aber weiß, wie sehr die Papsttochter in fassungslosem Schmerz ihren so sehr geliebten Ehemann betrauert. Durch die Botschafter wird die Nachricht von diesem ungeheuerlichen Skandal im Vatikan über ganz Europa verbreitet. Die Klagen einer Papsttochter gehen den Menschen zu Herzen.

Ein Mord und seine Hintergründe

Die Erdrosselung Alfonsos schafft vollendete Tatsachen, es ist der Bruch mit Neapel und zugleich die volle Hinwendung zu Frankreich. Durch den Pakt mit dem französischen König soll das Herzogtum Romagna Wirklichkeit werden. Eine klare Trennungslinie verläuft mitten durch die Borgiafamilie, auf der einen Seite stehen die Franzosen mit ihrem Anspruch auf den Thron von Neapel, auf der anderen Seite Alfonso als Abkömmling des aragonesischen Königshauses, das sich als rechtmäßige Herrscher über Neapel ansieht. Der Gegensatz schaukelt sich hoch, und es entwickelt sich ein unversöhnlicher Hass, wobei Lucrezia auf der Seite ihres Mannes steht, der einfach nicht mehr in die politische Landschaft passt, denn ihr Vater und ihr Bruder haben sich der französischen Partei ergeben.

Man erfindet dazu noch eine kleine Geschichte vom tückischen Pfeil des Aragonesen und reklamiert eiskalt noch eine Art Notwehr.

»Im Endeffekt ist am wahrscheinlichsten, dass Cesare die günstige Gelegenheit ergriff, ein Attentat von fremder Hand zu Ende zu führen – unter welchem Vorwand auch immer. Denn mit Lucrezia hatten Vater und Sohn längst Höheres im Sinne. Die brutal zur Witwe gemachte Tochter des Papstes aber war untröstlich.«[20]

Es bleiben viele Fragen offen. Warum tut Cesare das seiner Schwester an, so plump, so brutal und dazu noch im Vatikan? Er brüskiert damit seinen Vater, der seltsam kleinlaut wirkt, Mord im Vatikan, nun ist auch der Papstpalast zu einem Borgiapalast geworden. Warum ein Mord so ohne jede Rücksicht, ungetarnt? Hätte man Alfonso nicht aus der Politik heraushalten können? Der Papsthof mutiert endgültig zu einem italienischen Fürstenhof, an dem die Beseitigung missliebiger Verwandter an der Tagesordnung ist und wo Rivalen geräuschlos aus dem Weg geräumt werden. Diese kühl berechnende Beseitigung entehrt das Papsttum, das in seinen Mauern dieses duldete, es ist eine Profanierung eigener Art, statt des Geruchs der Heiligkeit umweht »Sua Santità« Verwesungsgeruch.

Es erstaunt uns heute, dass so wenig Kritik geäußert wurde; es geht kein Aufschrei durch Italien, das an derartige Morde gewohnt war, das andere Gesicht der Renaissance. Erinnert sei nur an die sogenannte »Bluthochzeit von Perugia«. Auch dieses Verbrechen geschah im Sommer 1500 und lenkte die öffentliche Aufmerksamkeit vom Mord im Vatikan ab. Der junge Griffonetto Baglione überfiel mit Verschwörern seine eigene Familie, die friedlich an der Hochzeitstafel saß, und erschlug so viele männliche Angehörige, wie er nur konnte. Sein Ziel war es, die Stadtherrschaft in Perugia an sich zu reißen. Einige Verwandte konnten fliehen, warben Soldaten an und kamen zurück, um Rache zu üben. Der junge Baglione, der sich bereits als strahlender Sieger sah, fand auf dem Domplatz ein qualvolles Ende.

Eine trauernde Prinzessin und ein unverhoffter Besuch

»Der Papst ist übler Laune, sowohl wegen der Natur des Falles wie wegen des Königs von Neapel wie auch, weil seine Tochter verzweifelt,« so berichten Chronisten.

Von 600 Reitern begleitet, macht sich Lucrezia auf den Weg nach Nepi, abgezehrt und bleich und wie durchsichtig vor Schmerz. Sie verlässt Rom und wendet sich nicht um, will niemand von der ganzen Schurkenfamilie mehr sehen. In Nepi, ihrer zweiten Residenz, einem hoch oben auf einem Tuffsteinplateau gelegenen Bergnest, zieht sie sich ganz in ihre Trauer zurück. Ihre Briefe dieser Monate tragen die Unterschrift »la infelicissima principessa«, die unglücklichste Fürstin.

Aus der Zeit in Nepi sind einige Briefe erhalten geblieben, gerichtet an ihren vertrauten Diener Vincenzo Giordano, die Briefe behandeln meistens praktische Fragen. Vincenzo soll Kleider für den kleinen Rodrigo anfertigen lassen und ihr dieselben schnell durch einen Boten senden, also hat sie ihren Sohn nach Nepi mitgenommen. Sie trägt Vincenzo auch auf, in den Klöstern Seelenmessen zum Totengedenken ihres Alfonso lesen zu lassen. Sie schreibt, »ich bin so missmutig und von Verdruss erfüllt«, und spricht von dieser schwierigen Zeit der Tränen.

Sie wohnt in der Rocca dei Borgia, die ihr Vater als Kardinal im Jahr 1479 übernommen hatte, er ließ das Gebäude renovieren und befestigen, 1499 übergab er seiner Tochter die Herrschaft über Nepi, die sie bis Ende 1501 ausübte, zugleich ließ er das Kastell etwas wohnlicher gestalten. Hier hatte Lucrezia hellere Tage verlebt, in Gesellschaft ihres Alfonso, aus dieser Zeit stammt noch ein Allianzwappen, das beide Familie symbolisch vereint, die Borgia und das Haus Aragón.

Auf seinem Zug in die Romagna führt Cesares Weg auch an Nepi vorbei. Zwei Monate sind seit dem fürchterlichen Mord vergangen, die Wunden können nicht vernarbt sein, doch unverfroren beschließt er, nach seiner lieben Schwester zu sehen. Mit Trompetengeschmetter zieht er in Nepi ein. Musik soll für gute Stimmung sorgen. Wie soll er die Tat rechtfertigen, sich entschuldigen? Er greift zur verlogenen Behauptung, es sei Notwehr gewesen, versucht ihr, diese Ausrede nahe zu bringen. Und Lucrezia versöhnt sich mit Cesare, überraschend und im Nachhinein unverständlich. Bruder und Schwester stehen einander gegenüber im großen Saal der Burg. »Du gemeiner Mörder!« könnte sie ihm entgegenschleudern, ihn mit Verachtung strafen, als Schlossherrin könnte sie ihn gar hinauswerfen lassen, aber sie hört ihn an und versöhnt sich mit ihm. Das ist das große Rätsel dieser Papsttochter, dass sie so schnell und konsequent umschalten kann, sie zieht einen Schlussstrich, und das Leben geht weiter.

Der Zusammenhalt der Familie gelingt wieder, und noch im Dezember kehrt Lucrezia nach Rom zurück. Mit ihrem Bruder fühlt sie sich in Zukunft fest verbunden, und sie kann noch das Ende des Heiligen Jahres mitfeiern, das die Papstfamilie so schändlich besudelt hat.

In der heiter auftretenden Frau des Jahres 1501 sieht niemand mehr die Witwe eines vom eigenen Bruder ermordeten Gatten.

Dem Papst selbst merkt man die Skandalgeschichte nicht an, er macht einen ausgeglichenen Eindruck. Der venezianische Botschafter berichtet dazu im Herbst 1500:

»Der Papst ist 70 Jahre alt und verjüngt sich mit jedem Tag. Seine Sorgen überdauern nie eine Nacht. Er will sein Leben genießen, ist von fröhlicher Natur und tut nichts, was ihm nicht zuträglich wäre. Sein einziger Gedanke ist, seine Kinder groß zu machen. Alles andere kümmert ihn nicht«.[21]

Fünftes Kapitel

Auf der Suche nach dem neuen Eheglück

Tizian, Venus Anadyomene

Lucrezia, die in sich gekehrte, trauernde Witwe – kein erfreulicher Anblick an einem aufstrebenden Papsthof, der die Weichen für das Borgia-Herzogtum Cesares gestellt hat. So kann es nicht bleiben. Vor allem ist die Stellung Lucrezias auf Dauer mehr als unsicher, sie hat zwar die Herrschaft über Spoleto und Nepi erhalten, aber ihr Status hängt direkt vom Papst ab, und beim Pontifikatswechsel – Alexander zählt schon über 70 Jahre – kann ihr schnell alles abhanden kommen. Es besteht also Handlungsbedarf. Kloster oder neue Ehe, beide Möglichkeiten stehen ihr theoretisch offen. Ein Leben im Kloster könnte sie vor vielen Problemen bewahren, und nicht jeder Konvent damals ist eine Büßerstätte, Lucrezia hätte durchaus ein komfortables Kloster mit standesgemäßer Unterbringung finden können. Aber wollte sie selbst wirklich ernsthaft in eine Klosterzelle? Wohl kaum, also bleibt nur die Suche nach einem neuen Ehemann. Das aber ist ein schwieriges Unterfangen. Der europäische Heiratsmarkt quillt nicht über von verlockenden Angeboten, zumal das Image der Bewerberin ramponiert ist; zwei Ehen sind in die Brüche gegangen, der letzte Gemahl ist gar durch Mörderhand gestorben. Wer wollte es da noch einmal wagen und Kopf und Kragen riskieren?

Erstaunlicherweise fehlt es nicht an Mutigen, da ist der Franzose Louis de Ligny, der Interesse zeigt an einer Vermählung mit der Papsttochter, wobei folgender Kommentar zu hören ist: »Für Geld und für Kardinalshüte würden diese Franzosen alles machen.« Alles ist dann nur mehr eine Frage des Geldes, die junge Frau wird zur mehr oder weniger akzeptierten Dreingabe. Für diesen französischen Adligen hat Lucrezia aber eine deutliche Abfuhr parat, weil sie unter keinen Umständen nach Frankreich will.

Ein anderer Bewerber hat da schon deutlich bessere Karten. Der Mutige heißt Francesco Orsini, Herzog von Gravina, aus altem römischen Adel, keine schlechte Partie. Der junge Mann ging auch schnell in Vorleistung, er verstieß öffentlich seine Geliebte, die sofort den Schleier nahm und in einem Kloster untertauchte. Seine Bewerbung gilt in Rom bereits als erfolgreich, auch der Papst hat schon vorab seinen Segen gegeben, da kommt von einer Seite unerwarteter Widerstand, mit dem niemand gerechnet hat. Lucrezia will nicht. Mit Eigensinn und gesundem Selbstvertrauen widersteht sie ihrem Vater und weigert sich heftig. Ihre Begründung überrascht den kühl denkenden Borgiapapst »Weil meine Gatten Unglück haben.« Wie wahr und endlich einmal eine eigene Meinung, die Borgiatochter will bei der Eheanbahnung künftig ein Wort mitreden. Alexander aber lässt sich nicht beirren und bleibt bei seinem Vorhaben, ihre Vermählung wird zu einem erklärten Ziel der päpstlichen Politik.

Auf seinem hohen Thron überblickt der Pontifex die Lage, der Markt in Italien ist begrenzt, er schaut sich in seinem nächsten Umfeld die Fürstentümer an, für die der Heilige Stuhl Lehensherr ist. Nach einigen Sondierungen findet er einen Kandidaten, der einen hohen Rang besitzt, aber doch in Abhängigkeit von ihm ist. Sein Blick richtet sich auf das Herzogtum Ferrara, auf die dort regierende Fürstenfamilie der Este. Im Februar 1501 nimmt der Bischof von Modena, dessen Amtsbezirk im Territorium der Este liegt, mit dem Herzog Ercole d'Este Verbindung auf und schlägt ihm die neue Ehe vor. Zu der Zeit ist der Herzogspalast in Ferrara ein frauenloser Haushalt, Ercoles Ehefrau Eleonora von Aragón, neapolitanische Königstochter, ist verstorben ebenso wie die erste Frau des Erbprinzen Alfonso, Anna Sforza, Schwester des Herzogs von Mailand. Diese Frauen hier konnten sich, was ihre Herkunft angeht, sehen lassen. Damen aus der Crème de la Crème des Adels; Gleiches hat der Papst in Rom nicht zu bieten. Lucrezia ist mit dem Vorschlag sofort einverstanden, Einheirat in ein so berühmtes und altes Fürstenhaus, wie es die *Casa Estense* ist, muss ihr langfristig als eine sehr günstige Lösung erscheinen. Lucrezia käme an einen glänzenden Hof mit einem reichen kulturellen Leben.

Diesmal ist es aber der Auserwählte, der ablehnt; Erbprinz Alfonso weigert sich barsch und entschieden, diese rufgeschädigte Papsttochter zur Frau zu nehmen. Natürlich hatte der ganze Este-Clan zunächst einmal die Nase über die Borgiatochter gerümpft, ein Bastardkind; besonders verachtungsvoll verhielt sich Isabella d'Este, die ob ihrer hohen Bildung weitberühmte Tochter Herzog Ercoles. Aber ein Blick zurück in die Ahnengalerie zeigt, dass es mit der Tugend auch bei den Este nicht sehr weit her war, der Großvater von Alfonso, Niccolò III. d'Este, hatte über zwanzig außereheliche Kinder, und Herzog Ercole wuchs mit dieser bunt gemischten Kinderschar auf, auch er selber hatte mehrere Bastarde gezeugt.

Der Makel Bastardkind konnte also nicht wirklich greifen, er war ein Stück weit heuchlerisches Getue. Der Herzog von Ferrara musste wohl oder übel mit dem Borgia-Papst in Verhandlungen eintreten. Hinter den Kulissen beginnt nun ein diplomatisches Spiel mit vielen Varianten. Das private Glück von zwei Menschen spielt dabei überhaupt keine Rolle. Alles ist Politik, internationale Politik wohlgemerkt. Frankreich und Spanien haben in einem Bündnisvertrag das Königreich Neapel unter sich aufgeteilt, und tatsächlich wird Neapel französisch, der König von Neapel, Federico, geht ins Exil. Vom Vatikan reist ein Gesandter zu dem französischen König Ludwig XII., der auf Ferrara Druck ausüben soll in Sachen Heirat. Der Franzose wiederum braucht den Papst, der seit alters her als Lehensherr über Neapel auftritt, kein Königreich Neapel ohne den Papst. Tatsächlich wendet sich der französische König an Herzog Ercole, aber nicht unbedingt im Sinne Alexanders. Natürlich solle Ercole Verhandlungen aufnehmen, und als gewiefter Taktiker rät ihm der französische Monarch, man könne die Sache ja verzögern und übermäßige Forderungen stellen.

Lucrezia, innerlich schon fast in Ferrara, bedrängt ihren Vater unablässig, die Verhandlungen voranzutreiben. Außerdem will sie nicht als bloßes Objekt, als die naive und unbedarfte Tochter danebenstehen; sie geht, so wird berichtet, in den Vatikan, spricht selber mit den Botschaftern, sie will mitreden. In ihrem Lebensstil beendet sie das Gehabe der trauernden Witwe, sie speist wieder von Silbertellern, obwohl eine Witwe nach spanischem Recht nur irdenes Geschirr zu benutzen hatte. Für sie standen die Zeichen auf Erfolg.

Als Chefin im Vatikan

Bis heute kennt der Pontifex keinen Stellvertreter, er kann und muss zwar Aufgaben delegieren, aber einen Vertreter bei Abwesenheit gibt es nicht. Alexander wollte den Ferraresen ein kleines Lehrstück vorführen und ihnen zeigen, dass seine Tochter auch im Vatikan, der Schaltzentrale der ganzen Christenheit, zu regieren verstand und dadurch mehr als würdig war, im kleinen Ferrara an der Spitze zu stehen. Der päpstliche Zeremonienmeister hat dies festgehalten, und nur mit Verdruss kann er darüber schreiben:

»Am Samstag, dem letzten Julitag, ging's beim selben Wetter von Genzano nach Sermoneta. Vor der Abreise aus Rom übergab er seine Kammer, den ganzen Palast und die laufenden Geschäfte seiner Tochter Lucrezia, die während seiner Abwesenheit die päpstlichen Gemächer bewohnte. Auch gab er ihr den Auftrag, die an ihn gerichteten Briefe zu öffnen, und sie solle, wenn eine Schwierigkeit vorläge, den Rat des Kardinals Costa und der andern Kardinäle einholen, die sie zu diesem Zweck rufen könnte.«[22]

Tatsächlich hat die Papsttochter den Kardinal Giorgio Costa, der mit seinen 85 Jahren mehr als erfahren, aber vielleicht nicht mehr ganz klar im Kopf war, rufen lassen und ihm einen Fall vorgelegt, den er als belanglos abtat. Aber diese Szene ist eindrucksvoll, die junge Frau diskutiert mit dem alten Kardinal und sie halten gleichsam das Steuerrad der Kirche in der Hand. Dass eine Frau im Vatikan regiert, hat in der Literatur zu einiger Aufregung geführt, manche reden von Amtsmissbrauch und Skandal, aber so schwerwiegende Glaubensfragen treffen in Rom nicht täglich ein, und die Päpste dieser Zeit haben sich ohnehin selten mit Glaubensdingen beschäftigt. Lucrezia hat hier weder Sünden vergeben noch welche begangen, aber sie hat die Verwaltungsgeschäfte der Kurie zweifellos akkurat geführt. Im fernen Sermoneta konnte sich ihr Vater über seinen guten Einfall nur freuen. Dieses kurze Intermezzo als Regentin war natürlich eine leicht zu durchschauende Propagandaaktion.

Gerangel um den Ehevertrag

Wieder zurück in Rom, kümmerte sich Alexander energisch um den Abschluss des Ehevertrags, wobei er die Verzögerungstaktik Ercoles längst durchschaut hatte. Nur zähneknirschend stimmte er dessen Forderungen zu. Aber er sagte zu allem schließlich ja. Das Ganze entwickelt sich zu einer unguten Verquickung von Kirchenpolitik und Heiratspolitik, Kirchliches und Privates werden unzulässig vermischt, Ferrara pokert hoch und setzt sich durch. Alexander macht auch Zugeständnisse für spätere Generationen, er wird regelrecht erpresst. Aber was soll er tun, seine Tochter in Rom behalten? Der Abbruch der Verhandlungen würde ihren Ruf noch mehr beschädigen, also sagt der Vater in Alexander ja zu einem Vertrag, den er als Pontifex entschieden ablehnen müsste.

Der Papst akzeptiert letztlich die gigantischen und im Grunde schamlosen Forderungen des Herzogs: Ferrara streicht eine Mitgift von 100 000 Dukaten ein, die päpstlichen Kastelle Cento und Pieve werden abgetreten, dazu wechseln ungeheuer viele Juwelen, Wertsachen und kostbare Stoffe den Besitzer. Alfonso aber weigert sich dennoch beharrlich, in die Heirat einzuwilligen. Mit seinem Vater führt er heftige Dispute, er will sich nicht verkaufen lassen. Am Ende gibt er klein bei, sein Vater setzt ihn gewaltig unter Druck und droht, dann werde er selber die Papsttochter ehelichen, und zum Schluss bringt er ein Argument, das auch Alfonso nachdenklich stimmt. Cesare ist dabei, die benachbarte Romagna zu erobern, er kann mit seiner schlagkräftigen Landsknechtsarmee genauso gut in Ferrara einmarschieren und das Haus Este verjagen. Alfonso erkennt die reale Gefahr, in der das Herzogtum schwebt. Zähneknirschend stimmt er zu, er hat keine andere Wahl.

Am 16. August 1501 wird im Vatikan der Ehevertrag unterzeichnet und von Boten sofort nach Ferrara gebracht. Auf Schloss Belfiore unterzeichnet Herzog Ercole am 1. September und schreibt zugleich einen Brief an Lucrezia, dass er sie ab jetzt mehr als eine Tochter liebe. An seinen Schwager nach Mantua schreibt er ebenfalls; in diesem Brief ist schon nicht mehr von Liebe die Rede, sondern entschuldigend betont der Herzog, dass er vom französischen König gedrängt wurde.

»Am Samstag, dem 4. September 1501, traf um die Vesperstunde aus Ferrara die Nachricht ein vom Abschluss des Ehevertrages zwischen Alfonso, dem Erstgeborenen des Herzogs von Ferrara, und Lucrezia Borgia. Deshalb wurden von da ab bis in die Nacht hinein in einem fort Bombarden von der Engelsburg abgeschossen. Am folgenden Sonntag nach dem Frühstück ritt Lucrezia von ihrem Palast, in dem sie residierte, nach der Kirche S. Maria del Popolo, gekleidet in ein Gewand von Goldbrokat, im Geleit von etwa 300 Berittenen; vor ihr ritten vier Bischöfe …, dann folgte Lucrezia allein und hinter ihr Gefolge und Dienerschaft; ebenso kehrte sie in den Palast zurück.

Am selben Tag wurde von der Stunde des Nachtmahls an bis zur dritten Stunde der Nacht die Hauptglocke des Kapitols geläutet; auf der Engelsburg und in der ganzen Stadt wurden eine Menge Feuer angezündet, auf den Türmen der Burg und des Kapitols und anderen wurde illuminiert, um alles zur Freude anzufeuern, wo doch Scham eher am Platz gewesen wäre.

Am folgenden Montag zogen zwei Gaukler, einer zu Pferde, dem Donna Lucrezia ihr neues, nur ein einziges Mal getragenes Brokatgewand vom Tag zuvor im Wert von etwa 300 Dukaten geschenkt hatte, durch alle Hauptstraßen und Gassen Roms mit dem lauten Ruf: Hoch lebe die erlauchte Herzogin von Ferrara, hoch Papst Alexander! Hoch, hoch! Und dann mit demselben Ruf der andere zu Fuß, dem Donna Lucrezia ebenfalls ihr Gewand geschenkt hatte.«[23]

Bis zuletzt hing ja diese Eheschließung am seidenen Faden, von daher wird die überschäumende Freude verständlich, endlich hat es geklappt. Ganz Rom soll es wissen und in Festlaune versetzt werden. Freudenschüsse wurden abgefeuert und Feuerwerk gezündet wie bei der Wahl eines Papstes. Fast täglich, heißt es, wird nun im Vatikan gefeiert, und Lucrezia kann befreit aufatmen. Die Abgesandten Ferraras halten ihre Augen offen und beobachten die Papsttochter genau, um detailliert an den Herzogshof berichten zu können, wie sie z. B. an der Seite eines Kardinals in den Vatikan geht und dort von hohen Persönlichkeiten begrüßt wird, wie diese sich vor ihr verneigen und wie sie nur eine Stufe unterhalb des Papstes sitzt, wenn er die Ferraresen empfängt.

Endloses Warten

Der Vertrag ist unterzeichnet, und Lucrezia möchte nun so schnell wie möglich auch getraut werden, aber darüber entscheidet nicht das Brautpaar, sondern einzig und allein der Herzog von Ferrara. Die Papsttochter will weg von Rom, das sie ein Gefängnis nennt; das ständige Warten legt sich ihr lähmend aufs Gemüt und macht sie melancholisch. Immer wieder, wie ein Kind, fragt sie die Gesandten, wann endlich die Delegation aus Ferrara komme. Aber Ercole lässt sich Zeit, zuerst müssen die einzelnen Vertragspunkte abgearbeitet werden, er ist ein gewiefter Politiker und glaubt nicht so leicht an Vertragstexte.

Da soll der Lehenszins, den das Herzogtum jedes Jahr an den Heiligen Stuhl zu zahlen hat, auf ein Minimum reduziert werden; die betreffende Bulle müssen auch die Kardinäle unterschreiben, und die zieren sich. Die Festungen Cento und Pieve sollen an Ferrara fallen, hier muss der Erzbischof von Bologna zustimmen, auch das zieht sich hin. Vorab erhält der ferraresische Botschafter das Bistum Reggio nell'Emilia, dafür hat sich Lucrezia stark gemacht. In der Zwischenzeit gehen viele freundliche und schmeichelnde Briefe hin und her, Lucrezia und ihr Schwiegervater korrespondieren fleißig; als der Herzog erkrankt, schreibt sie ihm eigenhändig, und die Gesandten können von ihrer Anteilnahme berichten:

»Als wir der Erlauchten Herzogin von Ew. Exzellenz Krankheit Mitteilung machten, zeigte Ihre Herrlichkeit den größten Kummer; sie erblasste und stand eine Weile in Gedanken. Sie bedauerte es sehr, dass sie sich nicht in Ferrara befand, um mit ihren Händen Ew. Exzellenz zu pflegen, wenn Sie das genehmigt hätten. So hat sie auch damals, als der vatikanische Saal einstürzte, vierzehn Tage lang Se. Heiligkeit gepflegt und ist in dieser Zeit nicht zur Ruhe gekommen, da der Papst nur von ihren Händen behandelt sein wollte.«[24]

Lucrezia die Krankenschwester, sie bemüht sich auf jeden Fall, schon vorab in Ferrara einen guten Eindruck zu machen, und will offensichtlich nicht das Image der verwöhnten jungen Dame kultivieren.

Der Bräutigam selber beißt sich auf die Lippen; er bringt kein Wort an seine Zukünftige hervor und hüllt sich in eisiges Schweigen. Die Ferraresen kommen noch nicht, dafür allerlei Glückwünsche, in denen die Schönheit und Klugheit Lucrezias gepriesen werden; der Papst muss diese Lobhudeleien natürlich freudestrahlend publik machen. Im Konsistorium, der Versammlung der Kardinäle, wo eigentlich Kirchenfragen besprochen werden sollen, lässt er voll Stolz die Briefe verlesen, darunter auch einen besonders freundlichen des französischen Königs. Liebesbriefe ihres Bräutigams sind allerdings nicht dabei.

Keine Hochzeit ohne Probleme, manche Ehepaare können sich zurückerinnern, wie sie auf der Gästeliste ihrer eigenen Hochzeitsfeier immer wieder ergänzt und gestrichen haben und sich dabei in die Haare geraten sind. Das passende Hochzeitsgeleit ist damals ein höchst diffiziles Problem, es muss vornehm genug sein, und Ercole schickt seine Liste nach Rom, wo sie der Brautvater sorgfältig überprüft. In Rom gestaltet sich die Suche nach der würdigen Begleitung für die Braut schwierig; viele Hofdamen, typische Großstädterinnen, können nicht reiten, und aus dem römischen Adel jemand zu gewinnen, ist nicht einfach. Der Papst ist am Rotieren, und immer drängen die Ferraresen, seine Zusagen endlich einzulösen und die Mitgift in bar auszuzahlen, Zeit und Ort müssen genau festgelegt sein, und bald geht es auf den Winter zu, für eine solche Reise eine mehr als unpassende Zeit. Ercole möchte die Sache am liebsten noch einmal verschieben, aber er fürchtet den Zorn des Papstes und lenkt ein.

Um sich die Wartezeit zu vertreiben, spart man nicht mit gegenseitigen Freundlichkeiten, ständig lobt der Papst seine Tochter, rühmt auch, dass sie das Herzogtum Spoleto mit Geschick regiert habe. Das viele Loben gehört zwar zum guten Ton, wird aber langsam doch etwas peinlich. Und noch einmal knirscht es gewaltig. Nun mischt sich auch noch Kaiser Maximilian ein, der durch diese Eheallianz seine habsburgisch-spanischen Machtinteressen aufs gröblichste gefährdet sieht, und will die ganze Hochzeit in Frage stellen, rät dringend von der Verbindung ab und lässt sich mit Drohungen vernehmen. Die Ehe ist also politisch auf einer Top-Etage angekommen und wird ein europaweit wahrgenommenes Ereignis. Alexander selber gerät immer wehr in Wut über die Verzögerungen und greift zu argen Vorwürfen; ihr Herzog sei ein »Krämer«, lässt er die Abgesandten Ferraras wissen. Ercole ist tief getroffen, und postwendend beschwert er sich über einen derart ehrenrührigen Vorwurf, allerdings hat er so zäh geschachert wie ein Händler auf einem orientalischen Bazar.

Papst Alexander – der Antichrist?

Mitten hinein in die aufreibende Wartezeit platzt Ende des Jahres wie eine Streubombe ein wütendes Pamphlet, ein anonymes Machwerk mit einer Fülle von Beleidigungen gegen den Borgiapapst und seine Familie, die auch Lucrezia zutiefst treffen. Wer sieht schon gerne seinen Vater als Antichrist verhöhnt und an den Pranger gestellt? Der Text, keine Lektüre für zarte Gemüter, ist in Briefform gehalten; der Urheber bzw. Drahtzieher ist Silvio Savelli, der am Hof von Kaiser Maximilian im Exil lebt und den Brief (bzw. die in ihm enthaltenen Aussagen) von dritter Seite erhalten haben will. Wörtlich heißt es in der Schmähschrift:

»Stelle dem Kaiser und den übrigen Fürsten des Reiches alles Unheil vor, das von dieser verwünschten Bestie zum Verderben der Christenheit ausgegangen ist; erzähle die abscheulichen Verbrechen, mit denen man Gott verachtet und die Religion aufs tiefste schädigt (…) Schon ist die Zeit des Antichrist gekommen, denn es kann keiner gedacht werden, der ein ärgerer Feind Gottes, Christi und der Religion wäre … Rodrigo Borja ist der denkbar tiefste Abgrund aller Laster.«[25]

Dieser sogenannte Savelli-Brief fährt schweres Geschütz auf, bleibt allerdings im Wesentlichen allgemein, doch spricht er in sehr bestimmtem Ton von den angeblichen inzestuösen Verbindungen der Papsttochter zu ihrem Vater und ihren beiden Brüdern. Der Brief will bewusst auch Lucrezia beschädigen und ihren Ruf irreparabel ruinieren, und er wird in der Tat zum Gesprächsthema im Vorfeld ihrer Hochzeitsfeier. Der Zeremonienmeister hält diesen Brief dem Papst genüsslich unter die Nase, der ihn gelassen zur Kenntnis nimmt und sich keineswegs bemüht, die Autoren ausfindig zu machen; die Verfasser werden sogar im engsten Umfeld des Papstes vermutet, manche halten den Zeremonienmeister für einen, der mindestens Stoff geliefert hat. Der Borgiapapst hatte gelernt, mit Kritik zu leben, und im Allgemeinen ließ er eine gewisse Meinungsfreiheit zu. Der Friedrich dem Großen zugeschriebene Grundsatz »Niedriger hängen!« wurde wohl schon von Alexander beherzigt, der zu klug war, um durch penible Nachforschungen noch mehr Staub aufzuwirbeln und sich wohl auch erhaben über solche Schmähungen dünkte. Feindselige Angriffe wie der Savelli-Brief sollten allerdings verheerende Auswirkungen auf sein Bild in der Nachwelt haben.

Brautfahrt alla ferrarese

Am 9. Dezember frühmorgens geht es turbulent zu in Ferrara, die ganze Stadt ist auf den Beinen und in heller Aufregung, fünfhundert Personen formieren sich zu einem machtvollen Zug. Alles was Rang und Namen hat, geht mit auf die Brautfahrt nach Rom, an der Spitze Kardinal Ippolito, neben ihm seine beiden Brüder Don Ferrante und Don Sigismondo, dazu zwei Bischöfe aus dem Hause Este, alle äußerst prunkvoll gekleidet mit goldenen Ketten um den Hals; dreizehn Trompeter und acht Pfeifer sollen für Stimmung sorgen.

Am 23. Dezember erreichen sie Rom, an der Tiberbrücke werden sie vom Senator von Rom begrüßt, der mit zweitausend Mann anrückt, dann kommt Cesare mit Gefolge, hundert Edelleute zu Pferd, zweihundert Schweizer zu Fuß, in schwarzem und gelbem Samt gekleidet, neben ihm nicht zufällig der französische Botschafter. Lucrezias Bruder umarmt den Kardinal Ippolito, am Stadttor erscheinen neunzehn Kardinäle, von denen jeder zweihundert Begleiter mit sich führt, das macht Eindruck und ergibt ein überaus bewegtes und farbenprächtiges Bild, das den Ferraresen zeigen soll, was das päpstliche Rom zu bieten hat und wie man hier zu feiern versteht. Die Begrüßung dauert zwei Stunden, dann geht der imposante Zug über den Campo dei Fiori unter Trommeln, Pfeifen und Hörnern an der Engelsburg vorbei, die mit Fackeln erleuchtet ist und von deren Zinnen die Kanonen donnern, zum Papstpalast, wo der Papst oben am Fenster das Schauspiel verfolgt, das ganz in seinem Sinne ist, und wo er dann die Delegation empfängt.

Die Brüder des Bräutigams machen einen Antrittsbesuch bei Lucrezia, und wie es heißt, werden diese von ihr nicht geküsst, sondern sie neigt nur Gesicht zu Gesicht, was als französische Form jetzt in Mode kommt. In einem Kleid von weißem, mit Gold besticktem Tuch, darüber einen Überwurf aus schwarzbraunem Samt mit Zobelbesatz; die Ärmel von weißem Goldbrokat, sieht die nach spanischer Mode gekleidete Lucrezia bezaubernd aus und hinterlässt einen blendenden Eindruck. »Das weiß ich gewiss«, so schreibt El Prete, den Isabella d'Este als ihren Berichterstatter nach Rom gesandt hat und der das Geschehen wie ein moderner Klatschreporter verfolgte, »daß unserem Kardinal Hippolyt die Augen leuchteten: sie ist eine reizende und sehr anmutige Dame.« Und auch der Kardinal schreibt noch am gleichen Abend an seine Schwester Isabella, um ihr Lucrezias Garderobe haarklein zu beschreiben, weibliche Neugier kennt keine Grenzen.

Auch der ferraresische Gesandte spricht noch am gleichen Abend bei Donna Lucrezia vor und schildert seinen ersten Eindruck in einem Brief an seinen Herzog:

»Mein Erlauchtester Herr. Heute nach dem Abendessen begab ich mich mit Messer Girardo Saraceno zur Erlauchtesten Madonna Lucrezia, um Derselben im Namen Ew. Exzellenz und Sr. Herrlichkeit Don Alfonso aufzuwarten. Bei dieser Gelegenheit hatten wir ein langes Gespräch über verschiedene Dinge. Sie gab sich hier in Wahrheit als sehr klug und liebenswürdig und von guter Natur zu erkennen, Eurer Exzellenz und dem Erlauchten Don Alfonso höchst ehrerbietig ergeben, sodass man wohl urteilen darf, daß Ew. Hoheit und Don Alfonso über sie eine wahre Genugtuung empfinden werden. Sie besitzt außerdem eine vollkommene Grazie in allen Dingen, nebst Bescheidenheit, Lieblichkeit und Sittsamkeit. Nicht minder ist sie eine gläubige Christin und zeigt sich gottesfürchtig. Morgen will sie zur Beichte gehen und dann am Weihnachtsfest die Kommunion empfangen. Ihre Schönheit ist schon an sich hinreichend groß; aber die Gefälligkeit ihrer Manieren und die anmutige Weise sich zu geben, lassen sie noch weit größer erscheinen: kurz und gut, ihre Eigenschaften dünken mir solcher Art, dass man von ihr nichts Schlimmes zu argwöhnen hat. (...) Rom am 23. Dezember 1501, in der sechsten Stunde der Nacht. Ew. Exzellenz Diener Johannes Lucas.«[26]

Nichts Schlimmes ist von ihr zu befürchten, diese seltsame Aussage über eine Braut sagt viel über die Gefühle, mit denen die Ferraresen Lucrezias Ankunft entgegensahen. Irgendwie erschien sie ihnen doch ziemlich undurchsichtig, und üble Gerüchte waren im Schwange; der bitterböse Savelli-Brief war vielleicht nicht die einzige Schmährede gegen den Borgia-Clan. Den Herzog hatten vermutlich ungute Ahnungen beschlichen, und so war er froh über jede positive Nachricht.

Weihnachten und Karneval – eine Vermählung

Die Weihnachtsmesse, die der Papst persönlich zelebrierte, gibt gute Gelegenheit, die andere Seite dieses Pontifex wahrzunehmen. Hoch aufgerichtet, mit einer perlengeschmückten Mitra steht er am Altar, ein gewaltiges und ehrfurchtgebietendes Kirchenoberhaupt. Der Heilige Vater mit der erhobenen Hostie und zum Abschluss die Hand zum Segen erhoben, verkörpert hoheitsvoll die Frohe Botschaft, hier verfliegt alle Kritik. Dem kirchlichen Feiertag folgt ein schneller Wechsel, Alexander erklärt den Karneval für eröffnet, und täglich finden nun rauschende Feste im Vatikan statt, der Borgia-Clan, vor allem Lucrezias Bruder Cesare, ist hier in seinem Element. Aber auch sie selber kann ihrem großen Vergnügen, dem Tanzen, huldigen, und dabei entstehen auch erste Kontakte zu den Brüdern des Bräutigams. Sympathiegewinnen war angesagt.

»Nach dem Wettrennen am 30. Dezember stellten sich die Trompeter und allerart Musikanten auf der Plattform der Treppen von St. Peter auf und stimmten mit großer Macht alle ihre Instrumente an. Donna Lucrezia trat aus ihrer Wohnung neben der Peterskirche heraus, in einem auf spanische Weise gegürteten Goldbrokatgewand mit einer langen Schleppe, die eine Zofe ihr nachtrug. Rechts von ihr ging Don Ferdinand, links Don Sigismund, die Brüder ihres Gatten. Dann folgten etwa 50 römische Damen in prächtigen Gewändern und hinter diesen je zwei und zwei die Dienerinnen Lucrezias. Sie stiegen hinauf in den ersten Paulinischen Saal über dem Palastportal, wo sich der Papst mit 13 Kardinälen und Cesare Borgia befand. Der Bischof Porcario hielt eine Predigt, und der Papst sagte ihm zu wiederholten Malen, er solle schneller machen. Als er endlich fertig war, wurde vor den Papst ein Tisch hingestellt. Don Ferdinand sowie Donna Lucrezia traten vor den Papst an den Tisch heran und Ferdinand steckte im Namen seines Bruders Lucrezia einen goldenen Ring an.«[27]

Eine nüchterne Beschreibung dieser Eheschließung liefert hier der Zeremonienmeister Burchard, obwohl es doch um ein Ereignis geht, dessen Vorbereitung soviel Aufwand verlangte und das den Papst in höchstem Maße erregt hat. Der Vorgang selbst entbehrte aber offenbar jeder Dramatik und jeden Glanzes.

In der Sala Paolina, wohlgemerkt nicht in der Sixtinischen Kapelle, findet die schlichte Szene statt, das Ganze erinnert eher an die Trauung in einem Standesamt der Gegenwart. Die Botschafter Frankreichs, Spaniens und Venedigs waren anwesend, während der Gesandte des Römisch-Deutschen Reiches nicht ohne Grund der Zeremonie fernblieb. Geduld ist nicht die große Tugend Alexanders, der dem langweiligen Bischof mit seiner Ansprache zwar nicht den Mund verbieten kann, aber ihn deutlich zur Eile antreibt. Und statt des Bräutigams, der durch Abwesenheit glänzt, übernimmt Don Ferrante d'Este stellvertretend dessen Part. Prokura-Ehe nannte man dieses Verfahren und es war damals durchaus üblich. »Ferrante richtete an sie die Frageformel, und auf ihre Bejahung steckte er ihr den Ring an den Finger mit folgenden Worten: Diesen Vermählungsring sendet Dir, Erlauchte Donna Lucrezia, der Erlauchte Don Alfonso aus freier Wahl, und in seinem Namen reiche ich Dir denselben dar. Sie antwortete: Und so aus freier Wahl empfange ich ihn.«[28]

Die gängige Vermählungsformel spricht von der »freien Wahl«, und die anwesenden Kirchenrechtler wissen genau, was damit gemeint ist, und jeder im Raum weiß, was man von dieser Entscheidungsfreiheit zu halten hat. Der Notar Camillo Beneimbene jedenfalls beurkundete den Vorgang, und damit war die Vermählung als gültiges Rechtsgeschäft zumindest aktenkundig, und sie konnte (und sollte) von nun an vollzogen werden. Sodann folgte die Übergabe der Juwelen an Lucrezia durch den Kardinal Ippolito. Das klingt einfach, war aber ein sehr komplizierter Akt. Es ging nämlich um die äußerst wertvollen Juwelen des Hauses Este, gleichsam eine Insignie dieser großen Fürstendynastie und als solche unveräußerlich. Die Kostbarkeiten sollten Lucrezia als – angeheiratetem – Mitglied des Hauses übergeben, ihr aber – als privater Person – nicht geschenkt werden. Deshalb mussten die Worte der Übergabe gründlich überlegt sein. Der ferraresische Gesandte Pozzi hat dem Kardinal den Wortlaut übermittelt, auch aus Vorsicht, damit im Falle dass Madonna Lucrezia ihrem Eheherrn Alfonso untreu würde, die Kleinodien nicht verloren gingen. Misstrauen blieb also bis zum Schluss in dieser Welt juristischer Winkelzüge.

Der Papst selbst nahm den Schmuck in die Hand und zeigte ihn seiner Tochter, die eine Vorliebe vor allem für Perlen hatte und sich über eine besonders kostbare Perlenschnur freute und auch die schön gefassten Edelsteine, Ketten, Ringe und Ohrgehänge mit Wohlgefallen betrachtete. Dem Überbringer machte Alexander noch ein artiges Kompliment, mit seiner Grazie habe er die Schönheit des Schmuckes noch erhöht. Nach dem eher nüchternen Pflichtprogramm gab es nun doch ein Spektakel zu bestaunen, vom Fenster aus konnte die Hochzeitsgesellschaft auf dem Petersplatz ein Wettrennen und den Kampf um ein Schiff anschauen. Acht Männer verteidigten es gegen acht Angreifer; und ganz so spaßhaft verlief die Sache nicht; da die Männer scharfe Waffen einsetzten, wurden fünf Kämpfer verwundet.

Die Festgesellschaft versammelte sich alsdann im Papageiensaal, Sala del Pappagallo, wo traditionsgemäß der Käfig mit dem päpstlichen Papagei steht. Der Papst nahm auf dem Thron Platz, zu seiner Linken die Kardinäle, zu seiner Rechten Ippolito d'Este, Donna Lucrezia und Cesare. »Er forderte«, so schrieb El Prete, »Cesare auf, mit Madonna Lucrezia einen Tanz zu machen, und das tat dieser mit vielem Anstande. Seine Heiligkeit war in beständigem Lachen.« Auch vom Brautvater selber fiel jetzt die Anspannung der letzten Wochen ab, und er konnte sich einem herzhaften Lachen hingeben, und wann schon hat ein Papst etwas zu lachen. Die Hofdamen tanzten paarweise, es wurden Komödien aufgeführt. Damit endete der offizielle Teil, das Festmahl fand in kleinem Kreis statt.

Das Jahr 1501 klingt aus mit einem rauschenden Fest im Vatikan, der Papst nimmt sich Zeit, nicht für eine Andacht an Silvester, sondern für die Feier seiner Tochter. Die Räume des Vatikan hallen wider von heiterer Musik und fröhlichen Stimmen und mit glänzenden Augen blickt Alexander in die Mitte des Saales, ein Erlebnis, das er nie mehr vergisst. Die Menschen herum starren Lucrezia und Cesare an, dieses einzigartige Geschwisterpaar, das einen spanischen Tanz beginnt. Ihre Bewegungen sind geschmeidig, hinreißend, elegant, ihre Körper gleiten dahin, das

Temperament der Südländer bricht durch, die Emotionen eines Volkes spiegelt dieser Tanz wieder, feurig und rasant. Die strahlende Braut zieht alle Blicke auf sich, auf der Stirn ein Band mit Rubinen und Diamanten, die im Schein der Kerzen glitzern, eine funkelnde Braut mit ausgelassener Fröhlichkeit und mit sprühendem Feuer.

Derart übermütig wird hier nie mehr gefeiert, dieses Fest markiert einen Höhepunkt, der Papsthof gibt sich als Palast eines Fürsten, der es den anderen gleich tun will. Später wird hier noch einige Male eine Hochzeit stattfinden, aber nie mehr in dieser berauschenden Intensität.

Für Lucrezia beginnt das Neue Jahr hoffnungsvoll und mit glänzenden Aussichten, in Rom wird am ersten Tag des Jahres kräftig gefeiert. Besonderes Aufsehen erregt ein Umzug, der auf der Piazza Navona beginnt und zum Vatikan führt: Dreizehn Triumphwagen, das Banner der Stadt mit den Magistraten an der Spitze, sind mit Musikchören unterwegs. Im ersten sah man den Triumph des Herkules, in den anderen Julius Cäsar und andere römische Helden. Im Vatikan gehen die Fenster auf, und der Papst und seine Gäste betrachten das farbenfrohe Schauspiel. Man deklamiert Verse zu Ehren des Brautpaares. Auch das Volk ist jetzt mit einbezogen, eine ausgelassene, freudige Stimmung macht sich breit.

Am 2. Januar nehmen die Feierlichkeiten einen martialischen und maskulinen Charakter an, auf dem Petersplatz findet ein Stierkampf statt. Die Corrida ist eine besondere Spezialität von Cesare, schließlich ist der Stier das Wappentier seiner Familie, und die Pose des kraftvollen und siegreichen Matadors liegt ihm. Warum aber Stierkämpfe in Rom? Haben sich Erinnerungen an die Zeiten der Gladiatorenkämpfe und Tierhetzen im Circus Maximus erhalten? Oder sind es nicht viel mehr die zahlreichen, meist im Schlepptau der Borgia nach Rom eingewanderten Spanier, die auf ihr Lieblingsspektakel nicht verzichten wollen? Cesare, weithin bekannt als tapferer Stierfechter, zeigte in diesem barbarischen Handwerk gern seine Gewandtheit und Kraft. Bei einem solchen Kampf im Heiligen Jahr hatte er ganz Rom zur Bewunderung hingerissen, mit einem Hieb hatte er dem Stier den Kopf abgehauen. Am Abend nach der Corrida kommen wieder die Musen zu Wort – die »Menächmen« des Plautus und andere Szenen werden aufgeführt.

»Vor der Aufführung dieser Komödie fand folgende Vorstellung statt: Zunächst erschien ein Knabe in Frauenkleidern, welcher die Tugend darstellte, und ein anderer in der Figur der Fortuna. Sie haderten darüber, welche die mächtigere sei, und siehe, da erschien der Ruhm auf einem Triumphwagen, stehend über einem Globus, auf dem man diese Worte las: Gloria Domus Borgiae. Der Ruhm, welcher sich auch das Licht nannte, gab der Tugend vor dem Glück den Preis, indem er sagte, dass Cesar und Ercole durch die Virtus die Fortuna besiegt hätten, und er berichtete von vielen edlen Taten des erlauchten Herzogs der Romagna. Hierauf erschien Herkules mit dem Löwenfell und der Keule, und gegen ihn schickte Juno die Fortuna aus. Herkules überwand sie, ergriff und fesselte sie. Sodann bat Juno Herkules, die Fortuna freizulassen, und er, milde und hochherzig, bewilligte sie der Juno unter dieser Bedingung, dass weder sie noch jene je etwas Feindliches wider das Haus Ercoles und das Haus Cesare Borgias unternehmen solle. Das gelobten sie, und außerdem versprach Juno, den zwischen beiden Häusern geschlossenen Ehebund zu begünstigen.«[29]

Diese genaue Schilderung derartiger allegorischer Festspiele dürfte uns heute etwas fade erscheinen, aber das Spiel, das im Palast Seiner Heiligkeit zum Besten gegeben wurde, entsprach damals den aktuellen Unterhaltungsbedürfnissen auch der kirchlichen Kreise. Die antike Götterwelt war den Gebildeten wohl bekannt, und das Spiel von Tugend und Fortuna gewährt uns einen Einblick in die Gedankenwelt, die am Papsthof herrschte; wir gehen nicht fehl in der Annahme, dass auch die in diesem Stück so hochgelobte Madonna Lucrezia mit dem antiken Götterhimmel bestens vertraut war. Sie sollte ihn in Ferrara wiederfinden.

An der Schwelle eines neuen Lebensabschnitts

Am Abend des 5. Januar 1502 enden die Feierlichkeiten, und Alexander kann Bilanz ziehen, zufrieden kann er sich zur Ruhe begeben. Er hat seinen Willen durchgesetzt und Lucrezia kann nun ihren Weg gehen, den er ihr geebnet hat. Der Preis für die Kirche, nicht für ihn persönlich, ist sehr hoch und keineswegs zu rechtfertigen. Wenn ein Pontifex seine Kinder bedenkt, ist dies eine spezielle Form des Nepotismus, der schrankenlos und ohne alle Bedenken Jahrhunderte gewaltet hat. Die Sünden der anderen machen die eigenen Fehler nicht besser, aber sie lassen ein Phänomen verstehen. In seiner radikalen Familienpolitik findet er auch Nachfolger, beispielsweise in Papst Paul III., der sich nicht scheut, seinem Sohn Pier Luigi Farnese das Herzogtum Parma und Piacenca aus dem Kirchenstaat zuzuschanzen. Ein derart schamloses Verfahren ist dem Borgiapapst nicht gelungen. Die Vermählung Lucrezias mit dem Erbprinzen von Ferrara war kein diplomatisches Meisterstück; der Brautvater musste eine massive Erpressung akzeptieren, und in dieser seltsamen Rolle macht Alexander als Papst eine schlechte Figur, während er als Vater für seine Tochter eine nahezu ideale Lösung gefunden hat.

Und an diesem 5. Januar 1502 endet auch Lucrezias Jugendzeit in Rom. Was uns heute fremd und unverständlich erscheinen lässt, ist die Tatsache, dass sie sich als Jugendliche alles gefallen ließ, aus heutiger Sicht hätte man sich Rebellion gegen den Vater gewünscht und größere Distanz zu ihrem Bruder. Sie ist nicht konsequent, nach zwei verunglückten Ehen wäre es vielleicht an der Zeit gewesen, ein Kloster nicht nur als Refugium zu nützen, sondern dauernd dort zu bleiben, um damit Vater und Bruder zu beschämen. Diesen aufbegehrenden Charakter zeigt ihr Lebensweg nirgends. Sie hat vieles hingenommen, was sich kein junger Mensch heute gefallen ließe. Aber in ihrer Zeit gingen die Uhren anders, und nur aus ihrer Zeit heraus ist diese junge Frau zu verstehen.

Zweiter Teil

Ehefrau, Mutter und Herzogin in Ferrara

Sechstes Kapitel

Von Rom nach Ferrara – ein fulminanter Einzug

Die Ankunft des Fürsten. Einzug Karls VIII.

Abschied

6. Januar 1502 – für die Christenheit ein hoher Feiertag, »Epiphania Domini«, Fest der Erscheinung des Gottkönigs in dieser Welt. Das Volk hat daraus das romantische Fest der Heiligen Drei Könige gemacht, und nicht wenige Künstler haben deren Zug gemalt, eine Prachtprozession mit allem, was dazu gehört, üppig, farbenfroh und exotisch. Ein ähnlich prunkvoller Zug formiert sich heute in Rom. Lucrezia, ausgestattet wie eine Königstochter, macht sich auf den Weg zu ihrem Bräutigam.

Der Pontifex selbst gibt das Startzeichen zum Aufbruch. Noch einmal kommt die Tochter in den Papstpalast, und wenn Alexander sie ansieht, kann er mit Genugtuung auch auf sein Werk schauen. Das Feilschen um den Ehevertrag war ein wahrhaft schwieriges Geschäft, und Geschäft ist der richtige Ausdruck; denn es fließt viel Geld, so viel wie noch nie bei einer solchen Gelegenheit. Weder die Schönheit der Braut noch ihre charakterlichen Vorzüge hätten sie attraktiv gemacht, die päpstlichen Dukaten brachten die Lösung.

Lucrezia küsst die Füße ihres Vaters, der sich zu ihr herabneigt und sie in die Arme nimmt. Er ist zufrieden, er hat seiner Tochter den Weg gewiesen, hat sie einigermaßen sicher platziert; fern von Rom, denn auf seine Nachfolger ist kein Verlass. Die Nachfolger, da ist er sich sicher, werden keine Gelegenheit verpassen, um seine Entscheidungen umzustoßen, insoweit ist es vorausschauend, seine Tochter gut und unabhängig vom Kirchenstaat zu versorgen. Eine tränenreiche Abschiedsszene ist nicht überliefert. Der Vater ist auf dem Höhepunkt seiner Macht, und die Tochter macht sich auf den Weg in ein neues Leben. Abschied von Rom, es ist nicht der Tag der Tränen, sondern der Befreiung.

Höchste Zeit, dass sie aus Rom wegkommt, sich löst aus der Borgiaumklammerung durch Vater und Bruder. Ihr komfortables Leben im Palazzo Santa Maria war wie ein Korsett, ein Leben im Wohlstand, aber auch in Abhängigkeit. War sie nicht fremdbestimmt wie eine Figur auf dem Schachbrett? Der verjagte und der ermordete Ehemann haften in ihrem Gedächtnis, und sie weiß, dass ihr Ruf beschädigt und ramponiert ist. Vater und Bruder haben ihr übel mitgespielt, und dem gestelzten Auftreten in der Papstresidenz kann sie nun endlich entrinnen. »Buon viaggio«, die paar Frommen im Vatikan werden ihr das nachrufen, nun ist ein Ärgernis weniger in der Ewigen Stadt.

Am 6. Januar also nimmt Lucrezia Abschied von ihrem Bruder Cesare. Von ihrer Mutter Vannozza ist nirgends die Rede, aber sicherlich gab es ein heimliches Treffen. Ihren Sohn Rodrigo muss sie gemäß Ehevertrag zurücklassen, was ihr gewiss sehr schwer fällt. Nur unter vielen Tränen kann sie sich von ihm losreißen. Trennungen von Eltern und Kindern in dieser Zeit sind beim Adel durchaus üblich, aber dieses Wissen ist kein echter Trost. Letzte Worte wechselt sie mit ihrem Vater, der ihr noch nachruft, dass sie schreiben solle, wenn sie etwas brauche und der dann zum Fenster geht, um ihre Abreise zu beobachten, wie er es oft getan hat. Beide haben Grund zur Nervosität. Wird die Reise glücklich verlaufen und wie wird man sie an ihrem neuen Wohnort aufnehmen? All das ist keineswegs vorhersehbar.

Nachmittags war es dann so weit, ungewöhnlich kalt war dieser Dreikönigstag, in Rom war Schnee gefallen. Viele Kardinäle und die Gesandten begleiteten die Papsttochter bis zur Porta del Popolo. Lucrezia, in einem scharlachroten Samtkleid mit Hermelin, einen Federhut auf dem Kopf, ritt einen Schimmel mit goldenem Saumzeug, neben ihr die Prinzen von Ferrara und der Kardinal Borgia. Der Papst am Fenster schaute ihr lange nach, erst als der Zug im Schneetreiben verschwamm, trat er vom Fenster zurück.

Ein triumphaler Hochzeitszug

Es ist ein eindrucksvoller Triumphzug, ein nie dagewesenes Schaugepränge, das da durchs Land zieht und die Gaffer staunen macht, dafür hat Lucrezias Vater gesorgt. Sorgfältig hat er die als Ehrengeleit mitreisenden Würdenträger ausgesucht, an der Spitze reitet natürlich ein Kardinal, Francesco Borgia, Erzbischof von Cosenza, in seinem Gefolge einige Bischöfe, alle in ihren Prunkornaten, was sich schon farblich gut macht. Römische Adlige, dazu Ehrengesandte der Stadt Rom, sind mit von der Partie. Der Hofstaat Lucrezias umfasst ungefähr 180 Personen, unter ihnen viele Hofdamen, auch Angela Borgia, die schon damals durch ihre Schönheit Aufsehen erregt. Den Schutz des Zugs übernehmen 200 Reiter, die Bruder Cesare gestellt hat. Nicht fehlen dürfen eine Musikkapelle und natürlich die *buffoni,* Hofnarren und Zwerge. An Unterhaltung soll es nicht mangeln. Den Tross bilden Quartiermeister, Ärzte, Kapläne, Köche, Fuhrknechte und Maultiertreiber, Diener und Zofen, insgesamt ein bunt gemischtes Volk.

Der Zug dehnte sich gewaltig in die Länge. Die Mitgift war umfangreich wie für eine Königin und lag wohl verpackt in Truhen, den sogenannten *cassoni.* Manche dieser Brauttruhen waren kostbar verziert und bemalt; sie enthielten die Aussteuer an Kleidern und Leinen, an Silber und Juwelen. 150 Maultiere trugen diese Schätze; dazu kamen noch viele Gepäckwagen, die Alexander eigens hatte anfertigen lassen, beladen mit Garderobe, Geschirr und Vorräten und auch eine besonders gestaltete Sänfte nach französischer Mode. Die Ferraresen hatten die ausbezahlte Mitgift zu transportieren und zu bewachen, bei der Höhe dieser Summe eine verantwortungsvolle Aufgabe.

Die Reiseroute war vom Papst persönlich festgelegt worden, und die entsprechenden Städte waren vorher in Kenntnis gesetzt worden, damit sie einen feierlichen Empfang vorbereiten konnten. Unter Androhung der päpstlichen Ungnade waren sie durch ein Breve aufgefordert worden, die Gäste bestens zu versorgen und mit besonderer Ehre aufzunehmen. Die energische Anordnung des Papstes kam nicht von ungefähr: Die Karawane, die von Ort zu Ort zog, ähnelte einem Heuschreckenschwarm, der jeden Abend versorgt sein wollte und das kostenlos. Fleisch und Brot, Wein und Konfekt, Hafer und Heu – all das und noch viel mehr galt es für Mensch und Tier in ausreichender Menge bereit zu halten. In manchen Städten, die durch den Aufenthalt Lucrezias und ihres Gefolges »geehrt« wurden, stiegen vermutlich Flüche zum Himmel, wenn man den festlichen Brautzug am Horizont auftauchen sah.

Eine Traumreise ins Glück, so wird Lucrezia es nicht gesehen haben. Eine Reise im Januar ist nichts für zimperliche Leute, unbequem und anstrengend ist sie allemal, auch wenn der Reisekomfort hoher Herrschaften sich wohltuend von den elenden Lebensbedingungen wandernder Handwerker und Pilger unterschied. Lucrezia sitzt in einer Sänfte, das klingt vornehm, aber es ist ein kalter, schaukelnder Kasten.

Der mächtige Zug kommt nur langsam voran, am siebten Tag erreicht man Foligno. Hier wie schon in Spoleto macht die Reisegesellschaft einen ganzen Tag Pause. »Madonna Lucrezia ist von zarter Konstitution und des Reitens ungewohnt«, berichten die Ferraresen ihrem Herzog. Überall erleben die Gäste eine freundliche Aufnahme. Die Papsttochter wird durch Gedichte und Lobreden gefeiert, und jeden Tag hat sie einen Brief an den Papst zu schreiben, der über alles unterrichtet sein will.

In Gubbio kommt Elisabetta Gonzaga hinzu, die Herzogin von Urbino, die Lucrezia bis nach Ferrara begleiten wird, während der Kardinal Borgia nach Rom zurückkehrt. Es ist eine Reise, die Aufsehen erregen soll und nicht zuletzt der Propaganda dient. Am 18. Januar erreicht der Zug Urbino, und Lucrezia wohnt im Herzogspalast bei Herzog Guidobaldo und seiner Gemahlin Elisabetta. Diese sind zwar von der Hochzeit nicht gerade begeistert, aber sie machen gute Miene zum bösen Spiel.

Die nächste Station ist Pesaro, der Papsttochter bestens bekannt. Sie betritt die Stadt mit gemischten Gefühlen. Cesare hat Pesaro vor kurzem erobert, das nun zu seinem Herrschaftsgebiet gehört. Ihr erster Gemahl ist verjagt worden und sitzt in Mantua, und die Sorge besteht, dass er irgendwelche Störfeuer entfachen könnte. Kinder mit Ölzweigen in den Händen jubeln der Papsttochter zu, dennoch hinterlässt der Besuch in Pesaro einen schalen Geschmack bei ihr. Über Rimini und Cesena erreicht der Zug am 25. Januar Forlì. In Imola verlangt Lucrezia einen Rasttag, um sich die Haare zu waschen, was sie seit acht Tagen nicht mehr getan habe und sie leide deshalb an Kopfschmerzen. Die Reise geht weiter nach Bologna, wo die ganze Familie Bentivoglio sie besonders aufwändig empfängt. Überall prangen die Wappen der Borgia. Am Abend des 30. Januar, geben die Bentivogli ein festliches Bankett mit einem Ball, wo ausgiebig getanzt wird. Ansonsten ist der Ablauf natürlich immer gleich, die Glocken läuten, Böllerschüsse werden abgefeuert, das Volk hat zu jubeln, die ganze Stadt ist auf den Beinen und immer neu darf eine lächelnde Braut unter dem Baldachin in eine Stadt einziehen. Der triumphale Brautzug quer durch Italien sorgt in ganz Europa für Gesprächsstoff.

Damals war es möglich, von Bologna auf einem Kanal zum Po zu gelangen. Lucrezia bestieg also eine Barke und erreichte abends am 31. Januar das Kastell Bentivoglio. Hier war die Überraschung perfekt, und das lässt uns daran denken, wie sehr die Renaissance das Spiel mit dem Unerwarteten liebte. Völlig überraschend tauchte hier ihr Bräutigam Alfonso auf, der sich bisher nicht durch freundliche Briefe oder sonstige Zeichen der Zuneigung hervorgetan hatte. Zum ersten Mal stand er der ihm aufgezwungenen Gattin gegenüber, die beiden wechselten ein paar höfliche Komplimente, etwas steif und förmlich, nach zwei Stunden machte sich Alfonso wieder davon. Und doch war dies ein freundliches Zeichen, Lucrezia musste nun nicht mehr bangen, mit versteinerten Mienen empfangen zu werden. Sie hatte sich im Grunde ohne Illusionen auf ihre Brautfahrt begeben. Sofort schrieb sie ihrem Vater einen Brief, mit dem sie dessen Sorgen zerstreute.

Am 1. Februar ging die Reise weiter auf dem Kanal in Richtung Ferrara. Bei Malabergo kam es zu einer denkwürdigen Begegnung. Isabella d'Este, Tochter des Herzogs Ercole I. und Ehefrau des Markgrafen Francesco Gonzaga von Mantua, kam angereist, um Lucrezia ihre Reverenz zu erweisen. Sie tat dies zwar nicht gerne; mehr mit bitterer Ironie umarmte sie ihre neue Schwägerin, an deren Hochzeitsfeierlichkeiten sie nun teilnehmen wird, distanziert und auf der Lauer, ob etwas schief geht. Das Verhältnis der beiden Frauen ist eine Geschichte für sich. Isabella mit ihren 28 Jahren sechs Jahre älter als Lucrezia, stolz auf ihre Herkunft, die legitime Tochter eines sehr großen und alten Adelsgeschlechts, eine selbstbewusste Fürstin, ihre Überlegenheit über die Bastardtochter kann sie nur mühsam verbergen.

Festlicher Empfang

So zog Lucrezia denn ein in ihre neue Heimat. »La Intrata de la Signora Lucrezia Borgia dentro da Ferrara«, wie die italienischen Quellen sagen. *La Intrata* – das klingt irgendwie feierlicher, hier ist gleichsam Musik zu hören, das Schmettern der Fanfaren, mit denen die Stadt ihre neue Fürstin willkommen hieß. Lucrezias Einzug ist von zahlreichen zeitgenössischen Quellen beschrieben worden.[30] Die Schilderungen der Chronisten werden ergänzt durch Briefe und Berichte der Botschafter, sodass sich für uns heute ein anschauliches Bild ergibt. Es fehlt eigentlich nur die Stimme Lucrezias, ihre Gefühle, ihre Gedanken hat sie sich auch bei diesem festlichen Ereignis nicht entlocken lassen. Reden von ihr waren ohnehin nicht vorgesehen, eine Dame lässt sich huldigen, erwidert die kunstvollen Lobeshymnen in der Regel aber nur durch eine huldvolle Geste oder ein paar Dankesworte.

Bei Torre della Fossa kam der alte Herzog Ercole persönlich auf Lucrezia zu, begleitet von seinem Sohn Alfonso und dem Hofstaat. Sie verbeugt sich vor ihrem Schwiegervater zum Handkuss und besteigt die festlich geschmückte Prachtgaleere des Herzogs. Mit Musik und unter Kanonendonner geht die Fahrt zum Borgo S. Luca, wo Lucrezia aussteigt, um im Palast des Prinzen Alberto Halt zu machen, eines Halbbruders von Ercole. Hier präsentiert ihr der Herzog sein besonderes Geschenk an die Braut, fünf prächtige Wagen mit Gespannen. Die Nacht verbringt Lucrezia in diesem Palast vor den Mauern Ferraras.

Am nächsten Tag folgt endlich der »introitus« in die Stadt, die ihr Heimat werden soll. Sie nähert sich Ferrara mit gemischten Gefühlen, in den letzten Tagen ist sie melancholisch geworden, und Angst vor einem Misslingen der Ehe mit dem Herzog beschleicht sie. War das alles nicht ein Fehlgriff? Muss nicht alles wieder scheitern, so wie es früher schon gescheitert ist? Würden die Este, ein Geschlecht von altem Adel, diese junge Frau, die keine echte Aristokratin, sondern »nur« eine Borgia ist, überhaupt akzeptieren? Würde man sie nicht immer – hinter vorgehaltener Hand – Häme und Ablehnung spüren lassen? Es ist ja eine erzwungene Vermählung, Alfonso ein »gekaufter Ehemann«. Ungute Erinnerungen an ihre beiden ersten Ehen suchen sie heim.

Nun ist ja dieser 2. Februar nicht irgendein Tag im Kalender, sondern ein Festtag mit dem Namen »In Purificatione Beatae Mariae Virginis«, also Fest der Reinigung Mariens, im Volk vereinfacht Mariä Lichtmess genannt. Wird eine gereinigte, geläuterte junge Frau in Ferrara einziehen oder schleppt sie eine dubiose Vergangenheit mit sich? Sehen die Ferraresen in ihr ein exotisches Wesen, mit all den Borgiasünden beladen?

Schon am frühen Morgen lichten sich die Nebel, ein strahlender Tag bricht an, und alle sind irgendwie beteiligt, die einen als Mitwirkende bei einem imposanten Zug, die anderen als begeisterte Zuschauer. Bogenschützen in glänzenden Uniformen setzen sich an der Spitze des Zuges in Bewegung, ungefähr 80 Trompeter sorgen für Stimmung, dazu kommen über 20 Dudelsackspieler und Trommler, es dröhnt und schallt durch die Straßen, keinem soll verborgen bleiben, was hier vor sich geht. Der Adel Ferraras tritt auf, selbstbewusst und kostbar heraus geputzt. Das Pferd des Bräutigams ist mit einer purpurnen und goldenen Schabracke geschmückt, er selber ist in Grau und Weiß gekleidet. Römische und spanische Adlige und fünf Bischöfe in ihrem glänzenden Ornat schreiten vor der Braut einher, die auf einem Maultier unter einem goldfarbenen Baldachin reitet. Und die Braut selbst, da wurde an nichts gespart, eine Königin könnte nicht glamouröser gekleidet sein. Sie trägt ein Kleid aus goldgewirktem Tuch und dunkler Seide, herabhängende Ärmel verraten die neueste französische Mode und weil es Winter ist, hat sie darüber einen mit Hermelin gefütterten Mantel geworfen, auch dieser mit vielen Goldfäden verziert. Und um den einzigartigen Rang dieser Heirat besonders herauszustreichen, hat der Herzog für sie den Schmuck des Hauses Este herausgerückt; am Hals der Braut glänzt die mit Rubinen und Diamanten besetzte Kette der verstorbenen Herzogin, und auf dem Kopf darf Lucrezia die kleine kostbare Haube mit Edelsteinen tragen. Sechs Edelleute geleiten die Braut, zu ihrer Rechten sieht man den französischen Gesandten, hinter ihr reiten Elisabetta Gonzaga und Herzog Ercole und dahinter Lucrezias wichtigste Hofdamen, darunter Adriana de Mila, ihre Erzieherin, die wie ein Schutzengel alles im Blick hat.

Unter Fanfarenklängen ziehen die Fürstlichkeiten über die wichtigsten Straßen und Plätze zum imposanten Herzogspalast. Wenn wir uns jetzt noch die breiten, von prachtvollen Palazzi und Bürgerhäusern gesäumten Straßen Ferraras vorstellen, die mit Blumengirlanden verzierten Triumphbögen, die man allerorten gezimmert hat, dann sind wir selber eingetaucht in dieses großartige Ereignis. An Attraktionen und Belustigungen fehlt es nicht. Gaukler und Narren unterhalten das Volk; der spendierte Wein fließt in Strömen, Zuckerbäckerjungen balancieren riesige Körbe durch die Menge und verteilen *Pampepato*, das weitberühmte Kuchenbrot der Ferraresen. Der sonst sparsame Herzog Ercole lässt sich bei einer solchen Gelegenheit nicht lumpen. Als der Zug zum Domplatz einbiegt, lassen sich zwei Artisten von der Spitze des Campanile herabgleiten und machen als Boten des Himmels vor der Braut ihre luftige Reverenz.

Plötzlich aber sorgt ein gefährlicher Zwischenfall für helle Aufregung: Lucrezias Maultier, unruhig vom vielen Lärm und dem schrillen Trompetengeschmetter, scheut und wirft seine Reiterin jäh zu Boden. Alles rennt und ruft durcheinander, eine Panik droht auszubrechen, aber Lucrezia erhebt sich von ihrem Sturz, sie ist unverletzt und kann, den Mund zu einem schmerzhaften Lächeln verzogen, den Umzug fortsetzen, so als sei fast gar nichts gewesen. Lucrezia ist also nicht zimperlich! Das gefällt dem Volk, schafft Sympathien, macht sie von einer Fremden zu »unserer Herzogin«. Ein Unfall, den man bei einer solchen Gelegenheit erleidet, aber glücklich übersteht, ist so etwas wie eine Initiation. Lucrezias weiblicher Charme gewinnt die Herzen der Ferraresen, mit ihrem erfrischenden Lächeln erntet sie Bewunderung.

Vor elf Jahren, auch im Februar, war hier schon einmal eine Braut für Alfonso eingezogen, Anna Sforza aus Mailand. Leider waren ihr nur ein paar Jahr vergönnt, dann machte der Tod ihren Platz an der Seite des Erbprinzen wieder frei, der mehrere Jahre als Witwer lebte. Die Ferraresen hatten also Erfahrung mit der Zerbrechlichkeit des Glücks, dem Rad der Fortuna, sie spürten bei allem Jubel die Gefährdung einer jungen Frau, und manche dachten daran, wie schnell Fröhlichkeit zerrinnen kann.

Dieser triumphale Einzug würde gut in eine Mediengesellschaft passen, er ist sehr bildhaft. Alle schauen auf die Braut, recken die Hälse, viel Neugier hat sich aufgestaut. Lucrezia ist nicht irgendeine Fürstentochter, sie ist die Tochter des höchsten Kirchenfürsten, ein Kind der Sünde zwar und doch ganz nahe beim Heiligen Vater. Die junge Papsttochter kann die Menge für sich gewinnen; wenn man sie ansieht, verstummt alle Kritik, ihre Erscheinung strahlt Faszination aus, ohne viel Worte, allein durch ihr Aussehen gewinnt sie Sympathie. Wie aber sah sie wirklich aus?

Chronisten haben versucht, sie zu beschreiben, wie Bernardino Zambotti, der von ihr sagt:

»Die Braut ist sehr schön von Antlitz, mit lebhaften fröhlichen Augen, schlank von Gestalt, scharfsinnig, sehr klug und weise, heiter und anmutig.« und er zitiert auch einen gewissen Cagnolo von Parma, der schrieb:

»Sie ist von mittlerer Größe und von zierlicher Gestalt; ihr Gesicht länglich, die Nase schön profiliert, die Haare goldhell, die Augen von blauer Farbe: der Mund ist etwas groß, die Zähne blendend weiß; ihr Hals schlank und weiß, bedeutend und doch voll Maß. Ihr ganzes Wesen atmet stets lachende Heiterkeit.«[31]

Am Palast angelangt, steigt die Braut die Marmortreppe empor zum »piano nobile«, wo sie von ihrer Schwägerin Isabella begrüßt wird, die auch das Beste aus ihrem Kleiderschrank hat holen lassen, ein Gewand mit viel Gold, auf das auch Musiknoten aufgestickt sind, vielleicht ein dezenter Hinweis auf ihre eigenen Fähigkeiten. Im Festsaal stehen für das Brautpaar zwei Throne bereit, und was nun beginnt, würde uns heute langweilen. Es folgen in endloser Reihe Gedichte und Hymnen auf Braut und Bräutigam; der junge, noch unbekannte Dichter Ludovico Ariosto besingt den neuen Stern am Hof von Ferrara in jubelnden Versen. Der Abend endet mit Trompetenfanfaren.

Nach soviel Schau und Theatralik begibt sich Lucrezia in das Hochzeitsgemach, wird von Adriana de Mila entkleidet, lässt sich ihr Haar sorgfältig kämmen und sich mit verlockendem Parfum einreiben, dann werden Schritte hörbar, Alfonso kommt, dem Gesetz wird Genüge getan. Die Ehe ist »konsumiert«. Im Vorzimmer bleiben genug Neugierige zurück, auch Prälaten und Vertraute des Papstes. Sie belauschen – in einer schwer bestimmbaren Grauzone von Voyeurismus und Zeugenschaft – das junge Paar in seiner Hochzeitsnacht, die hier keineswegs romantisiert wird. Beide sind schon halbwegs erfahrene Eheleute; der Bräutigam ist nicht zu sehr betrunken, sodass der Vollzug gelingt. Jetzt ist juristisch alles klar. Was der Notar beurkundet hat, ist jetzt Realität, von einer großen Liebe ist noch nicht die Rede. Und eine junge Frau, die sich nach Zärtlichkeit sehnt, ist in einem Herzogspalast sowieso fehl am Platz.

Der als geizig verschriene Herzog Ercole spart bei diesem Anlass an nichts, und sein Fürstenhof betreibt einen erstaunlichen Aufwand. Die Borgiatochter kommt keineswegs in ein Provinznest, sondern in eine kleine Weltstadt. Was Kultur, Musik und Theater angeht, kann Ferrara mit den großen Höfen spielend mithalten; mehr hat in jener Zeit auch Rom nicht zu bieten. In Ferrara leben und schreiben die wichtigsten Renaissancedichter Italiens, jene die man auch heute noch als Große der Weltliteratur kennt wie den erwähnten Ariost (»Der rasende Roland«) und den einer folgenden Generation angehörenden Tasso (»Das befreite Jerusalem«).

Für Lucrezia und Alfonso verwandelt sich Ferrara in einen einzigen Festsaal. Eine Woche lang – es sind die letzten Tage des Karnevals – wird mit erstaunlicher Ausdauer gefeiert. Man gibt glanzvolle Bankette, Bälle und Theateraufführungen, und die Kunde davon soll sich weit verbreiten, das Ganze findet wie in einem Schaufenster statt. Ferrara will Eindruck machen und den Ruhm des Hauses Este an allen Höfen Europas mehren.

Am Mittwoch, dem 3. Februar, begann der Reigen der Festlichkeiten, im Mittelpunkt die Braut, flankiert von zwei weiteren Schönheiten, Isabella und Elisabetta. Jeden Tag erschienen sie in einer neuen Garderobe und überreich mit Schmuck behängt, sie waren der Blickfang aller Feste. Der erste Abend begann mit einem Ball, oft tanzten nur Frauen miteinander, die Tanzweisen waren überwiegend französisch. Und Lucrezia selbst war eine zierliche Tänzerin von großer Anmut und Eleganz und liebte auch spanische Tänze zum Klang der Tamburine. Klein und zierlich gibt sie sich dem Tanz hin und träumt von einer großen Zukunft.

Die Zuschauer staunten nicht schlecht, als sie einen Solotanz hinlegte. Sie wusste Eindruck zu machen, konnte glänzen, ihr spanisches Erbe zeigte sich deutlich, verführerisch und leichtfüßig, eine Frau, die in der Öffentlichkeit eine ›bella figura‹ abgab.

Auf den Ball folgte dann die erste Theateraufführung. Zu Beginn trat ein als Dichter Plautus verkleideter Schauspieler auf, um den Inhalt der Komödien zu erklären; zugleich wurden sämtliche Kostüme vorgeführt, und dies waren nicht weniger als 110, alle neu geschneidert. Von langer Hand hatte der Herzog vorgesorgt, viele Jahre zuvor wurden an seinem Hof Lustspiele von Plautus und Terenz übersetzt.

Die Bühne wurde im Palazzo della Ragione, dem Regierungsgebäude, aufgeschlagen; der Große Saal bot Platz für ungefähr 3000 Zuschauer, ganz vorne saßen die fürstlichen Herrschaften. Aus allen Gegenden Italiens hatte Ercole Künstler kommen lassen. Bis auf einen Abend wurde vom 3. bis zum 8. Februar täglich Komödie gespielt, ein ganzer Zyklus mit fünf Stücken von Plautus wurde gegeben: »Epidicus«, »Baccides«, »Miles gloriosus«, »Asinaria« und »Casina«: alles für die damalige Zeit hervorragende Aufführungen. Das war keine kleine intime Feier im engsten Kreis, es handelte sich um großes Theater mit ausgeprägtem Showcharakter. Wirklich gut haben die Darbietungen aber wohl nur dem Herzog Ercole gefallen, der vor allem schlüpfrige Komödien liebte; die meisten Besucher fanden die Texte langweilig.

Zur Belustigung wurden in den Pausen Einlagen geboten, sogenannte *Moresken,* eine Art von tänzerischer Pantomine wohl maurischen Ursprungs; sie waren nicht nur im Mittelmeerraum beliebt, wie die von Erasmus Grasser geschnitzten berühmten Moriskentänzer vom Alten Rathaus in München zeigen. Solche Moresken kamen in vielerlei Formen zur Aufführung, z. B. als Tanz wilder Männer, die sich um eine schöne Jungfrau stritten, bis der Liebesgott erschien, von Musikanten begleitet. Bei einer anderen Moreske traten zehn Mohren auf, die mit brennenden Kerzen im Munde tanzten, oder es kamen zehn exotisch gekleidete Männer auf die Bühne, mit einem Kopfschmuck aus Federn und Lanzen in der Hand, auf deren Spitzen Flammen loderten. Ein andermal wurde eine Ziegenherde über die Bühne getrieben, deren Hirten, mit Hörnern auf der Stirn, gegeneinander kämpften. Natürlich hatten auch die Hofnarren ihren Auftritt und brachten die Zuschauer mit ihren derben Späßen zum Lachen. Am letzten Abend wurde eine große Kugel auf die Bühne gerollt, die sich auf ein Hornsignal hin öffnete; ihr entstiegen allegorische Figuren, die mit lautem Gesang das Lob des neuvermählten Paares verkündeten. Tänzerinnen streuten ein wohlriechendes Pulver auf den Boden, sodass der ganze Raum von wunderbarem Duft erfüllt war. Ältere Leute freilich nahmen Anstoß an einem Tanz von

Männern und Frauen in fleischfarbenen Trikots, in denen die Tanzenden wie nackt aussahen. Ein Theaterskandal, schon damals! Dennoch: Das Ganze, ein harmonisches Gesamtkunstwerk, hatte Format.

Nach dem dritten Akt der Komödie »Casina« traten sechs Violinspieler auf, darunter auch Don Alfonso, der Bräutigam, der leichtere Stücke gut bewältigte und damit seine Braut beeindruckte.

Auch untertags wurde einiges geboten, man tanzte fast täglich und machte Ausflüge. Stets dabei waren die drei großen Frauen des Hofes, Lucrezia, Isabella und Elisabetta. Die Chronisten werden nicht müde, wortreich ihre Schönheit zu preisen, vor allem ihre wechselnde Kleiderpracht nach der neuesten Mode, bei der keine vor der anderen zurückstehen wollte. Dies hier in allen Einzelnen aufzuzählen, würde selbst eine modebewusste Signora langweilen, deshalb beschränken wir uns auf ein paar Andeutungen.

Lucrezia brillierte mit einem hermelingefütterten Mantel aus dunklem Atlas mit schmalen, edelsteinbesetzten Streifen aus gehämmertem Gold, den sie über einem Kleid aus Goldbrokat trug, dazu legte sie ihr funkelndes Geschmeide an, die Perlenschnüre, das mit Smaragden und Rubinen besetzte Diadem, das ihr goldenes Blondhaar krönte. In diesem Aufputz erregte sie allgemeines Entzücken. Reichtum wird hier bewusst zur Schau gestellt, und Lucrezias Vater Alexander VI. hat so ganz nebenbei erwähnt, dass seine Tochter vor allen Fürstinnen Italiens den wertvollsten Schmuck besaß.

Mit diesem Kleiderluxus konnte die Markgräfin von Mantua dann doch nicht mithalten. Während man in Rom in eine reiche Kirchenkasse greifen konnte, musste Isabella mit ihrem Etat auskommen. Neugierig wie sie war, hatte sie schon vor der Hochzeit ihre Informationen eingeholt und wusste, dass manche von Lucrezias Kleidern um die 20 000 Dukaten kosteten und ein einziger Hut auf 1000 Dukaten geschätzt wurde.

In den ersten Tagen war das Feiern sicherlich faszinierend und interessant, letztlich aber bewahrheitete sich der Goethe-Spruch: »Alles in der Welt lässt sich ertragen, nur nicht eine Reihe von schönen Tagen!« Die berüchtigte *noia* stellte sich ein, die tödliche Langeweile, die sich an allen Fürstenhöfen, am meisten aber im exzentrischen Ferrara, eingenistet hatte, das »Standesübel der Aristokratie« (Werner Paravicini). Überdruss beschlich vor allem Isabella d'Este, die ja ihre Umgebung bewusst und kritisch beobachtete und ihrem Ehemann Francesco ihren Feierfrust anvertraute, wenn sie z. B. schrieb, »in Wahrheit ist das eine sehr kühle Hochzeit« und feststellte, dass es keine Spur von echten Vergnügungen gebe. Indigniert teilte sie ihm mit:

»Ew. Exzellenz möge mich daher um meine Gegenwart bei dieser Hochzeit nicht beneiden, welche von solcher Frostigkeit ist, dass ich vielmehr diejenigen beneide, die in Mantua geblieben sind.«[32] Es war vor allem die tief sitzende Antipathie gegen ihre Schwägerin, die Isabella das Fest verdarb, das ihr herzoglicher Vater mit so viel Eifer und unter Überwindung der eigenen Knauserigkeit ausgerichtet hatte. Ihm gegenüber hat sie vermutlich keine Kritik geäußert.

Am Sonntag, dem 6. Februar, wurde im Dom ein feierliches Hochamt abgehalten, ein Abgesandter des Papstes verlas eine Bulle, durch welche der Papst den Erbprinzen Alfonso zum Ritter, »cavaliere di San Pietro«, ernannte; Don Alfonso erhielt einen vom Papst geweihten Hut und Degen. Ansonsten ist von einer kirchlichen Trauung keine Rede. Lucrezia kam ja schon als verheiratete Frau nach Ferrara, hier ging es lediglich noch um würdige Feierlichkeiten. Kirchliche Zeremonien werden in diesen Hochzeitsberichten auffällig wenig erwähnt, die Vertragsunterzeichnung war der Kernpunkt einer Vermählung. Erst das Konzil von Trient erließ Vorschriften für die kirchliche Eheschließung, die nun als Sakrament definiert und katholischen Christen zur Pflicht gemacht wurde.

Schönheitswettbewerb

Bei allen Theatervorstellungen bilden die drei jungen Damen in ihrem modischen Aufputz den Mittelpunkt des Interesses. Lucrezia hat ihren Ehrenplatz unter dem Thronhimmel auf der Tribüne, auf der auch Isabella und Elisabetta Platz genommen haben, drei Frauen, die gewohnt sind, sich in Szene zu setzen. Ohne Zweifel tragen sie einen unausgesprochenen Wettbewerb aus, wer ist die Schönste auf dieser Hochzeit? Und ohne Zweifel zählen sie auch zu den schönsten und bestangezogenen Frauen Italiens. Vor allem Isabella betrachtet nicht ohne weibliche Eifersucht Lucrezia als ihre Rivalin. Sehr mitteilsam schreibt sie täglich ihrem in Mantua verbliebenen Gemahl Francesco Briefe mit dem immer gleichen Grundtenor, er solle zufrieden sein, weil er mit ihr doch eine besondere Schönheit zur Frau bekommen habe. Außerdem schildert sie bis ins Detail die Garderobe und das Auftreten der Braut, aber nie kommt in diesen Briefen etwas Lobendes vor.

Isabella von Este sieht die Papsttochter eher als Nestbeschmutzerin ihres erlauchten Fürstenhauses, dem anzugehören sie gar nicht würdig ist, ihr Bruder, der Herzog in spe, hätte im Grunde etwas Besseres verdient als diese Borgia-Bastardin. Mit ein wenig Nachdenken hätte ihr allerdings einfallen können, dass auch ihr Bruder Alfonso absolut nicht den idealen Gatten verkörperte, er war ein abgebrühter Frauenheld, eheliche Treue ist ihm ein Fremdwort.

Eine Woche nur Gast, das war keine Rolle für Schwägerin Isabella, die an dem einzigen theaterfreien Abend dann auch ein eigenes Fest veranstaltete und sich dabei geschickt in Szene setzte. Als Ehrengast lud sie den französischen Botschafter ein, für den sie im Rahmen eines musikalischen Auftritts selbst Lieder zur Laute sang. Isabellas Vertraute konnte in einem Brief vom 6. Februar 1502 nach Mantua schreiben:

»Und nach dem Abendessen mit Vorträgen voller liebevoller Worte und süßester und sittsamer Handlungen sang die besagte Frau Markgräfin mit der Laute in der Hand verschiedene Canzonette mit Melodie und größter Süße, die ihr gedient haben, um dem besagten Herrn Redner mehr Liebkosung und Ehre zukommen zu lassen.«[33]

Isabella zog ihren Handschuh aus und verehrte ihn dem Botschafter als Erinnerungszeichen. Der Auftritt hatte den gewünschten Erfolg und löste große Begeisterung aus.

Nach einer Woche fast unablässiger Festivitäten atmeten viele erleichtert auf, die anstrengende Zeit des ewigen Feierns war gottlob zu Ende. Angesichts des Zaubers, der von Lucrezia ausging, verstummte die scharfe Satire, die Vorbehalte gegen die geschiedene Frau und Witwe und dazu noch gegen die Papsttochter verflogen langsam; die Kritik richtete sich nun gegen Herzog Ercole wegen der hohen Ausgaben und der enormen Preissteigerungen, die eine derartige Festivität zur Folge hatte.

Andererseits bot eine derart opulente Feier der einfachen Bevölkerung ein paar zusätzliche Verdienstmöglichkeiten, und es kamen ihr Spenden und Almosen zugute, ein Freudenfest war sie dennoch nicht, denn das Volk durfte denen zujubeln, die ihm durch hohe Steuern das Geld abknöpften. Ohne Beteiligung des Volkes ging es jedoch auch nicht, man wollte Zuschauer und Bewunderer, strebte nach öffentlicher Beachtung. Die Untertanen aber trugen die Lasten.

Während Ferrara in einen festseligen Taumel verfiel, wartete der Papst in Rom ungeduldig und für seine Verhältnisse sichtlich nervös auf Nachrichten aus dem Herzogtum. Er war sich nicht sicher, ob man die den Ferraresen aufgezwungene Papsttochter nicht kühl, distanziert und mit versteinertem Gesicht empfangen würde. Endlich traf ein Bote mit der befreienden Nachricht ein. Niccolò Bendedei, der herzogliche Sekretär, hatte einen ersten Bericht verfasst, aus dem hervorging, dass die Hochzeit prächtig gefeiert werde. Zeichen einer immensen Freude hätten sich gezeigt, der Festjubel habe alle erfasst »nemo est qui non exultet, non iubilet«, alle waren begeistert. Eine Kopie des Briefes findet sich in der Biblioteca Ariostea zu Ferrara.[34]

Viele Chronisten berichteten über die Hochzeit, das Ereignis wurde europaweit publik gemacht und ist als eine der großen Begebenheiten dieser Zeit im Gedächtnis geblieben, der französische König wie der deutsche Kaiser nahmen davon Notiz. Die anfangs Abgelehnte sollte nun den Ruhm des Herzogtums mehren, gewinnbringend und erfolgreich sollte die Hochzeit vermarktet werden. Diese Marketingstrategie ging voll auf, der Glanz der Braut warf Glanz auf den ganzen Hof. Was als Vernunftehe konzipiert worden war und als Zwangsheirat erscheinen musste, wurde nun mit Jubel und Feierlichkeit umgeben. Der Start war insofern gelungen, Lucrezia ist in Ferrara angekommen und angenommen.

Ende der Flitterwochen

Am Aschermittwoch ist, wie es dem Tag geziemt, das viele Feiern abrupt zu Ende. Mit dem Beginn der Fastenzeit sind Tanzen und Theater ausgesetzt, es ist die Zeit des kargen Eingewöhnens, und Lucrezia kann sich fragen, wo bin ich hingeraten?

Die Gesandten und Gäste reisen ab, zurück in Ferrara bleibt die umfangreiche Begleitung der Braut. Die zugereisten Römer wollen sich noch einige schöne Tage auf Kosten Ferraras machen, aber am 14. Februar ist auch damit Schluss. Das Ganze geht zu sehr ins Geld, und der sparsame Herzog Ercole macht sich gegenüber seinem Gesandten in Rom Luft, wenn er klagt, dass er immer noch Geld für die Hochzeit ausgeben müsse. Diese erscheint ihm wie ein Fass ohne Boden, 25 000 Dukaten Hochzeitskosten sind bisher angefallen, das reicht ihm eigentlich. Was er nicht sagt, ist, dass all das durch die hohe Mitgift schon vorab bezahlt ist. Dem Papst allerdings schreibt er einen honigsüßen Brief:

»Bevor die erlauchte Herzogin, unsere gemeinsame Tochter, hierher kam, war es mein fester Vorsatz, sie mit gebührlicher Freundlichkeit aufzunehmen und zu lieben und zu ehren.«

Herzog Ercole zeigt sich mit seiner Schwiegertochter gern in der Öffentlichkeit, gibt sich liebenswürdig und charmant, macht gerne Spazierfahrten in einer neuen, prächtig vergoldeten Kutsche, ein viel bestauntes Gefährt, wie es in Italien bisher kaum zu sehen war. Er lädt Lucrezia zu Jagdpartien ein und nach außen herrscht eitle Harmonie. Hinter den Kulissen bahnt sich aber ein Streit an. Worum geht es? Natürlich ums Geld, die junge Frau kommt mit ihrem Budget nicht aus. 8000 Dukaten gesteht ihr der Herzog zu, aber eine so lumpige Apanage reicht ihr bei weitem nicht. Als Papsttochter in Rom musste sie sich keinen Wunsch versagen; das Geld kam aus der Kirchenkasse, die sich immer neu füllte.

Nun werden der verwöhnten jungen Frau Grenzen gesetzt, was sie nun gar nicht verstehen kann. Sie fordert entschieden mindestens 12 000 Dukaten, die sie unbedingt brauche, sonst würde sie lieber mit ihren Hofdamen Hungers sterben. Doch ihr Schwiegervater bleibt konsequent, die neue Ehefrau muss sich einschränken und bescheiden.

Sie ist mit einem persönlichen Gefolge von 150 Personen nach Ferrara gekommen und möchte es am liebsten behalten. Darüber aber wird nicht lange diskutiert, fast alle müssen zurück nach Rom, lediglich ein paar junge Frauen aus ihrem Hofstaat dürfen bleiben, darunter die verwandte Angela Borgia. Ihre enge Vertraute Adriana di Mila gehört aber nicht dazu, auch sie muss Ferrara verlassen, sie könnte sich vermutlich zu sehr als Spionin für den Papst betätigen. Die Rückkehrer schildern in Rom in düsteren Farben, wie eingeschränkt Lucrezia jetzt leben müsse. Das geht dem Papst doch sehr ans Herz, sodass er Geldgeschenke nach Ferrara schickt. Lucrezia war in Luxus aufgewachsen und das blieb ihr. Sparen war für sie ein Fremdwort, Eleganz und der Besitz von Schmuck bedeuteten ihr sehr viel. In der gewiss schwierigen Anfangszeit verhält sich die neue Ehefrau nicht sehr klug, sie verkehrt fast nur mit ihren mitgebrachten Hofdamen, die sie deutlich bevorzugt, während sie die ihr zugewiesenen Hofdamen aus Ferrara ignoriert. So entsteht eine wechselseitige Abneigung, die sich noch lange hält und nur langsam wieder abflaut. Auch ihre Unterbringung konnte ihr nicht gefallen. Lucrezia und Alfonso wohnen im alten Herzogspalast, dem heutigen Palazzo Municipale, von außen ein imposanter Bau, innen mit vielen Höfen und Räumen, aber ohne den Komfort, wie er in italienischen Schlössern der damaligen Zeit inzwischen üblich war. Es gab keine Badstuben und keine Abtritte zur Verrichtung der Notdurft. Lucrezia benutzte dafür einen mit Samt gepolsterten Armstuhl, den sie aus Rom mitgebracht hatte. Bäder und Haarewaschen waren ihr besonders wichtig, dafür richtete sie einen kleinen Raum ein. In den Höfen und Gängen stank es nach Urin und Kot, die Bediensteten zeigten kaum Sinn für Reinlichkeit. Die hygienischen Zustände waren besonders schlimm, weil keine Frau im Hause für Ordnung gesorgt hatte. Lucrezia legte dagegen großen Wert auf Sauberkeit und ließ die von Mäusen zernagte Tischwäsche entfernen. Kein Schloss also für eine glückliche Neuvermählte, deshalb reiste sie immer gerne aufs Land, wenn sie durfte. Langsam lernte die junge Ehefrau, sich mit den Verhältnissen, die sie vorfand, zu arrangieren und bald lief ihr Leben in geregelten Bahnen.

Wie sieht ihr Tagesablauf in etwa aus? Lucrezia steht sehr spät auf, lässt sich ankleiden und zurechtmachen, geht in ihre Kapelle zur Messe, danach gibt es Frühstück. Sie empfängt Besucher, sitzt im Kreis ihrer engsten Hofdamen, bespricht Fragen der Garderobe. Zwischendurch gönnt sie sich einen Wellness-Tag. Ihre junge Zofe und Freundin Nicola hat ihr das vorgeschlagen. Sie lässt eine große Wanne mit warmem, aromatisch duftendem Wasser füllen und nimmt mit ihrer Nicola zusammen ein Bad, anschließend ziehen sie maurische Hemden an und legen sich auf Kissen, derweil auf Kohlebecken duftende Essenzen für angenehme Gerüche sorgen. Dieses so entspannende wie außergewöhnliche Ritual bleibt nicht verborgen, es sorgt in Ferrara und weit darüber hinaus für Gesprächsstoff.

Noch keine vier Monate lebt Lucrezia in Ferrara, als höchst unerfreuliche Nachrichten zu ihr dringen. Guidobaldo da Montefeltro herrschte bis dahin mit seiner Ehefrau Elisabetta unangefochten und bewundert in Urbino, seiner kleinen und feinen Residenzstadt, in der Lucrezia splendide Gastfreundschaft erleben durfte. Im Juni 1502 kann der Herzog gerade noch rechtzeitig als Bauer verkleidet aus Urbino fliehen, in das Cesare Borgia seelenruhig und ohne nennenswerten Widerstand zu finden mit seinen Landsknechten einmarschiert. Der Papstsohn hatte durch seinen Handstreich an Macht und Reichtum beträchtlich gewonnen, die Papsttochter dagegen allen Grund, sich zu schämen. Das Borgia-Image holte sie wieder ein. Manch unfreundlichen Kommentar bekam sie zu hören, und noch mehr wurde hinter ihrem Rücken getuschelt. Das viel bewunderte Urbino steckte voller Kunstwerke und Kostbarkeiten. Cesare ließ so viel wie möglich in Kisten verpacken, und nicht wenige Wagen verließen die Herzogsstadt, schwer beladen mit Schätzen. Die Auswahl des Raubguts übernahm ein besonders kunstsinniger Helfershelfer, nämlich Leonardo da Vinci, der zu dieser Zeit im Dienst Cesares stand.

Zwischen Kindbett und Krankenlager

Bald nach den ersten Monaten, die Lucrezia in Ferrara verbracht hatte, zeigten sich Trübungen ihrer Gesundheit. Wir dürfen vermuten, dass diese mit der ersten Schwangerschaft in ihrer Ehe mit Don Alfonso zu tun haben. Die junge Herzogin darf dann auch nach Belriguardo übersiedeln. Dieser schönste Sommersitz der Este liegt, von balsamischen Gärten umgeben, nahe dem Städtchen Voghiera, etwa 15 km von Ferrara entfernt. In diese ländliche Idylle zieht die Schwangere mit Sack und Pack und Dienerschaft und kehrt erst Mitte Juli wieder nach Ferrara zurück, offensichtlich im falschen Moment, denn dort grassiert eine rätselhafte Krankheit. Prompt wird auch Lucrezia mit ihr infiziert. Die Seuche ist keineswegs harmlos, viele Hofdamen leiden an ihr, und einige überleben die Krankheit nicht. Die Zweiundzwanzigjährige liegt schwer darnieder, der Papst schickt seinen Leibarzt Bernardo Bongiovanni an das Krankenbett der Tochter, auch Cesare entsendet zwei Ärzte, und fünf Mediziner aus Ferrara eilen zu ihrer Herzogin. An ärztlicher Betreuung fehlt es also nicht.

Am 5. September 1502 erleidet sie schließlich von Krämpfen geschüttelt und unter heftigen Schmerzen eine Frühgeburt, das kleine Mädchen kommt tot zur Welt. Dabei tritt das berüchtigte Kindbettfieber auf. Der Zustand der Herzogin verschlechtert sich dramatisch und lässt die Ärzte ratlos am Krankenbett stehen, die mit dem Schlimmsten rechnen. Lucrezia ringt mit dem Tod. Ihr Mann eilt aus Mailand herbei, und später erscheint auch Cesare, der seine Schwester aufzuheitern versucht. Er redet ihr gut zu, den üblichen Aderlass über sich ergehen zu lassen, und hält ihr bei dieser Prozedur dann auch das Bein. Der päpstliche Leibarzt sieht als Ursache der Krankheit »schwarze Galle«, Melancholie. Diese Diagnose klingt auch nach seelischem Leiden und schlechter Behandlung, was man am Herzogshof nicht gerne hört. Lucrezia selber sieht den Ernst der Lage und lässt in ihr Testament, das noch in Rom abgefasst wurde, Klauseln zu Gunsten ihres Sohnes Rodrigo einfügen. Während ihre Sekretäre zur Aufnahme ihres letzten Willens um ihr Bett stehen, sind auch Mönche hereingekommen, die ihre Gebete murmeln, als ob sie schon eine Sterbende sei. Wie ein Schock trifft sie diese todesnahe Szene und stärkt ihren Willen zum Leben. Als sie dann mit großem Appetit ein köstlich zubereitetes Rebhuhn, ihre Leibspeise, verzehrt, da atmen alle erleichtert auf. Sie ist auf dem Weg der Besserung.

Am 9. Oktober 1502 wurde sie in einer von zwei Schimmeln getragenen Sänfte ins Kloster Corpus Domini gebracht, und am gleichen Tag begann ihr Ehemann seine Wallfahrt. Ganz im Stil der Zeit hatte Alfonso ein Gelübde abgelegt, zu Fuß zur Madonna von Loreto zu pilgern, wenn Lucrezia wieder gesund würde. Eine so lange Abwesenheit und ein Zuviel an Demut erschienen für einen künftigen Herzog allerdings dann doch nicht günstig, und flugs wandelte der Papst das Gelübde um; Don Alfonso durfte nun zu Pferd seine Wallfahrt machen. Diese Pilgerfahrt konnte Lucrezia als ein positives Zeichen sehen, dass ihr Mann ihr gewogen war und sich um sie sorgte. Ende dieses Jahres erhöhte Ercole ihre Pension auf 12 000 Dukaten, und im Januar 1503 ließ die junge Herzogin eine Ballettaufführung veranstalten, mit anschließendem Ball und Bankett. Bei diesem Fest sahen die Ferraresen, dass Lucrezia ihre Lebensfreude wiedergefunden hatte und jene Heiterkeit und huldvolle Fröhlichkeit ausstrahlte, die man von der Fürstin eines Landes erwartete.

Siebtes Kapitel

Die neue Welt der Lucretia Estense de Borgia – Ferrara und seine Herrscherfamilie

Alfonso I. von Este, Herzog von Ferrara

Ferrara – eine Stadt mit vielen Gesichtern

Die Ortsbesichtigung in den nächsten Monaten erschließt der neuen Ehefrau langsam die Stadt und ihre Geschichte, zugleich beginnt sie, die Menschen ihrer Umgebung näher kennen zu lernen. Am besten fangen wir mit dem Ort an. Wie sollen wir uns das Ferrara von damals vorstellen?

Die mächtigen Türme der Stadt ragen weithin sichtbar empor aus der Weite der Poebene mit ihrem Gewirr von Wasserläufen und *navigli,* Kanälen, auf denen Barken und Lastkähne ständig unterwegs sind. Ein Seitenarm des Po floss direkt unter der mächtigen Stadtmauer vorbei, die sechs Tore hatte. Noch im 16. Jahrhundert führte der Fluss soviel Wasser, dass mittelgroße Schiffe der Este, die *bucintori,* auf ihm verkehren konnten. Im Lauf der Jahrhunderte hat sich das völlig verändert, der südliche Arm des Po ist abgedämmt und fast völlig ausgetrocknet.

Im Mittelalter war Ferrara noch eine Lagunenstadt, durchzogen von Kanälen, ein bedeutender Handelsplatz mit einer ertragreichen Zollstätte. Der romanisch-gotische Dom, einer der prächtigsten Oberitaliens, mit seiner herrlichen Fassade und seinem hohen Glockenturm beherrscht die Piazza der Stadt, auf der einzigartigen Fassade erkennt man eine bilderreiche Darstellung des Jüngsten Gerichts. Wenn Lucrezia vor dem Dom stand, konnte sie hoch oben einen Tuba blasenden Engel sehen und zugleich auf der rechten Seite einen deutlichen Fingerzeig auf den Höllenschlund, das weit geöffnete Maul eines Drachens, in das ein Teufel einen Verdammten hineinstopft, wobei die Füße noch nach oben baumeln.

Im Streit der führenden Adelsgeschlechter um die Macht in Ferrara setzte sich im 13. Jahrhundert die Fürstenfamilie der Este durch, im Bündnis mit dem Papst, der sie mit der Herrschaft über Ferrara belehnte. Sie führte die Guelfenpartei an und besiegelte ihre Machtübernahme 1264 mit Errichtung der ersten »Signorie« in Italien – »ein völliges Novum der Geschichte der nord- und mittelitalienischen Kommunen«.[35] Alle Macht ging nun vom »Signore«, dem adligen Stadtherrn, aus.

Die Este regierten die Stadt straff und streng, es kam daher gegen das »Tyrannenregiment« und seinen harten Steuerdruck immer wieder zu Aufständen. Nicht grundlos errichtete der Markgraf sich in isolierter Lage eine neue, uneinnehmbare Wasserburg, das düster-trutzige »Castello Estense«, das den in der Stadt gelegenen alten Herzogspalast als Hauptsitz nach dem Ende des Mittelalters ablösen sollte. Nicht nur gegen aufmüpfige Untertanen, sondern bisweilen auch gegen missliebige Familienmitglieder bewiesen die Herren von Ferrara Härte und Grausamkeit, sodass es zu erbitterten Familienfehden kam. Die ersten Schritte im Schlosshof zeigen die Radikalität der Este-Herren, an dem Hinrichtungsplatz spiegelt sich auch die Geschichte des ehrenwerten Hauses wider. Intrige und Mord sind innerhalb der Familie verbreitete Methoden; so hat Lucrezias Schwiegervater Ercole seinen Hofbeamten Niccolò Ariosto, den Vater des Dichters, gedungen, um einen Rivalen aus der verwandten Familie in Modena durch Gift zu beseitigen. Wie erstmals Jacob Burckhardt erkannte, hat sich das Herzogtum Ferrara rascher als alle anderen Herrschaftsgebilde Italiens zum Muster eines frühabsolutistischen Staates entwickelt.

Wo nun lebte Lucrezia? Zu ihrer Zeit residierte der Hof noch im Palazzo Ducale, dem heutigen Rathaus. Im Innenhof führt rechts eine wunderbar gestaltete Freitreppe von 1481 in den ersten Stock, und links von dieser Treppe lag der Wohntrakt der Herzoginnen, in dem auch Lucrezia wohnte. Sie fand interessante Bilder an den Wänden wie z. B. »Salomon und die Königin von Saba«; das Bild einer orientalischen Schönheit, die dem größten König des biblischen Altertums auf Augenhöhe begegnet, konnte zu manchen Fantasien anregen. Heute werden die umgestalteten Räume von Bediensteten des Rathauses genutzt.

Als Residenz bot sich natürlich schon damals das Castello Estense an, jener wuchtige rote Backsteinbau mit den vier kolossalen Ecktürmen. Allerdings wurde dieses Kastell in den folgenden Jahrhunderten in eine prächtige Residenz verwandelt, einige Räume wurden prunkvoll ausgeschmückt, und auch das Äußere wurde freundlicher und gefälliger. Eindrucksvoll ist ohne Zweifel der Kanal, der die gesamte Anlage umgibt. Er ermöglichte, dass Küche und Keller der herzoglichen Hofhaltung über einen eigenen Quai von Lastkähnen bestens versorgt werden konnten. Heute verleiht das dunkle Wasser des Kastellgrabens dem Bauwerk sein romantisches Aussehen, wobei wir auch die Klagen der einstigen Hofdamen über die Schwärme von Stechmücken und das Quaken der Frösche sehr wohl zur Kenntnis nehmen.

Erst unter Lucrezias Sohn Ercole II. siedelte der Hof endgültig um in das Castello Estense. Dieses und der Palazzo Ducale waren durch ein drittes über Brückenbögen erbautes langgestrecktes Gebäude miteinander verbunden, die Via Coperta, die anfänglich als Verbindungsgang diente. Hier befinden sich auch die berühmten »camerini d'alabastro« Alfonsos, in denen er seine Kunstsammlung aufbewahrte, und mit Recht dürfen wir hier die Ehefrau als häufige und interessierte Beobachterin sehen.

Ferrara – das klingt nicht nach Großstadt, aber ein verträumtes Nest war die Stadt am Po zu Beginn des 16. Jahrhunderts keineswegs. Neben den wirklichen Großstädten wie Neapel, Venedig, Mailand, Palermo und Florenz bildet Ferrara eine Mittelstadt mit geschätzten 40 000 Einwohnern, Rom soll zu der Zeit ungefähr 55 000 Einwohner gezählt haben. Ihre Stadt bauten die Este kontinuierlich aus, ab 1490 ließ Ercole I. die gigantische Renaissancevorstadt anlegen, *Addizione erculea* genannt. Nach dem Entwurf des Hofarchitekten Biagio Rossetti wurde der Corso, der dann später nach Ercole I. benannt wurde, als Idealstraße konzipiert, eine perfekte 1300 Meter lange, mit Flusskieseln gepflasterte Gerade mit anliegenden Gärten und eleganten Palästen wie dem Palazzo Giulio und dem berühmten Palazzo dei Diamanti. Die Stadt hat bis heute ihren Renaissancecharakter bewahrt und wurde deshalb 1995 von der Unesco in das Weltkulturerbe aufgenommen.

Die Freuden der Delizia

Die Este waren eine der ersten Fürstenfamilien, die am Ende des Mittelalters den arkadischen Reiz des Landlebens entdeckten und damit zu Trendsettern für ganz Europa wurden. Der von ihnen gepflegte Lebensstil galt als Muster höfischen Verhaltens schlechthin. Sie überzogen das Land mit nicht weniger als 19 Sommerresidenzen, die sie *delizie*, Lustschlösser, nannten. Die bekanntesten waren Belfiore, Belriguardo, Belvedere, Coppara, Masola, Consandolo und Sabioncello und das heute innerhalb der Stadt gelegene Schifanoia. Die *delizie* verfügten über prächtige Gartenanlagen, Kanäle und kleine Zoos. Wer den Sommer auf einem dieser Landsitze verbrachte, ob als Familienmitglied, handverlesener Höfling oder hofierter Ehrengast, der lebte in einer vom nüchternen Alltagsleben sorgfältig abgeschotteten bukolischen Kunstwelt – man ist ein wenig versucht, an mondäne Ferienclubs zu denken. So oft ihr das gestattet wurde, fuhr Lucrezia aufs Land, in eines der Lustschlösser, vor allem ritt sie liebend gern auf Falkenjagd durch den Park von Belfiore. Diese Bewegung auf dem Pferderücken muss ihr ein echtes Vergnügen gewesen sein.

Belriguardo – ein vergängliches Arkadien

Lucrezias Lieblingsfluchtort war ohne Zweifel Belriguardo. Ab 1435 ließ Niccolò III. diesen größten und schönsten Landsitz der Este errichten, mehrere Innenräume wurden prächtig ausgemalt, unter anderem auch durch den berühmten Cosmè Tura. Belriguardo war ein wahrhaft königliches Schloss, es soll 365 Zimmer gehabt haben und gehörte damit zu den großen Palästen Europas. Spätere Chronisten nannten es das »Versailles degli Estensi«. Berühmt waren die Gärten, hier war ein grünes Paradies mit Kanälen, Wasserspielen, seltenen Pflanzen und exotischen Tieren geschaffen worden. Es ist verständlich, dass eine Herzogin sich in diesem kleinen Arkadien wohl fühlen konnte, wobei ihr die gotischen Fenster der Anlage vielleicht auch einen Hauch von Kloster vermittelten. An diesem Ort der kultivierten Muße und Erholung wurden Bälle und Bankette gefeiert. Das gesellige Leben brach mit dem Tode Lucrezias und Alfonsos nicht ab. Es erlebte noch Jahrzehnte später eine letzte Blüte, an der Lucrezia Borgias gleichnamige Enkelin und deren Schwester Leonore beteiligt waren. Intellektueller Mittelpunkt des Hoflebens in dieser späten Ära war der melancholische Dichter Torquato Tasso. Goethe lässt sein Tasso-Drama in Belriguardo spielen. Als der deutsche Dichter 1786 Ferrara besuchte, war das noble Belriguardo schon ziemlich heruntergekommen. Teilweise wurden die Räume als Lager benutzt, von den ausgemalten Sälen ist nur noch »La Sala della Vigna« erhalten, die aber erst nach Lucrezias Zeit gestaltet wurde. Heute versucht man, den einstigen Glanz Belriguardos durch Opern- und Theateraufführungen wiederzubeleben.

Wirtschaftswunder am Po

Um 1500 erlebten Stadt und Herzogtum Ferrara ihre wirtschaftliche Hochblüte. Wichtigste Grundlage war die ertragreiche Landwirtschaft in der fruchtbaren Ebene der Emilia, die noch heute für ihre edlen Landesprodukte – Parmaschinken und Mortadella, Parmesan und Polenta – und ihre üppige Küche weltbekannt ist. Das Agrarwesen beruhte auf dem Pachtsystem, der *mezzadria,* die eine Teilung der Erträge zwischen Grundherrn und Pächter, für beide Seiten erträglich, vorsah. Der Po mit seinen zahlreichen Kanälen sorgte für den günstigen Export der erzeugten Waren in die großen Städte Oberitaliens. Das Herzogtum Ferrara war auch ein aufstrebendes Gewerbegebiet. Gewinnbringende Wirtschaftszweige waren die Seidenweberei, Teppichwirkerei, Lederproduktion, die Herstellung von Hanfseilen und Keramikkunst, deren Ruf weit verbreitet war. Zu einem besonderen Exportartikel wurden Kanonen. Ferrara war europaweit berühmt für seine Artillerie, damals das A und O einer modernen Kriegführung.

Langsam kamen Wagen in Mode, aber das 16. Jahrhundert war noch das Jahrhundert der Reitpferde und stolzen Kavalkaden; das Pferdegeschirr, oft vergoldet, spielte eine große Rolle. Lucrezia hatte Zaumzeug »a la turchesca«, aus karmoisinrotem Samt mit Gold und Silber gestickt. Die Este hatten eine Vorliebe für schöne Pferde, und ihre Ställe waren voll edelster Tiere, die sie aus vielen Ländern bezogen wie Ungarn und Frankreich. Maulesel ließ man aus Spanien kommen. Außerordentlich früh wurden die Kinder aufs Pferd gesetzt, Alfonso lernte schon mit drei Jahren das Reiten. An der Spitze der Ställe stand der *Marescalco,* der zugleich Tierarzt war und die Herzöge auf ihren Reisen begleitete.

Die Stadt Ferrara wurde als einer der Verkehrsknotenpunkte zwischen dem östlichen Mittelmeerraum und den Ländern nördlich der Alpen von Reisenden viel besucht. Der Ruf Ferraras hatte sich nicht zuletzt so verbreitet, weil die Ferraresen ein großes, internationales, kirchenpolitisches Ereignis in ihre Mauern bringen konnten, das Konzil von 1438, ein hochbesetztes Treffen der Ostkirche mit der abendländischen Christenheit. Die Stadt bot sich als Versammlungsort an, weil hier das Studium des Griechischen besonders gepflegt wurde und man hoffte, sich mit den byzantinischen Gelehrten verständigen zu können. Wegen der Pest wurde das Konzil im Frühjahr 1439 nach Florenz verlegt, nachhaltigen Erfolg hatte es nicht, die Wiedervereinigung der östlichen und westlichen Kirche scheiterte.

Das Hofleben – dolce far niente oder mehr?

Die Este waren offen für alle Strömungen in Kunst, Literatur und Musik, liebten Luxus, glänzende Feste, grandiose Empfänge und waren leidenschaftliche Jäger. In diese ehrenwerte Gesellschaft musste sich Lucrezia einleben und ihren Platz finden. Ferrara gehörte zu den illustren Höfen Europas.

Der Hof war das Zentrum des Herzogtums, alles lief dort zusammen und alles auf ihn zu. Das Zeremoniell war ganz auf den Herzog und seine Familie zugeschnitten; der Herzog stand an der Spitze der Hierarchie, seine Gnade oder Ungnade bestimmte, wer am Hof Karriere machte oder von der Bildfläche zu verschwinden hatte. Die Lust sich zu zeigen, demonstrativ Glanz zu verbreiten, in Luxus zu schwelgen waren prägende Elemente. Aber das glänzende Hofleben hatte viele Schattenseiten. Man sollte es sich nicht zu romantisch, vor allem nicht zu harmonisch vorstellen. Klientelnetze und »Seilschaften« rivalisierten miteinander um Einflussnahmen und einträgliche Pfründen; Intrigen waren an der Tagesordnung. Immer galt es, den Rang, den man beanspruchte, auch zu behaupten; das war nicht nur ein Gebot der Ehre, sondern für den Höfling lebensnotwendig. Es herrschte ein ständiger Wettbewerb. Wer macht wem schöne Augen? Wen ruft der Herzog zu sich und wie oft und wie lange und ist es am Ende ein Gespräch unter vier Augen? Man musste immer die Augen offenhalten, sich herausputzen, auffallen, den Konkurrenten, die Konkurrentin übertrumpfen. Der Mangel an wirklichen Aufgaben führte andererseits zu Langeweile und einem Gefühl der Leere, begünstigte Klatsch und Tratsch; Teile des Hofstaates glichen eher einem Schlangennest.

Lucrezia hatte anfangs große Probleme mit ihren ferraresischen Hofdamen, den sogenannten *damigelle,* den Hoffräuleins, die aus den vornehmen Geschlechtern des Landes ausgewählt worden waren; vertrauten Umgang hatte sie nur mit ihren wenigen verbliebenen Damen aus Rom. Es gab kein wirkliches Privatleben. Lucrezia war nie allein, irgendjemand war immer bei ihr, die Hofdamen bekamen viel mit, auch sehr intime Dinge, sie wussten, wann der Herzog ins Schlafzimmer kam und wann er wieder ging, ein Blick durchs Schlüsselloch war nicht ungewöhnlich, alles blieb beobachtet und kommentiert, und da galt es vorsichtig zu sein.

Nicht in allen Dingen waren die Hofdamen einer Meinung mit ihrer Signora. Als Lucrezia zur Fastenzeit einen Prediger kommen ließ, den Bruder Raffael, der gewaltig loswetterte gegen weibliche Eitelkeit und allzu offenherzige Gewänder, waren die Gemaßregelten pikiert. Als Lucrezia hochgeschlossene Kleider einführen wollte, da rebellierten die jungen Hofdamen, die auf ihr Dekolleté nicht verzichten wollten, sich weiterhin weiße Pomade ins Gesicht schmierten und die Wangen mit Rouge schminkten. Mit ihrem Versuch, die Putzsucht ihres Gefolges einzuschränken, lag sie im Trend der Zeit: Fürsten und Obrigkeiten der frühen Neuzeit disziplinierten ihre Untergebenen durch den Erlass von Luxusordnungen und Sittenmandaten, die sich etwa gegen allzu üppige Festmähler, das Tragen kostbarer Pelze oder die Duldung von Bordellen richteten. Bußprediger der Kirche und weltliche Regenten wirkten da oft Hand in Hand. Lucrezia selbst ging aber nicht im Büßergewand einher, sondern war immer an einem guten Aussehen interessiert und ließ sich entsprechend zurechtmachen, wir hören auch, dass sie einen eigenen Alchimisten beschäftigte, Maestro Fabrizio, der ihr Puder lieferte.

Der Adel führte in Ferrara kein eigenständiges Dasein, sondern war fest in das Hofleben integriert. Das war eine Machtfrage. Anders als im Mittelalter duldete der Herzog keine selbständigen Stadt- und Landadligen mehr, die in befestigten Burgen lebten, eigene politische und militärische Ziele verfolgten und dadurch die Macht des Herzogs erschüttern konnten. Der Herzog benötigte dagegen loyale Offiziere und Hofbeamte, vor allem aber brauchte er Beifallklatscher, Statisten, Zuschauer. Diese hatten immerhin die Gelegenheit, an der Kultur des Hofes teilzunehmen, bei den prächtigen Veranstaltungen und Selbstinszenierungen der herzoglichen Macht mitzuwirken, zwar entmündigt, aber immerhin glanzvoll.

Und vor allem: Der Hof wollte Unterhaltung, dazu hielt man sich damals keine Kabarettisten, sondern Hofnarren. Diese, ein Relikt aus dem Mittelalter, zeigten eine Vorliebe für derbe Scherze, zudem sollte der Narr die Stimme des Volkes verkörpern. Aus dem Possenreißer alten Typs wurde der humanistische Hofnarr, oft waren dies heruntergekommene Dichter, nicht selten spaßige Mönche, deren Spezialität parodistische Fastenpredigten waren. Einer, der es zu Berühmtheit gebracht hat, war Fr. Mariano, der beliebteste Narr am päpstlichen Hof, gesegnet mit einem unvorstellbar riesigen Appetit.

Wir wissen von Lucrezia, dass sie gerne Hofnarren um sich hatte, die sie auch auf ihren Reisen begleiteten. Auch sie wollte Spaßiges erleben; zu ihrem Hofstaat gehörte eine einfältige Frau, Caterina matta, für die Lucrezia eine Vorliebe hatte.

»Sie wurde gelegentlich zum allgemeinen Gaudium als Mann verkleidet, sie konnte keinen Wein vertragen, verfiel nach dem ersten Glas außer Rand und Band. Der übliche Scherz war, ihr zu befehlen, durch einen Fluss zu waten, die Närrin hob ihre Röcke hoch und tat so, als ob sie durchs Wasser gehe. Caterina war alles andere als eine witzige Hofnärrin.[36]

Auch Zwerge gehörten zum Hofstaat, man wollte irgendwie exotisch sein, ja nicht durchschnittlich langweilig. Wir hören von Sklaven und Sklavinnen, je schwärzer der Afrikaner, desto höher der Preis. Die Gattin Ercoles I. hatte in Venedig einen sehr schwarzen Knaben und ein ebensolches Mädchen gekauft. Isabella d'Este ließ immer wieder Mohrenkinder in Venedig kaufen, das Angebot war knapp, die Venezianer brachten von ihren Reisen überwiegend weiße Sklaven mit wie Slawen und Tataren, aber nur vereinzelt Afrikaner. Auch Lucrezia hatte in ihrem Gefolge zwei weiße Sklavinnen, die Griechinnen Samaritana und Camilla.

Die Hofleute und die Dienerschaft wurden »famiglia« genannt, damit ist das patriarchalische System umschrieben, der Herzog hat das Sagen, er entscheidet und die Klagen von Höflingen über das harte Joch des Hofdienstes sind immer wieder zu hören. Andererseits wird der Hof von Ferrara als besonders heiter und gesellig geschildert. Kein Anlass zum Feiern wurde ausgelassen, mitten dabei Lucrezia. Die Sorge um ein eindrucksvolles Auftreten beschäftigte sie daher ständig. Körperpflege erforderte viel Zeit, und immer galt es die passende Garderobe zu wählen.

Nach neuester Mode – Lucrezias Outfit

War sie eigentlich eitel? Das äußere Erscheinungsbild war Lucrezia über alle Maßen wichtig, da scheute sie keinen Aufwand. Sie hatte den Ehrgeiz, immer nach der neuesten Mode gekleidet zu sein. Viele Rechnungsbücher über ihre Ausgaben sind erhalten, aus denen wir etwas über ihre umfangreiche Garderobe erfahren. Das auch heute nicht Unübliche: Die Kleiderschränke waren zwar voll, aber es wurde immer Neues dazugeschneidert, die Kleidung sollte überraschen, sie musste ungewöhnlich, extravagant sein, eben Haute Couture der Renaissance. Am Material wurde nicht gespart, durch eingenähte Perlen und Diamanten erreichte manches Kleid einen fast irrsinnigen Preis. Durch ihre beiden Perückenmacher Maestro Gerardo und Maestro Bartolomeo lässt Lucrezia aufregende, noch nie gesehene Kreationen herstellen. Die aus Spanien stammenden sogenannten *Saragoglie* werden an ihrem Hof eingeführt, damit sind weite, in Falten gelegte Hosen gemeint, die sich vorzüglich zum Reiten eigneten, die aber später wieder verboten wurden.

Immer war sie an Neuem interessiert. Was trägt man in Spanien oder in Paris? Mode war schon damals international, türkische Mode konnte man in Rom genauso sehen wie in Neapel. Lucrezia war sehr gewissenhaft, fast pedantisch in der Verbuchung ihrer Ausgaben, alles wurde in Verzeichnissen erfasst, so entstand eine lange Liste ihrer Garderobe, und noch heute findet sich im »Archivio di Stato di Modena« ein Inventar ihres gesamten Schmuckes mit Datum vom 19. Januar 1516. Ohne Verzeichnis ließ sich das Ganze nicht mehr überblicken.

Die Aufzählung umfasst 435 Nummern mit über 1300 Einzelstücken, die kurz beschrieben sind, wobei es nur so von Diamanten, Perlen und Rubinen wimmelt. Der letzte Eintrag, die Nummer 435, beschreibt einen Fächer, von ihrem Goldschmied, dem »maestro Alfonso«, eigens für sie angefertigt, der Griff aus purem Gold gehämmert, der Korpus aus Gold mit eingeprägtem Blumenmuster und eingearbeiteter Schlangenfigur. Zeitlebens behielt Lucrezia eine große Begeisterung für ihren Schmuck, vor allem für die Kostbarkeiten, die sie von ihrem Vater geschenkt bekommen hatte. Die Juwelen waren von einer staunenswerten Schönheit, würdig einer Königin, Ketten mit Rubinen und Diamanten, Gehänge mit Smaragden und kostbaren Saphiren, Perlen und Gemmen in Fülle, eine derartige Ansammlung von edelstem Geschmeide war nicht leicht zu finden.

Und wer waren nun die Menschen, mit denen sie an ihrem neuen Wohnort zu tun hatte?

Ercole I. d'Este, der Schwiegervater

Das Sagen in Ferrara hatte der amtierende Herzog Ercole, er war der erste Ansprechpartner für Lucrezia. Er war gleich alt wie ihr Vater, geboren 1431 in Ferrara als eines der ehelichen Kinder des Niccolò III. d'Este, Markgrafen von Ferrara. Doch erst im Jahre 1471 erbte Ercole die Herrschaft und übernahm einen Staat, der von Papst und Kaiser zum Herzogtum erhöht worden war. Tatkräftig und mit viel Geschick förderte der Herzog Musik und Theater und betätigte sich ab 1490 als großer Bauherr. Mit Eleonora von Aragón verheiratet, hatte er sechs Kinder, dazu zeugte er den außerehelichen Sohn Giulio d'Este.

Politisch musste er klug agieren, um sein Herzogtum vor gefährlichen Gegnern zu schützen. Der mächtige Nachbar Venedig versuchte, im »Salzkrieg« von 1482 den Ferraresen die strategisch wertvolle Pomündung zu entreißen. Die Akzeptanz der Papsttochter war ein Schachzug der Überlebensstrategie Herzog Ercoles. Lucrezia hatte in diesem erfahrenen Fürsten einen Schwiegervater, der sie freundlich und wohlwollend behandelte, der aber, schon aus politischen Gründen, sein Geld zusammenhalten musste und der seiner verwöhnten Schwiegertochter daher nicht alle Wünsche zu erfüllen bereit war.

Bei ihrem Kommen ist er ein alter Mann mit seinen Eigenheiten und etwas schrulligen Zügen. Auf eindrucksvolle Gesten hatte er immer Wert gelegt. So machte er sich am Vorabend des Dreikönigstages auf eine Betteltour quer durch Ferrara und sammelte Gaben für die Armen. Niemand wollte bei diesem Spendensammler einen knickrigen Eindruck machen, und so kam eine erkleckliche Menge an Almosen zusammen, und der Herzog gewann reichlich Sympathien. Ein fester Brauch des Herzogs war es auch, in der Karwoche zwölf Armen die Füße zu waschen, ein Ritus, der in den Kathedralen üblich war. Diese christliche Demutsgeste wurde üblicherweise von einem Bischof geübt, stand aber auch einem Herrscher nicht schlecht zu Gesicht.

Je älter Ercole wurde, desto mehr trat sein Hang zur Frömmigkeit zu Tage. Eifrig las er die Schriften Savonarolas, unternahm Wallfahrten, gründete Klöster und baute Kirchen. Im Mai 1499 ließ er Lucia da Narni von Viterbo nach Ferrara kommen, die Nonne mit den Stigmata, was bedeutet, dass die Wundmale Christi an ihr sichtbar gewesen sein sollen; bei dieser Gelegenheit kann man sich an andere berühmte Stigmatisierte erinnern wie Franz von Assisi und Katharina von Siena im Mittelalter, Therese von Konnersreuth in der jüngeren Vergangenheit. Ercole betrachtete die religiös begnadete Nonne wie eine Sehenswürdigkeit. Botschafter und hochrangige Besucher durften sich ihr verehrungsvoll nahen, und der französische Botschafter erhielt einige mit Blut getränkte Lappen als Geschenk für seinen König, gleichsam als Reliquien. Schon wenige Tage nach ihrer Ankunft wurde Lucrezia vom Herzog ins Kloster zu Lucia geführt, um die Nonne zu bestaunen, die geistliche Attraktion Ferraras. In dieser Sache hatte sich die Papsttochter noch in ihrer Zeit in Rom Verdienste erworben, indem sie auf den Papst einwirkte, Lucias Übersiedlung nach Ferrara zu erlauben. In Viterbo wollte natürlich niemand die hoch verehrte Nonne hergeben, und so wurde Alexander VI. bedrängt, hier ein Machtwort zugunsten Ferraras zu sprechen. Der Papst ließ die Echtheit ihrer Stigmata durch seinen Leibarzt Bernardo Buongiovanni prüfen und schickte ein streng gehaltenes Breve nach Viterbo, mit dem er die Ordensoberen zwang, die Dominikanerin herauszugeben.

Ercole faszinierte die mystische Ausstrahlung, die von Schwester Lucia ausging.

Alfonso I. d'Este, der Ehemann

Alfonso war sicher kein Traummann, aber ein Partner fürs Leben. Verliebt, verlobt, verheiratet, in dieser schönen Reihenfolge verlief es bei diesem Paar nicht. Vielmehr wurden sie zusammengespannt, als Fremde in das Ehebett gelegt, aber langsam wuchs Zuneigung zwischen ihnen, keine überschäumende Herzlichkeit, aber Vertrauen und Verlässlichkeit. Am Ende schätzte der Herzog seine Ehefrau, die in den politischen Wirren mutig an seiner Seite stand. Alfonso I., geboren am 21. Juli 1476 in Ferrara, vier Jahre älter als seine Ehefrau, erhielt eine umfassende humanistische Bildung und lernte recht passabel Geige zu spielen. In seiner Jugend hatte er die Welt kennen gelernt, einige Zeit in Frankreich und England gelebt. Er liebte ritterliche Spiele, ging gerne auf die Jagd, konnte gut schwimmen. Die letzten Feinheiten der Texte Petrarcas lagen ihm wohl weniger, er arbeitete gerne mit den Händen. In erster Ehe war er mit Anna Sforza verheiratet, die nach sechsjähriger Ehe im Jahr 1497 verstarb.

Fünf Jahre lebte er als jugendlicher Witwer. In seiner ungebremsten Begierde vergnügte er sich mit Hofdamen, aber auch mit Dirnen. Sein ziemlich wahlloser Verkehr mit vielen Frauen dürfte ihm die Syphilis eingebracht haben; denn immer wieder litt Alfonso an Wundbrand an den Händen, die Krankheit nahm allerdings keinen allzu heftigen Verlauf. Wer hatte sie eigentlich nicht, diese sogenannte Franzosenkrankheit? Lucrezias Bruder war davon betroffen, aber auch der Papst in Rom, Julius II. und nicht wenige Kardinäle. Die Krankheit hatte alle Kreise erfasst und demonstrierte den Lebenswandel der vornehmen Herren. Die Syphilis erklärt zum Teil auch die schwierigen Geburten Lucrezias, die Tot- und Fehlgeburten könnten damit zusammenhängen.

Alfonso war ein Mann der Praxis, verbrachte viel Zeit in seinen Werkstätten, wo er die Zusammenarbeit mit einfachen Handwerkern suchte; er gab sich nicht immer vornehm. Erfolgreich arbeitete er in seiner Keramikwerkstatt, wo er Majoliken herstellen ließ und manche auch selbst bemalte. Besonders oft war er aber in seiner Gießerei, in der er eigenhändig Bronzekanonen goss, die sein ganzer Stolz waren und die er vor seinem Schloss als Schaustücke aufstellen ließ. Sein großes Hobby war die Artillerie, und damit wurde es auch bald ernst. Was zunächst wie eine Spielerei des Fürsten aussah, wurde lebensrettend für das Herzogtum. Das überlieferte Bild zeigt einen Alfonso, wie ihn auch die Chronisten schildern, einen großen und breitschultrigen Mann mit länglichem Gesicht und starkem Bart, er stützt sich auf eine Kanone, und von drei Geschützen wissen wir die Namen »Grandiavolo«, »Terremoto« und »Giulia«. Überliefert ist auch ein wahrer Desperadospruch, der eine seiner erhaltenen Kanonen ziert: »Habt keine Furcht, ihr' Kanonier, auf alle Welt zu schießen, denn jedermann ist unser Feind, soll mit dem Leben büßen.«

Ende des Jahre 1504 ging Alfonso auf Wunsch seines Vaters auf Reisen, er hielt sich in Frankreich, Flandern und England auf, um die dortigen Höfe kennen zu lernen. Am Hof von König Heinrich VII. in London erhielt er die Nachricht von der schweren Krankheit seines Vaters und kehrte eiligst nach Ferrara zurück. Alfonso bestieg den Herzogsthron in einer Zeit, in der viel Kraft und Klugheit von ihm gefordert wurde. Er war ein Pragmatiker, kein Mann der großen Visionen, kein prunkender, verschwenderischer Renaissancefürst. Wie unter seinen Vorgängern blieb die herzogliche Residenz in Ferrara ein aktives kulturelles Zentrum. Die Universität der Stadt baute er zu einer der führenden Lehranstalten Italiens aus. Alfonso selbst blieb aber nicht viel Muße für Literatur und Kunst, diese Bereiche überließ er seiner Frau und wusste sie dort in guten Händen. Als er Herzog wurde, ließ er den Palast umbauen; vor allem ließ er einen geheimen Gang anlegen zwischen seinen Räumen und den »appartamenti« der Duchessa, was Bernardino Prosperi eilfertig an Isabella meldete. Alfonso behauptete in einer Zeit häufig wechselnder Bündnisse die Unabhängigkeit seines Fürstentums, insbesondere gegenüber Venedig und dem Heiligen Stuhl. Dazu stützte er sich auf ein schlagkräftiges, mit modernen Feuerwaffen ausgerüstetes Heer.

Ippolito d'Este, Schwager Kardinal

Neben Herzog Alfonso entwickelte sich dessen Bruder Ippolito zum zweitmächtigsten Mann in Ferrara. Am 20. März 1479 geboren, war er gerade ein Jahr älter als Lucrezia. Sehr viel Fantasie hat man auf seine Berufsplanung nicht verwandt, der Zweitgeborene wird, das ist ein bekanntes Standardprogramm, sehr früh, bevor er noch selbstständig entscheiden kann, auf die Klerikerlaufbahn gesetzt. Allerdings erspart man einem Este-Spross das mühselige Hochklettern auf der Karriereleiter oder gar eine Bewährung durch eigene Tüchtigkeit. Schöne und das heißt damals: einträgliche Posten fliegen ihm von selber zu. Während er wie andere Kinder Schreiben und Lesen lernt, führt er schon den Titel eines Erzbischofs von Gran in Ungarn, mit 17 ist er gar Erzbischof von Mailand. Ippolitos Lebensweg ist ein Beispiel, wie sehr das kirchliche Amt zur lächerlichen Attrappe degeneriert ist. Was soll ein Siebzehnjähriger mit dem exponierten Posten eines Erzbischofs von Mailand? Es ging aber nur um die Einkünfte, um die faktischen Aufgaben durfte sich ein wesentlich schlechter bezahlter Weihbischof mühen. Als Halbwüchsiger wird Ippolito Kardinal, Alexander VI. nimmt die fast spaßhafte Ernennung vor. Die Erhebung zum Kardinal hat nicht viel mit Würdigkeit zu tun, geehrt wird eigentlich die Familie, die Verdienste des Hauses spielen dabei eine Rolle. Mit dieser Ernennung wollte Alexander den Este einen Gefallen tun und schon für seine späteren Pläne vorsorgen. An einem geistlichen Amt war Ippolito nie interessiert, wohl aber an einem Leben in Wohlstand und mit Einfluss. Er war wie alle Este humanistisch erzogen und sehr gebildet; dank seiner hohen Einkünfte konnte er sich eine aufwändige Hofhaltung leisten. Sein Lebensstil war ein völlig weltlicher; sein Bischofsgewand trug er nur, wenn es unbedingt sein musste. Dagegen erwies er sich als leidenschaftlicher Liebhaber, dem nicht wenige Frauen verfielen, von seinen Kindern ist eine Tochter Elisabetta mit Namen bekannt. Er verkörpert gleichsam in Reinkultur den Typ des prachtliebenden, exzentrischen Kirchenfürsten.

Lucrezia und Ippolito sind seit Jugendtagen miteinander bekannt, bei vielen Feierlichkeiten in Rom sind sie einander begegnet. Als die Papsttochter dann in Ferrara lebte, hat Ippolito vielleicht seinen Bruder beneidet, der eine so interessante Frau zur Gemahlin hatte, er selber hätte für die Rolle eines Herzogs gut gepasst. Amouröse Geschichten zwischen den beiden gab es sicherlich nicht, jedenfalls ist nichts bekannt. Ippolito wurde nur 41 Jahre alt.

Die anderen Schwäger

Am Hof in Ferrara begegnet Lucrezia häufig auch den anderen Brüdern ihres Ehemannes, nämlich Don Ferrante, Don Sigismondo und Don Giulio, dem außerehelichen Sohn von Herzog Ercole. Sie alle haben ein wohl dotiertes Auskommen, erhalten eine üppige Jahresrente, dazu eine eigene Residenz. Sie sind als Fürstensöhne privilegiert, haben aber ansonsten nichts zu sagen, bleiben jedoch immer potentielle Konkurrenten und Anwärter auf den Herzogsstuhl. Besonders an Ferrante nagte der Neid, der hochfliegende Pläne nährte; es könnte ja doch noch gelingen, er ist der nächste Anwärter auf das Herzogtum. Don Giulio sonnte sich in seiner Schönheit, wohl oder übel musste er die Klerikerlaufbahn einschlagen und zwar allein aus Versorgungsgründen, mit geistlichen Pfründen konnte er ein ansehnliches Einkommen erzielen. Ansonsten ließ er keinen Lebensgenuss aus und machte jungen Frauen schöne Augen, was ihm eines Tages zum Verhängnis wird.

Achtes Kapitel

Die ersten ferraresischen Jahre

Herzogin Lucrezia

Als die Papsttochter in Ferrara ankommt, scheint die politische Lage weniger verworren als sonst; sicher auch, weil ihr Vater seine schützende Hand über das Herzogtum hielt. Aber ganz zu trauen war ihm nie, und Herzog Ercole argwöhnte, dass Cesare eines Tages auch Ferrara seinem Fürstentum einverleiben könnte. Seit langem sind die Päpste unberechenbar, sie gehen Bündnisse ein und verlassen sie ebenso schnell wieder; für die kleineren Staaten konnte diese päpstliche Schaukelpolitik existenzbedrohend sein. Auch Alexander hat manchen Kurswechsel vorgenommen, es ist die Zeit der wechselnden Allianzen. Zuerst erscheinen die Franzosen als Feinde und Aggressoren, dann wechselt der Papst doch auf ihre Seite, er braucht sie als Bündnispartner, um die Eroberungen Cesares in Oberitalien voranzutreiben.

Die schockierende Todesnachricht

Ein regelmäßiger Botendienst zwischen Rom und Ferrara wäre ein einträgliches Geschäft gewesen, der Pontifex wollte seine Tochter im Auge behalten, wollte über alles informiert sein. Lucrezia selbst hörte im Sommer 1503 nur Gutes aus Rom, ihrem Vater ging es anscheinend blendend, nicht selten ging er auf die Jagd und verließ schon in den Nachtstunden den Vatikan. Für die Tochter gab es daher keinen Anlass zur Sorge, zumal sie auch über ihren vierjährigen Sohn Rodrigo Erfreuliches erfuhr. Zusammen mit dem etwas älteren Papstsohn Giovanni durfte er oft mit Alexander ausreiten. Die beiden kleinen Prinzen waren dann in Samt und Seide prächtig herausgeputzt und erregten bei den Römern nicht wenig Aufsehen.

Die letzten Nachrichten aus Rom in den frühen Augusttagen des Jahres 1503 klangen wie immer positiv. Unangefochten herrschte Alexander VI., kraftvoll und zukunftsfroh. Alles lief nach Plan, in Kürze würde die Borgiamacht in der Romagna fest etabliert sein. Am 11. August feierte der Pontifex den Tag seiner Papsterhebung, wie er dies Jahr für Jahr zu tun pflegte. Auf die eingeladenen Gesandten wirkte er diesmal aber seltsam fahrig und unkonzentriert. Ganz anders als sonst sah er blass und kränklich aus. Stand etwa der Ausbruch einer ernsthaften Erkrankung

bevor? Und tatsächlich begann ein rapider körperlicher Verfall mit hohem Fieber. Zwar gab es immer wieder kurze Phasen der Besserung, dennoch zeigten sich nur zu deutlich die Anzeichen einer furchtbaren Seuche, der Malaria. Gegen diese grausame Ansteckung wussten selbst die vorzüglichen Leibärzte des Papstes kein wirksames Heilmittel. Und damit nicht genug; schwer erkrankt und völlig hilflos lag auch Cesare Borgia im Stockwerk über der Papstwohnung darnieder.
Am Freitag, den 18. August, standen die Ärzte ratlos am Krankenbett des Papstes. Die Krankheit trat in ihr akutes Stadium ein, und der Zustand des Pontifex wurde innerhalb weniger Stunden immer hoffnungsloser. Ihm blieb noch genügend Zeit, um bei klarem Verstand die Vorbereitungen auf den Tod als frommer Christ an sich geschehen zu lassen, Beichte, Kommunion und Letzte Ölung, alles vollzog sich undramatisch, er selber sprach keine programmatischen Letzten Worte, traf keine Vorsorge für eine würdige Bestattung, diktierte kein Vermächtnis für seine Kinder und seltsamerweise auch keinen Abschiedsbrief an seine geliebte Tochter. Am späten Nachmittag, zurzeit der Vesper, hauchte Alexander VI. seine Seele aus. Sein letzter Atemzug geschah nicht in großer Runde, kein Kardinal war anwesend, einzig der Datarius, der Verwalter der vatikanischen Finanzen, und einige Reitknechte waren im Sterbezimmer. Er, der sich immer als Familienvater gefühlt und auch so gehandelt hatte, erlebte ein einsames Sterben.

Die Todesnachricht traf Lucrezia völlig unvorbereitet. Mit 72 Jahren hatte Alexander zwar für seine Zeit ein erstaunlich hohes Alter erreicht, aber welche Tochter denkt so rational über den möglicherweise bevorstehenden Tod ihres Vaters nach? Hätte sich sein Tod rechtzeitig angekündigt, wäre sie an sein Sterbebett geeilt, aber er lag gerade mal eine gute Woche auf dem Krankenlager. Er selber sprach in seinen letzten Tagen nicht von seinen Kindern, die doch so sehr sein Lebensinhalt waren, er erwähnte auch Lucrezia nicht, spricht nicht von der Sehnsucht, sie noch einmal zu sehen, so als wollte er ohne eine letzte Begegnung mit seinen Kindern sich auf den Weg in die Ewigkeit begeben.

Die Todesursache war damals nicht eindeutig feststellbar, aber sehr wahrscheinlich hat ihn ein Malariaanfall hinweggerafft wie schon viele Päpste vor ihm; die Malaria war eine häufige Todesursache im heißen römischen August. Natürlich kamen Gerüchte auf. Leute, die Ursache zur Rache hatten, gab es genug, und daher dachten viele an Gift. Die Beerdigung ging schnell und würdelos von statten, nie war daran gedacht, dass die trauernde Tochter dazu anreiste.

Den August 1503 verbringt Lucrezia in der Sommerresidenz Medelana. Hier erscheint Kardinal Ippolito d'Este persönlich, um ihr die Todesnachricht zu überbringen. Alexanders Tochter ist völlig überrascht und fällt ins Bodenlose. In Tränen aufgelöst, zieht sie sich in ihre Gemächer zurück, legt Trauerkleidung an und will niemand sehen. Sie lässt Trauerfeiern in Ferrara abhalten, Mönche und Priester können sich nur freuen über so viele Aufträge. Für das verstorbene Kirchenoberhaupt ziemt es sich, eine hohe Zahl von Seelenmessen lesen zu lassen.

Die Trauer über den Vater war aber gewiss echt, Lucrezia war ihm tief verbunden. Sie verdankte ihm ja so viel, er hatte sie verwöhnt und mit Wohltaten regelrecht zugeschüttet. Seine Zuneigung und Fürsorge war offenbar grenzenlos, wirkte allerdings oft wie eine Art Überwachung, wie sie sich heute keine Tochter mehr gefallen ließe. Ständig hat er Briefe von ihr eingefordert. Er hat ihr eine Rolle zugemutet, die nur auf den ersten Blick ein Leben in Wohlstand war. Er hat sie, wie ein Regisseur eine Schauspielerin, auf die Bühne Roms und Ferraras gestellt. Er hatte ihr im Übermaß seine väterliche Huld erwiesen, aber er hatte sie auch bis an die Grenze des Ertragbaren gefordert.

Trauer um einen Papst – doch nicht bei allen

Nach Alexanders Tod kommt die Stunde der Wahrheit. Mit einem Schlag fällt das Kartenhaus Borgia-Herrschaft in sich zusammen. Nun muss Lucrezia noch froh sein, dass sie nicht mehr unversorgt in Rom lebt, sondern fern vom Papsthof ihr eigenes Leben gefunden hat.

Ferrara wird nicht von kollektivemSchmerz erschüttert, die Trauer um den Vater ist ihr ganz persönliches Empfinden, und noch einmal wird ihr schmerzlich bewusst, was es bedeutet, einen derart exponierten Vater zu haben, der den höchsten Thron der Christenheit erreicht hat, trotz seiner Kinder, die aber immer ein Ärgernis darstellten, das im Tod nun vollends offenbar wird. Alexander hatte zeitlebens eine schlechte Presse, schon zu Lebzeiten kursierten Anschuldigungen und Verdächtigungen; er ließ allerdings Kritiker zu und hat sie nicht verfolgt, was dann sein Bild in der Nachwelt sehr geprägt hat.

Negative Urteile über ihren Vater machen die Runde und müssen seine Tochter verletzen und betrüben. Das offizielle Ferrara gibt sich erleichtert, alle kleineren Fürstentümer atmen auf, denn mit dem Papsttod ist auch die Macht Cesares im Schwinden. Was ist von ihm noch zu fürchten, wie viel von seinen Eroberungsplänen kann er noch in die Tat umsetzen?

Herzog Ercole sah nur die politische Seite, während Lucrezia menschlich tief getroffen war. In ihrer Trauer war sie allein, Trost hatte sie von den Este nicht zu erwarten. Ercole hielt sich nicht zurück und sagte offen seine Meinung. In einem Brief vom 24. August an seinen Gesandten in Mailand nimmt er keine Rücksichten auf seine Schwiegertochter, sondern spricht unverblümt aus, wie er den Tod des Borgiapapstes bewertet:

»Giangiorgio. Um dich über das aufzuklären, wonach du von vielen gefragt werden wirst, ob nämlich der Tod des Papstes Uns Kummer bereitet, so geben Wir dir zu wissen, dass er Uns in keiner Weise unlieb ist. Vielmehr zur Ehre Gottes unseres Herrn, und zum allgemeinen Besten der Christenheit haben Wir schon früher gewünscht, dass Gottes Güte und Vorsehung für einen guten und musterhaften Hirten sorgen möge und dass von seiner Kirche ein so großer Skandal genommen werde.«[37]

Ungeniert beklagt sich Ercole, dass es nie einen Papst gab, von dem er weniger Gunstbezeigungen erhalten habe als von diesem, auch nach der mit ihm geschlossenen Verwandtschaft. Und nie sei der Papst ihm gefällig gewesen, die Schuld dafür sieht er bei Cesare, der nie offen seine Pläne mitgeteilt habe. Cesare wurde immer als Bedrohung angesehen und so fährt Ercole in seinem Brief fort:

»Zuletzt, da er sich zu Spanien neigte, während Wir gute Franzosen blieben, hatten Wir weder vom Papst, noch von Sr. Herrlichkeit etwas Freundliches zu hoffen. Deshalb hat Uns dieser Todesfall nicht betrübt, weil Wir nichts als Übles von der Größe des vorgenannten Herrn Herzogs zu erwarten hatten.«[38]

Die Klagen des Ercole sind natürlich weit übertrieben, gerade ihm hat Alexander viele Vergünstigungen gewährt, und die Hochzeit mit Lucrezia war ein sehr lukratives Geschäft für Ferrara. Aber in diesen politisch verworrenen Zeiten zählt keine Dankbarkeit. Sehr mitfühlend wird also der Herzog seiner Schwiegertochter nicht kondoliert haben.

Auch die Gonzaga waren zufrieden, wenn nicht gar hoch erfreut über den Tod des Papstes. Elisabetta Gonzaga und ihr Gemahl Guidobaldo da Montefeltro konnten wieder in ihr Herzogtum Urbino zurückkehren. Die Gefühle des Markgrafen von Mantua gegenüber dem Verstorbenen waren alles andere als freundlich. In einem Brief vom 22. September 1503 schreibt er an seine Gemahlin Isabella:

»Es gibt auch Menschen, welche versichern, dass sie im Augenblick, da er seinen Geist aufgab, sieben Teufel in seiner Kammer gesehen haben. Als er tot war, begann sein Körper in Gärung zu geraten und sein Mund zu schäumen wie ein Kessel über Feuer. ... Zu Grabe wurde er ohne viel Umstände fortgebracht; ein Lastträger schleifte ihn vom Totenbette mit einem Strick am Fuß zu dem Orte hin, wo man ihn begrub, denn niemand wollte ihn berühren. Als Nachruf für ihn findet man täglich die schmachvollsten Epigramme angeheftet.«[39]

Und natürlich erzählt Francesco Gonzaga auch die Geschichte, der Papst habe einen Pakt mit dem Teufel geschlossen und seine Seele an diesen verkauft. Dass der Markgraf von Mantua sich aber derart eifrig an Klatsch und Tratsch über Alexanders Tod beteiligt, verwundert sehr. Die Empfängerin, seine Frau Isabella, konnte sich damit immerhin ein Bild machen über die Herkunft ihrer Schwägerin Lucrezia. Welch ein Vater, welche Herkunft, und ist nicht vielleicht etwas Teuflisches auch auf die Tochter übergegangen? Schon am Todestag Alexanders beginnt die Legendenbildung, und der Markgraf beteiligt sich genüsslich daran. Von den politisch Handelnden konnte die Papsttochter also keinen Trost erhalten.

Die Literaten am Herzogshof sahen das anders und konnten sich besser in die trauernde Lucrezia hineindenken, wie z. B. Pietro Bembo, der sie besuchte, um ihr Trost zuzusprechen und sie zu beruhigen, aber ohne Erfolg, deshalb schreibt er ihr anschließend einen einfühlsamen Brief:

»Doch weder das eine noch das andere vermochte ich. Denn nicht so bald sah ich Sie in diesem verdunkelten Gemach und in diesem schwarzen Gewande traurig und weinend daliegen, so presste sich auch alles Gefühl so stark in meinem Herzen zusammen, dass ich lange dastand, ohne reden zu können, oder doch ohne zu wissen, was ich reden sollte. … Und so ging ich davon, in der Seele von diesem mitleidsvollen Anblick erschüttert, halb stumm und halb stammelnd.«[40]

Und Bembo erinnert Lucrezia daran, dass die Zeit unsere Schmerzen mildert, er spricht von ihrer Seelenstärke, die sie bisher gezeigt hat und er ist der einzige, der ein lobendes Wort über ihren Vater findet, auch dieses natürlich übertrieben.

»Denn obwohl Sie jetzt ihren Vater verloren haben, der so groß war, dass Fortuna selbst keinen größeren Ihnen geben konnte, so ist das doch nicht der erste Schlag, den Sie von einem feindlichen und boshaften Geschick empfangen haben. Denn so viel Schweres haben Sie zuvor erlitten, dass ihre Seele jetzt gegen das Unglück gestählt sein muss.«[41]

Alexanders Tod war wie ein Paukenschlag und veränderte schlagartig die politische Lage. Nicht wenige beobachteten aus der Ferne, was nun mit der Papsttochter geschehen würde. Der französische König Ludwig XII. gab Ercole den schlichten Rat, Lucrezia zu verstoßen, weil sie seinem Sohn noch keine Erben geboren habe. Alfonso könne sich jederzeit von ihr trennen, zumal die Ehe unter Zwang geschlossen worden sei. Aber die Herzogsfamilie will keine Scheidung, will keine Unruhe und keinen Skandal, schließlich hat auch Alfonso Zuneigung zu seiner jungen Ehefrau gefasst. Lucrezia wird also auch ohne ihren mächtigen Vater akzeptiert, sie ist in Ferrara angekommen und kann sich auf ihren Ehemann verlassen.

Cesare im freien Fall – Lucrezias Sorgen um ihren Bruder

Der schnell gewählte Papst Pius III. war Cesare wohlgesonnen und bestätigte ihn in seinen Ämtern. Aber der Achtzigjährige war kränklich; nach dem kraftvollen Borgiapapst regierte ein hinfälliger Greis, dessen

Amtszeit nur 26 Tage dauerte. Nun war die große Stunde des Giuliano Della Rovere gekommen, des ewigen Rivalen der Borgia. An Allerheiligen 1503 kann er als Julius II. die Macht übernehmen, und er gedenkt sie zu gebrauchen, als erster bekommt das Lucrezias Bruder Cesare zu spüren. Dieser ist auf den ehrgeizigen Kardinal hereingefallen, der ihm vor der Wahl die Erhaltung seiner Ämter versprochen hat. Mit einer gewissen Naivität hat Cesare die zwölf spanischen Kardinäle überredet, für Julius II. zu stimmen. Aber was ein Kardinal vor der Wahl verspricht, ist auf dem Papstthron schnell vergessen. Der Verfall der Sitten hat unter Alexander begonnen, aber findet noch lange kein Ende. Cesare fühlt sich betrogen, hofft aber immer noch, dass er einen Teil der Romagna behalten kann. Und Lucrezia unterstützt ihn dabei, setzt alle Hebel in Bewegung, bittet ihren Schwiegervater, er möge sich für Cesare verwenden, damit er seine eroberten Städte behalten dürfe. Hier stand Ercole ganz auf ihrer Seite, Cesare war ihm immer noch lieber als die Venezianer, welche die Städte der Romagna in Besitz nehmen wollten. Da Cesare nur noch über geringe finanzielle Mittel verfügt, lässt Lucrezia für ihren Bruder 1000 Fußsoldaten und 150 Bogenschützen anwerben.

In diesem Machtvakuum bricht sich der aufgestaute Hass auf die Borgia freie Bahn, die Gaetani und Orsini bekommen Aufwind und die vertriebenen Stadtherren kehren wieder zurück in ihre alten Herrschaftssitze. Guidobaldo da Montefeltro nimmt Urbino wieder in Besitz, und auch Lucrezias früherer Ehemann Giovanni Sforza kehrt zurück nach Pesaro, wo er ohne Sinn und Verstand grausame Rache übt. Lucrezia dagegen ermuntert die Kommandanten der Festungen, die auf Cesares Seite standen, diesem die Treue zu halten und dem Papst Widerstand zu leisten. Julius II. beklagt sich deshalb auch in Ferrara über den Einfluss der Borgiatochter.

Trotz aller Bemühungen ist das Borgia-Imperium verloren; nach dem Tode Alexanders VI. war es naiv zu glauben, es halten zu können. Lucrezia machte sich hier Illusionen, aber Cesare hätte sehr wohl wissen müssen, dass er im Auftrag des Heiligen Stuhles tätig war und die Romagna nicht sein Privatvermögen geworden war. Der Pontifikatswechsel wird zur Katastrophe für den Papstsohn.

Im November 1503 verlässt Cesare Rom, wird in Ostia ein erstes Mal verhaftet; Julius II. zeigt sein wahres Gesicht, und wenn man moralische Maßstäbe anlegt, handelt er keinen Deut besser als Cesares Vater. Bei Julius überlagert die irdische Herrschaft seine ganze Amtsführung, für den Seelenhirten bleibt wenig Raum. Am 26. Mai 1504 wird Cesare in Neapel gefangengenommen und bis zum 20. August im Castel Nuovo eingesperrt, wo er sein Los beklagen und an frühere Zeiten denken kann, als er hier als Kardinal einen triumphalen Einzug gehalten hat. Wäre er doch Kardinal geblieben, dann wäre ihm das alles nicht passiert. Sein Los trifft Lucrezia hart, und sie ist rasend erbost, als ihr Bruder nach Spanien ausgeliefert wird, an König Ferdinand von Aragón.

Die Papsttochter glaubt immer noch an eine Chance; sie schreibt Briefe über Briefe, erschütternde, bittende, an den Papst und viele Kardinäle, an Fürsten und Könige, sie lässt nichts unversucht, aber ihr Bruder hat keine Lobby mehr. Fast alle sind froh, dass er außer Landes ist, viele sahen es mit Erleichterung und Schadenfreude, Lucrezia stand mit ihrem Flehen allein. Einzig Francesco Gonzaga war bereit, ihr zu helfen und schickte Petitionen an den König von Aragón. Bis Oktober 1506 sitzt Cesare in Gefangenschaft. Im November 1506 erhält Lucrezia schließlich die Nachricht von seiner Flucht. Die geringste Chance musste er nützen, und es gelang ihm, aus dem streng bewachten Festungsturm von Medina del Campo zu fliehen. An einem Seil kletterte er von der Turmspitze nach unten und musste am Schluss springen, weil das Seil zu kurz war; treue Anhänger brachten ihn verletzt in Sicherheit. Das war ihr Bruder, es war sein letztes Husarenstück, das ihm viel Bewunderung einbrachte, auch von seiner Schwester.

Besuch aus Mantua

Das Auskommen mit der Verwandtschaft, wenn sie dann auch noch Nachbarn sind, ist nicht immer von Harmonie geprägt. Misstöne gehören zum üblichen Umgangston. Ferrara und Mantua, man heiratet untereinander, hält aber ansonsten doch eher Distanz. So war auch der Markgraf höchst persönlich nicht zur Hochzeit Lucrezias erschienen, aber vielleicht lockte ihn die Neugier oder die Sehnsucht nach Unterhaltung, jedenfalls kam er anschließend und zwar im Frühjahr 1504. Lucrezia hätte ihm eigentlich die kalte Schulter zeigen können, da der Marchese ziemlich abfällige und recht naive Meinungen über ihren gerade verstorbenen Vater von sich gegeben hatte und ihm diabolische Züge nachgesagt hatte. Aber sie konnte darüber hinwegsehen und empfing den Gast strahlend und freundlich. Sie zog ihre schönsten Kleider an, tanzte unermüdlich mit ihm, bezauberte ihn, der selber keine Schönheit war; der Gonzaga wirkte eher wetterfest und knorrig, fürs Soldatenleben wie geschaffen. Ansonsten vergnügte er sich in nicht wenigen Liebschaften, und wenn er auf Reisen ging, gab ihm seine Isabella eine schöne, gesunde Mantuanerin als Reisegefährtin mit. Ein ähnliches Verhalten hören wir von Lucrezia nicht. Als echter Condottiere hat Francesco Gonzaga sich die Syphilis zugezogen, die ihm mit zunehmendem Alter sehr zusetzte. Nach seinem Besuch in Ferrara schrieb er zurück, dass er sich ganz krank fühle, weil ihm die Luft von Ferrara fehle. Als erste Liebeserklärung muss das nicht interpretiert werden. Zunächst kommt es zu Schwierigkeiten und Verdächtigungen. Während Lucrezia im Sommer 1505 in Rubiera bei Carpi weilt, wird dort ein Attentat auf den wichtigsten Berater des Marchese verübt, den sogenannten »Milanese«. Mit einem vergifteten Dolch soll der Günstling beseitigt werden, aber der Mordversuch missglückt.

Entsetzt und beleidigt lässt Francesco der Papsttochter ausrichten, dass er sie als Urheberin des Giftanschlags betrachte, niemand anders als sie habe seinem lieben »Milanese« nach dem Leben getrachtet. Das musste sie hart treffen, vor allem der Hinweis auf Gift, hier ist er zum ersten Mal in ihrer Lebensgeschichte deutlich ausgesprochen. Lucrezia wehrt sich heftig gegen die Vorwürfe und lässt Francesco mitteilen, dass sie mit der ganzen Affäre nichts zu tun habe. Und sie versäumt nicht hinzuzufügen, wenn sie oder ihr Gemahl den Mordauftrag gegeben hätten, dann wäre man seiner pünktlichen Ausführung auch sicher gewesen. Stümperei bei einem Mord, das passt nicht nach Ferrara.

Ein Hoch auf die neue Herzogin

Der alte Herzog überlebte Lucrezias Vater, mit dem er so zäh gefeilscht hatte, nur um anderthalb Jahre und verstarb am 25. Januar 1505. Als Musikliebhaber lauschte er in seinen letzten Stunden den Klängen eines Clavicembalo und fand einen friedlichen Tod. Schlagartig veränderte dieses Ereignis auch das Leben Lucrezias. Die Zeit davor war nicht ohne Spannungen. Alfonso, der Erstgeborene, war von seinem Vater im Frühjahr 1504 auf eine große Reise zu den westeuropäischen Höfen gesandt worden und weilte in England, als sich das Lebensende seines Vaters abzeichnete. Boten wurden abgesandt und zur Eile angetrieben. Alfonso hatte noch drei Brüder, und das konnte zum Problem werden; man munkelte bereits, Kardinal Ippolito wolle seinen Purpur ablegen und Felice Della Rovere, die Tochter des amtierenden Papstes, heiraten. Welch ein Zufall, wieder würde eine Papsttochter in Ferrara leben!

Der Kardinal beriet sich mit den einflussreichsten Persönlichkeiten des Herzogtums und traf Vorsorge für den bevorstehenden Regierungswechsel. Sollte Alfonso beim Tode des Vaters abwesend sein, würde Lucrezia die Regentschaft angetragen. Drei Jahre nach ihrem Einzug in Ferrara war sie nun wirklich hier angekommen und wurde ernst genommen.

Don Alfonso kam aber rechtzeitig zurück und saß am Totenbett seines Vaters. Während Mönche die Totenwache hielten und Psalmen rezitierten, begann im Schloss eine seltsame Geschäftigkeit. Aus Kisten und Truhen wurden eiligst die Festkleider geholt. Noch bevor man der Trauer Raum gab, sollte die Nachfolge geklärt sein. Schon in aller Frühe am 26. Januar erschienen die Mitglieder des Rates der Weisen vor Alfonso, dem sie mitteilten, dass die Stände ihn zum Herzog gewählt hatten. Das Herzogtum war noch keine völlige Erbmonarchie, ein gewisses Mitspracherecht der durch die Stände vertretenen Untertanen wurde zumindest pro forma respektiert. Als Zeichen seiner Würde wurden Alfonso der Degen und der goldene Herzogsstab überreicht. Dann ging es hinaus in den kalten Wintermorgen – in Ferrara war in den letzten Tagen viel Schnee gefallen – zum traditionellen Herzogsumritt durch die Straßen der Stadt. In einen weißen Hermelinmantel gehüllt und mit einem mächtigen weißen Samthut bedeckt, war der frischgebackene Fürst eine imposante Erscheinung. Obwohl ein heftiges Schneetreiben einsetzte, war viel Volk auf den Straßen und applaudierte dem neuen Herzog. Der Zug führte in den Dom, wo ein feierliches Hochamt stattfand und wo ihn Tito Vespasiano Strozzi, der führende Humanist am estensischen Hofe, zum Herzog krönte.

Die Frauen waren von der Krönungszeremonie ausgeschlossen. Lucrezia konnte vom Balkon des Palastes aus, gegenüber dem Dom, den Zug beobachten in einem Kleid aus rotem und goldenen Brokat und einem weiten weißen Mantel. In ihrem offenen Haar und an ihrer Stirn funkelten die Juwelen. Als Alfonso den Dom verließ, eilte sie ihm entgegen und beugte sich vor ihm nieder, um ihm die Hand zu küssen.Er aber hob sie schnell auf, küsste sie in aller Öffentlichkeit und nahm sie bei der Hand. Gemeinsam gingen sie Hand in Hand in den geschmückten Festsaal.

Am Tag darauf vollzieht sich ein drastischer Szenenwechsel. Der Hof legt Trauerkleidung an, und der alte Herzog erhält ein würdiges Begräbnis. Die Exequien finden in der Kirche S. Maria degli Angeli statt. Eine Woche später ist dann die Staatstrauer vorgesehen, mit einem feierlichen Requiem, an dem die Botschafter teilnehmen. Beim Empfang für diese macht die neue Herzogin eine gute Figur, denn sie kennt keinerlei Aufregung vor den Herrschaften, das hat sie in Rom gelernt und von Jugend an eingeübt. Die vorgeschriebene Hoftrauer wird von Lucrezia sorgfältig eingehalten. In dieser Zeit zeigt sie sich niemals unverschleiert in der Stadt und findet damit Lob bei der konservativen Bevölkerung.

Als Herzogin erhielt sie als Zuständigkeitsbereich das Supplikenwesen, die Erledigung der Bittschriften. Sie war für ihre Freigebigkeit bekannt, aber allzu viele Spielräume hatte sie nicht. Die Sorge für die Armen gehörte nicht zu den großen Zielen eines Renaissancehofes. Im Lauf der Jahre wurde die Duchessa beim Volk beliebt, ihre Mildtätigkeit und Güte sprach sich herum, sie wurde *avant la lettre* zu einer »Fürstin der Herzen«. Das fernere Leben Lucrezias wird zunehmend durch die Politik beeinflusst. Auch als Regentin von Ferrara erwirbt sie sich Anerkennung. Als solche tritt sie zum erstenmal im Mai 1506 auf, und zwar in einer für sie höchst ehrenvollen Weise. Nachdem die Juden in Ferrara misshandelt worden waren, erließ Lucrezia ein Gesetz zu ihrem Schutz und befahl die strenge Bestrafung der Schuldigen. Sie gewährte auch den Juden, die nach 1492 aus Spanien vertrieben worden waren, den Sefarden, eine freundliche Aufnahme. Damit trug sie zum Aufblühen der Judengemeinde bei. Die Dichtungen der Strozzi rühmen die Herzogin wegen ihrer Gottesfurcht, ihrer Wohltätigkeit gegen Arme und ganz besonders auch, weil sie eine treffliche Regentin sei, deren scharfes Urteil und durchdringenden Geist die Bürger bewunderten.

Ein freudiges Ereignis

Der erste Sommer, den Lucrezia als Herzogin erlebt, versprach schön zu werden, entspannt möchte sie sich in die neue Rolle einleben, zudem sie auch wieder schwanger ist und dies mit großer Zufriedenheit wahrnimmt. Wenn jetzt noch der ersehnte Erbe geboren wird, kann sie vor Glück strahlen. Aber es wird kein froher Sommer: Die Pest ist da und versetzt ganz Ferrara in Schrecken, dazu kommt noch eine Missernte. Alfonso schickte seine Frau mit ihren Damen aufs Land, begleitet von den jüngeren Este-Brüdern. Immer wieder wechselte man den Aufenthaltsort, zum Sommerende blieb man in Reggio, wo Lucrezia am 19. September 1505 einen Sohn zur Welt brachte. Der Erbprinz ist geboren, und nun beginnt ein freudiges Zeremoniell. Alfonso eilt herbei, um seinen Erstgeborenen zu bestaunen, Kanonen donnern, in den Kirchen dröhnt das »Te Deum«, im ganzen Land wird die frohe Kunde verbreitet, und dann endet alles in einem Fiasko.

Lucrezia wählte ausdrücklich den Namen »Alessandro«, den Papstnamen ihres Vaters für den Stammhalter. Segen allerdings brachte das dem Kind nicht. Das Neugeborene ist kränklich, verweigert die Nahrung und stirbt nach 25 Tagen, wie wenn auf seinem Namen ein Fluch liegen würde. Dem frühen Tod des Kindes waren einige Fehlgeburten vorausgegangen, unter denen Lucrezia sehr gelitten hatte. Gerüchte machen in Ferrara die Runde, dass sie wohl nie ein gesundes Kind gebären könne. Sie selbst ist diesem Wechselbad der Gefühle immer wieder neu ausgeliefert und verfällt in tiefe Trauer um den toten Sohn. Ihr Ehemann war vorher abgereist, als Tröster stand er ihr nicht zur Seite.

Borgoforte – Schauplatz einer Romanze?

Noch im Oktober 1505 machte sich die Herzogin wieder auf die Reise, ihr Ziel war Belriguardo, das schönste Sommerschloss der Este. Als Francesco Gonzaga hörte, dass sie zu Schiff dorthin unterwegs war, lud er sie spontan ein, und sie trafen sich in dem kleinen Ort Borgoforte am Po, um alle Missverständnisse auszuräumen. Ohne ihre Ehepartner begegnen sich zwei, die nicht unbedingt glücklich verheiratet sind, sie haben Zeit füreinander. An diesem romantischen Ort hat sich Lucrezia verliebt, ob der Auserkorene das auch gemerkt hat? Borgoforte wird sich für sie im Nachhinein verklären. Das Treffen sollte keinen Verdacht erregen, deshalb folgte Lucrezia ihrem Schwager nach Mantua, wo Isabella sie als Gast begrüßte, und damit war das Ganze von einem heimlichen Rendezvous zu einem Besuch in aller Öffentlichkeit geworden. Trost tat ihr gut, aber sie ging noch mit einer anderen Sorge um. Ihr Bruder Cesare lag in Spanien gefangen, und der Markgraf sollte sich für ihn einsetzen, was dieser auch tat. Während die junge Herzogin Francesco mit feurigen Blicken bewundert, sollten auch wir ihn uns etwas näher ansehen. Francesco, auch Gianfrancesco genannt, Sohn des Markgrafen *Federico I. Gonzaga*, folgte als 18-jähriger seinem Vater im Jahr 1484 als Markgraf von Mantua nach. Unter ihm und seiner Gemahlin Isabella d'Este setzte sich die kulturelle Blüte Mantuas ungebrochen fort; als ein weithin gerühmtes Kunstzentrum der Renaissance, in dem Andrea Mantegna seine genialen Gemälde schuf, strahlte es auf Italien und andere Länder Europas aus. Markgraf Francesco entwickelte sich zu einem angesehenen Feldherrn. Er liebte Turniere und die Jagd. Sein Gestüt, das in ganz Europa Bekanntheit erlangt hatte, zählte an die 600 Pferde.

Lucrezia und Franzesco hatten sich schon in jungen Jahren einmal gesehen und zwar Anfang 1496, als Francesco in Diensten des Papstes nach Rom kam. Er stand damals auf dem Gipfel seines Feldherrnruhmes und wurde von Alexander VI. herzlich begrüßt, auch von Cesare und Lucrezia. Als Sieger der großen Schlacht von Fornovo wurde der Marchese mit Ehren reich bedacht.

Gefährliche Liebschaft?

Das Treffen in Borgoforte hatte weitreichende Konsequenzen. Nach dem Ende ihrer Beziehung zu Pietro Bembo, auf die wir noch zu sprechen kommen, war Lucrezia offen für eine neue Liebe, schaute sich um, und ihr Blick fiel auf Francesco Gonzaga, ihren Schwager. Musini nennt das eine »pericolosa passione d'amore«, eine gefährliche, leidenschaftliche Liebe. Nach dem Treffen in Borgoforte schrieb Francesco, dass er »uno gran tesore«[42], einen großen Schatz, gefunden habe. Die Herzogin hält diesen Brief versteckt und liest ihn hundertmal. Eine der Hofdamen ist darüber fürchterlich erschrocken, die Este verstehen in dieser Beziehung keinen Spaß. Sie fasst sich ein Herz und erinnert ihre Herrin an die schöne Parisina, die 1425 von ihrem Gemahl Niccolò III. d'Este wegen Ehebruchs hingerichtet worden war und zeigt ihr sogar die einstige Richtstätte im Schlosshof. Vergebliche Warnung! Lucrezia ist frisch verliebt und hat kein Ohr für solche Ermahnungen. Sie ist wie ausgewechselt, und das spiegelt sich in ihren Blicken, in diesem Herbst ist sie strahlend und schön wie nie zuvor.

Ohne Zweifel gab ihre Beziehung den Zeitgenossen Anlass zu Gerüchten und Mutmaßungen, und später haben die Historiker gefragt, war das nun eine Affäre, waren sie ein Liebespaar oder einfach nur gute Freunde? Da persönliche Begegnungen fürs erste nicht möglich waren, gingen viele Briefe hin und her. Sinn dieses vertrauten Briefwechsels konnte eigentlich nur sein, die Zuneigung zu vertiefen, Nähe zu pflegen; denn oberflächliche Geschwätzigkeit passt nicht zu beiden. Es handelte sich um viele Briefe, nennen wir sie einmal Liebesbriefe, sie wurden oft von ihrem Vertrauten Ercole Strozzi geschrieben und dem Markgrafen durch Boten persönlich überbracht, und Francesco gab den Boten seine Antwortbriefe mit. Es etablierte sich ein regelrechter Kurierdienst, die Briefe mit brisantem Inhalt wurden fast alle sofort vernichtet, sodass diese feurige Post für uns leider nicht einsehbar ist. Die beiden trieben ein riskantes Spiel, dabei wussten sie sehr wohl, dass sie beobachtet wurden. Spitzel waren auf beiden Seiten im Einsatz. Isabella überwachte ihren Gemahl mit Argusaugen und informierte ihren Bruder Alfonso. Bei alledem hatten die Liebenden, wenn sie denn solche waren oder sich als solche fühlten, kaum Gelegenheit, einander zu sehen. Francesco war auf der Hut, wurde immer vorsichtiger. Ercole Strozzi wollte ihn anfeuern, er solle seine Liebe zeigen, aber er war ein Held nur auf dem Schlachtfeld, Lucrezia gegenüber blieb er feige und zaudernd, und ihre flehentlichen Briefe um eine Zusammenkunft ignorierte er. Ihre Gefühle wurden dadurch nicht gedämpft, eher wurden sie zum Rausch, obwohl sie zu dieser Zeit schwanger war.

Ein Skandal im Hause Este

Weit und breit waren die Schreie zu hören, schrill und markerschütternd, ein Mann schrie um sein Leben, einer der allein von der Jagd heim ritt und Opfer einer fürchterlichen Rache wurde. Sein Name war Giulio d'Este.

Wie kam es dazu? Da lebte in Ferrara die schöne Angela Borgia, die als Hofdame Lucrezias ins Schloss gekommen war und deren Schönheit allenthalben Bewunderung fand. Giulio, der Kleriker, und Ippolito, der Kardinal, machten sich an sie heran, entflammt und unsterblich verliebt, warben sie leidenschaftlich um ihre Gunst, wobei der Kardinal, dem Zölibat verpflichtet, eigentlich die Finger von ihr hätte lassen sollen. Aber gerade er wollte sie haben. Als Angela ihm aber zu verstehen gab, die Augen von Giulio seien schöner und würden ihr besser gefallen, versetzte ihn das in rasenden Zorn, und als sich dann noch herausstellte, dass sie von Giulio schwanger war, trieb das den Kardinal zum Äußersten. Am 1. November 1505 traf er auf Giulio, der allein und unbeschützt von einer Jagdpartie nach Hause ritt. Ippolito hetzte seine Begleiter auf ihn, sie sollten ihm die Augen ausstechen, nie mehr sollten Giulios schöne Augen in die von Angela schauen. Als man später den schwer verwundeten Estespross ins Schloss Belriguardo trug, war er ein Bild zum Erbarmen. Ein Auge hing ihm weit heraus, das andere war verletzt, sodass es die Ärzte nur mit Mühe retten konnten. Für sein Leben war er nun gezeichnet, ein abschreckender Anblick, ein lebendes Zeichen der rasenden Eifersucht eines Kardinals. Erschüttert steht die Herzogin am Krankenbett ihres Schwagers, tröstliche Worte versagen, mit Entsetzen sieht sie die unbegreifliche Brutalität eines edlen Fürstenhofes, der immer wieder zu schlimmer Gewalt fähig ist.

Ein Jahr später vermählte Lucrezia ihre Hofdame Donna Angela mit dem Grafen Alessandro Pio von Sassuolo, und irgendwann schloss sich der Kreis, als nämlich Angelas Sohn die Tochter des Kardinals heiratete.

Und was geschah dem Kardinal? Eigentlich nichts. Sein Bruder Alfonso, der Herzog, empfahl ihm lediglich, einige Monate außer Landes zu gehen zur Beruhigung der Gemüter. Don Alfonso war zwar Herzog und Oberhaupt der Fürstendynastie, für eine Verurteilung aber gar nicht zuständig, das war bei Kardinälen Sache des Papstes. Aber der Papst hieß Julius II., der längst danach trachtete, Ferrara dem Kirchenstaat einzuverleiben, daher wollte man die Sache nicht vor sein Gericht bringen. So blieb dieser feige Überfall eine »Familienangelegenheit« und ein ungesühntes Verbrechen. Der Status eines Kardinals zeigte auch hier seine Vorteile.

Schließlich endete die Geschichte in einer menschlichen Tragödie. Während der Kardinal weiterhin, als sei nichts geschehen, straffrei und genussvoll lebte, sann der verstümmelte Giulio auf Rache. Im Juli 1506 gewann er für seinen Plan auch einige unzufriedene Adlige und vor allem seinen Halbbruder Don Ferrante. Man dachte daran, den Kardinal durch Gift zu beseitigen, und dann auch den Herzog aus dem Weg zu räumen. Ferrante sollte neuer Herzog von Ferrara werden. Die Spitzel des Kardinals bekamen Wind von diesen Umsturzplänen; Ippolito informierte Alfonso, die Verschwörer suchten ihr Heil in der Flucht. Giulio konnte sich nach Mantua absetzen, aber es war eigentlich klar, dass er von dort ausgeliefert würde. Ferrante warf sich seinem Bruder zu Füßen und flehte um Gnade, aber Alfonso prügelte wild auf ihn ein, sodass er ein Auge verlor.

Beide Brüder landeten im Gefängnis. Das Urteil war schnell gesprochen, Todesstrafe für Hochverrat. Am 12. August 1506 war das Schafott errichtet, die Tribünen füllten sich mit Zuschauern, ein abschreckendes Schauspiel sollte geboten werden. Man führte die beiden Verurteilten zum Blutgerüst, da gab Alfonso, ganz in der Pose des Gnadenreichen, im letzten Moment ein Zeichen; die Hinrichtung unterblieb, er begnadigte seine Brüder zu ewiger Kerkerhaft. Das »lebenslänglich« war damals noch sehr wörtlich zu verstehen. Don Ferrante erlöste der Tod 1540; Giulio erhielt seine Freiheit erst 1559 nach 53 Jahren Gefängnis, zwei Jahre später starb er mit 81 Jahren. Die Strafen der Herrschenden konnten in dieser Zeit unerbittlich sein, über 50 Jahre Kerker, wer will das verstehen. Im Castello Estense wird heute die Gefängniszelle als Besucherattraktion gezeigt, außen besagt eine Inschrift »Prigione di Don Giulio«, man kann hineinklettern in diesen hohen Raum mit einem kleinen Fenster ganz oben, dreifach vergittert. Konnte Don Giulio durch die dicken Mauern seines Verlieses die Musik und das Stimmengewirr der Bankette und Maskenbälle hören, die seine glücklicheren Verwandten nicht weit davon in den Festsälen veranstalteten? Aus dieser Zelle gab es kein Entkommen, hier konnte man nur auf Barmherzigkeit hoffen und die war in den Herrschernaturen nicht angelegt. Die Schwester Isabella bat um Milde für ihre Brüder, ansonsten hat sich niemand für die Freilassung der Inhaftierten eingesetzt, kein Bischof und kein Abt, Lucrezia selbst hat bis zu ihrem Tod das Urteil hingenommen. Wir erfahren lediglich, dass sie, wenn sie bei Abwesenheit Alfonsos die Regentschaft führte, Hafterleichterungen anordnete und bessere Verpflegung bringen ließ. Es stand nicht in ihrer Macht, hier etwas zu ändern. Und sie unternahm auch keinen Versuch. Eine Herzogin akzeptierte ohne Wenn und Aber die alleinige Entscheidungsgewalt ihres Mannes.

Cesares Ende

Lucrezia lebt jetzt fünf Jahre in Ferrara und hat sicheren Boden unter den Füßen, ihre Vermählung mit Alfonso d'Este hat sich als kluger und zukunftsträchtiger Schachzug erwiesen, während ihr Bruder nach dem Tod des Vaters jeden Halt verloren hat und seit vier Jahren ein unstetes und gefahrvolles Leben führt. Der einst gefeierte Condottiere und machtbewusste Politiker ist zu einem glücklosen Desperado heruntergekommen.

Am 20. April 1507 trifft ein Reiter aus Spanien ein, erschöpft und bedrückt von der Botschaft, die er zu überbringen hat. Lucrezia empfängt Bericht über das tragische Ende ihres Bruders. Zuletzt stand Cesare im Dienst seines Schwagers, des Königs von Navarra. Aus Gefängnissen war er geflohen, neue Optionen taten sich für ihn auf, konnte er an ein Comeback denken? Bei einem unbedeutenden Gefecht preschte er allein vor, geriet in einen Hinterhalt und fand den Tod, dessen Kunde Lucrezia vor Schmerz erstarren ließ. Während in Ferrara die Totenglocken läuten, hat sie Gelegenheit, über die Vergänglichkeit von Macht und Ruhm nachzudenken. Sie war ihrem Bruder innerlich sehr verbunden, konnte seine Taten nie billigen, vor allem, wenn er in ihr eigenes Leben eingriff. Vielleicht hatte auch sie von einem Borgia-Herzogtum geträumt, ganz in ihrer Nähe, aber dieses Projekt hatte von Anfang an schlechte Karten, jeder folgende Papst konnte der Selbstherrlichkeit eines Borgia-Herzogs ein Ende bereiten. Die etablierten Mächte Italiens warteten nur auf die günstige Gelegenheit, den ehrgeizigen Eindringling, der ihre Kreise störte, vom Platz zu verweisen. Der Bogen war überspannt. Während sich Lucrezia der Trauer hingab, konnte sie als politisch kluge Frau bedenken, dass ein Emporkömmling, dessen politisches Schicksal an die Lebenszeit eines Papstes gekoppelt war, keine echte Überlebenschance besaß. Sie selber konnte dagegen als Herzogin von Ferrara unangefochten ein ehrenvolles Leben in Glanz und Würde führen. Und sie bat den Dichter Strozzi, einen Trauergesang auf ihren Bruder zu verfassen, denn an Lob und Ruhm war allen Borgia immer gelegen.

Die Beziehung zu ihrem Bruder gehört zu den großen Rätseln ihres Lebens. Er handelte wie ein Condottiere, kühl, brutal, menschenverachtend, er galt als der Prototyp eines amoralischen Renaissancefürsten, anderseits konnte er charmant sein, wurde bewundert und gelobt. Seine Kühnheit und Entschlossenheit beeindruckten die Zeitgenossen. Der größte politische Denker der Renaissance, Niccolò Machiavelli, setzte Cesare Borgia in seinem Hauptwerk »Il Principe« ein unvergängliches Denkmal. Für Machiavelli war der »duca« der nahezu ideale Prototyp des modernen Fürsten, der politische Klugheit ebenso wie Gewalt zur Erreichung seines Ziels, der Schaffung eines geeinten Staatswesens, einsetzte. Lucrezia empfand immer Sympathie für ihren Bruder, wohl abstrahierend von seinen schlimmen Taten, auch von dem Argen, das er ihr persönlich zugefügt hat.

Neuntes Kapitel

Der neue Stern am Hof der Dichter

Este-Prinzessin als Lautenspielerin

Spiel mit dem Feuer – Lucrezia und die Poeten

Ein Glück für Lucrezia – sie hatte eine Vorliebe für Poesie und kam in eine Hochburg der Literatur. In Ferrara traf sie Koryphäen der italienischen Dichtkunst wie Ariost und Bembo, und von diesen Berühmtheiten wurde sie verehrt. Wem würde das nicht ein Hochgefühl vermitteln? Schon in Rom hatte sie Kontakte zu Humanisten und konnte hier erste Erfahrungen sammeln. Auch besaß sie eine kleine Privatbibliothek, nicht sehr umfangreich und überwiegend bestückt mit Werken für die geistliche Erbauung. Ein Verzeichnis der Bücher, die sie nach Ferrara mitgebracht hat, ist auf uns gekommen:

»... ein Breviarium; ein Büchlein mit den sieben Psalmen und anderen Gebeten; ein pergamentenes Buch mit Miniaturen in Gold, genannt de Coppelle alla Spagnola; die gedruckten Briefe der heiligen Katharina von Siena; die gedruckten Episteln und Evangelien in Volgare (d. h. in italienischer Volkssprache); ein spanisches Buch religiösen Inhalts; eine handschriftliche Sammlung von spanischen Kanzonen, mit den Sprichwörtern des Domenico López; ein gedrucktes Buch, genannt aquila volante; ein gedrucktes Buch, genannt Supplement von Chroniken in Volgare; den »Spiegel des Glaubens« gedruckt und in Volgare; einen gedruckten und kommentierten Dante; ein Buch in Volgare »Über die Philosophie«; die Legende der Heiligen, in Volgare; ein altes Buch de Ventura; einen Donatus; ein Leben Christi in spanischer Sprache; einen Petrarca, handschriftlich auf Pergament, in Duodezformat.«[43]

Lucrezia fand in Ferrara eine umfangreiche Bibliothek vor, zudem hatte die Stadt eine lange Tradition im Umgang mit Künstlern aller Art. Das tägliche Brot verdienten sich viele, wenige brachten es zu Ruhm und Ansehen. Bald sah sich die schöne Herzogin von einem Schwarm von Literaten umgeben und gefiel sich sichtlich in dieser Rolle. Ercole Strozzi, Antonio Tebaldeo, Celio Calcagnini und Giangiorgi Trissino gehören zu ihrem Verehrerkreis. Es waren also nicht nur oberflächliche, schwärmerische Dichterlinge, die gab es auch, aber sie bleiben im Schatten der Prominenten.

Schon bei ihrem Einzug beginnen die Dichterherzen zu glühen und schwingen sich zu hochtönenden Reimen auf. Sie besingen eine Frau, die eigentlich noch nicht viel Bewundernswertes geleistet hat, die sehr kostbar gekleidet ist und stets ein fröhliches Gesicht zeigt. Ein feierliches Lobgedicht zu ihrer Hochzeit stammt z. B. von Celio Calcagnini. Er wie auch Tebaldeo und Giraldi besingen die Schönheit und den edlen Mut der Herzogin, nennen sie anmutig und weise.

Es ist zu fragen, wie weit sich der ständige Umgang mit den Literaten auf ihr Leben ausgewirkt und wie es ihr Denken beeinflusst hat. Verehrt zu werden, wer möchte das nicht, sie genießt es. Und es waren nicht nur die höfischen Schmeichler um sie herum, die sich für Lucrezia begeisterten. Was faszinierte kluge Köpfe wie Bembo an der Herzogin, war es nur das hübsche Gesicht und die eleganten Brokatkleider, oder spielte doch eine tiefere Erkenntnis mit hinein? Gut, ein Verliebter kann einem blinden Wahn verfallen, aber über ihre Schönheit hinaus hatte die Borgiatochter etwas Faszinierendes, sie konnte mithalten in den Gesprächen, sie konnte offensichtlich inspirierend wirken, hier wird die wahre Lucrezia in Umrissen erkennbar. Es ist nicht einfach, echte Überzeugungen und Schmeicheleien voneinander zu unterscheiden, aber Dichter wie Bembo und Ariost hatten eine hohe menschliche Kompetenz, sodass sie nicht bloß einfache Lobhudeleien von sich gaben.

Nachdem Lucrezia ein Armband in Gestalt einer Schlange angelegt hatte, regte auch das die Dichter zu Versen an. Die Fürstin brauche den Biss des Neides nicht zu fürchten, so lautete eine der Interpretationen, die ihr geboten wurden. Das Höflingswesen und der exaltierte Frauenkult der höheren Kreise beeinflusste die Poesie, nichts durfte schlicht gesagt werden, man ersann ausgesuchte Schmeicheleien, bemühte entlegene Vergleiche und kunstvoll stilisierte Metaphern. Als kritische Geister, die in einer Distanz zur etablierten Hofgesellschaft standen, sahen sich diese Dichter wahrlich nicht, vielmehr berauschten sie sich am Altertum und feierten das zeitgenössische Hofleben als Erneuerung antiker Größe.

Der literarische Verehrerkreis

Die Reihe der Literaten, die ihr zu Füßen lagen, ergibt eine ansehnliche Liste, und einige seien im Folgenden namentlich genannt. Sie selbst empfing deren Huldigungen mit jener befriedigten Eitelkeit, die jeder schönen Frau gut zu Gesicht steht. Einige dieser Dichter wurden sicher von erotischen Gefühlen bewegt, andere streuten ihr Weihrauch nach allen Regeln der höfischen Gunstbuhlerei; aber alle waren froh, in ihr ein Ideal zu besitzen, das für sie wenigstens die platonische Quelle von Reimen und Versen sein konnte, sie sahen in ihr eine charismatische Erscheinung. Marcello Filosseno widmete ihr verliebte Sonette, in denen er sie mit Minerva und Venus verglich. Aldus Manutius, der Gelehrte und Druckerverleger, der in jungen Jahren von Lucrezia einige Förderung erfahren hatte, lebte und arbeitete zwar schon längst in Venedig; doch unterhielt er von hier aus eine literarische Verbindung mit seiner Gönnerin. Ferrara treu blieb Celio Calcagnini. Sehr befreundet war Lucrezia mit Giangiorgio Trissino. Auf uns gekommen sind fünf Briefe Trissinos an sie aus ihren letzten Lebensjahren. Im April 1512 kam er zum ersten Mal nach Ferrara. Damals hatte er schon viele Reisen unternommen und kannte auch Deutschland. Trissino war früher Gast bei Cecilia Gallerani gewesen, der berühmten Geliebten des Mailänder Herzogs Ludovico il Moro, deren Haus ein Treffpunkt der Literaten und Musiker war. Lucrezia konnte von Trissino einiges über Cecilias interessantes Leben und Treiben erfahren. Der weltgewandte Literat gefiel der Herzogin, sie lernte Trissinos Verstand und seine Erfahrung schätzen und ließ sich von ihm beraten.

Zu Lucrezias Verehrern gehörte auch Jacopo Caviceo, ein Prälat mit stürmischer Vergangenheit, ein Genießer und Frauenheld, der nach einem längeren Aufenthalt in Konstantinopel im Jahr 1494 nach Ferrara kam. Er war bei Herzog Ercole gut angeschrieben, amtierte als Vikar des Bistums Ferrara und bezeugte der Herzogin seine Verehrung, indem er seinen wunderlichen Roman »Peregrino« mit einer Widmung versah, in der er Lucrezia als schön und gelehrt, weise und sittsam feierte.

Eine wichtige Rolle in ihrem Leben spielte auch Antonio Tebaldeo, der selbst aus Ferrara stammte und 18 Jahre älter war als Lucrezia. Seine

Familie besaß einen Palast und gehörte zur Oberschicht. Einige Zeit war er Erzieher von Isabella d'Este, von 1504–1508 erhielt er den Status eines »familiare«, genauer gesagt, er arbeitete als Privatsekretär Lucrezias. Ein Brief von Bembo vom August 1504 zeigt die Vertrautheit Lucrezias mit Tebaldeo, der auch mit Bembo eng befreundet war. Mit Tebaldeo war die Herzogin sehr zufrieden, seine Bezahlung war entsprechend üppig. Wie ein Dokument aus dem Archivio di Stato di Modena zeigt, erhielt er im Jahr 620 Lire.[44] Die einzelnen Literaten bekamen unterschiedlich hohe Bezahlung, wie aus den Rechnungsbüchern Lucrezias ersichtlich ist. Viele Sonette hat Tebaldeo seiner Herrin gewidmet; als ihr Sekretär wusste er alles, war in alles eingeweiht und musste diskret und geschickt seinen Dienst tun.

Als Leo X. 1513 Papst wurde, schrumpfte Lucrezias Kreis, weil Italiens Dichter in Scharen nach Rom pilgerten wie ins Gelobte Land, um dort Ehre und reichlichen Lohn zu erwerben. So auch Tebaldeo, der dort Bembo traf und Raffael, den er wahrscheinlich schon in Ferrara kennen gelernt hatte. Dieser malte ihn auf dem Höhepunkt seiner Bekanntheit »per commissione probabilmente di Lucrezia Borgia«, vermutlich hat er ein Empfehlungsschreiben der Herzogin mitgebracht.

Die Stars am Literatenhimmel Ferraras dieser Zeit sind ohne Zweifel Pietro Bembo, Ercole Strozzi und Ludovico Ariosto, die wir uns nun etwas näher betrachten wollen. Besonderes Interesse verdient dabei Pietro Bembo, der geistvolle Venezianer, der zu der schönen Herzogin in Liebe entbrannt war. Und wie stand es um sie? Kann man die beiden als Liebespaar bezeichnen?

La grande fiamma – Lucrezia und Pietro

Noch im November 1502, kaum von ihrer schweren Krankheit genesen, machte Lucrezia eine Reise aufs Land, aber nicht, um das Herzogtum zu erkunden, sondern sie wollte einen Mann kennen lernen. der es schon zu einiger Berühmtheit gebracht hatte. Es handelte sich um Pietro Bembo. Er lebte in dem kleinen Ort Ostellato nahe bei Comacchio, wo er sich in einem Haus der Familie Strozzi einquartiert hatte. Bembo war

Sohn eines alteingesessenen Patriziergeschlechts in Venedig, geboren am 10. Mai 1470. Nach einem Studium in Padua und Ferrara trat er in den geistlichen Stand ein, empfing die sogenannten niederen Weihen, war also Kleriker und dies in erster Linie, damit er kirchliche Pfründen sammeln konnte; die Aufgaben eines Geistlichen übernahm er aber nie. Manche nennen ihn einen Heiden in christlicher Verkleidung. Er war ein hochgewachsener, gut aussehender Mann, ein vollendeter Kavalier, von Frauen umschwärmt, aber auch geistvoll, hochgebildet und äußerst sprachgewandt. Hier in der Einsamkeit wollte er an seinem ersten großen Werk arbeiten, *Gli Asolani*. Der Buchtitel bezieht sich auf Bembos Aufenthalt in dem Städtchen Asolo in Venetien, wo er als Gast der Exkönigin von Zypern, Caterina Cornaro, lebte. Sie war einige Jahre zuvor von der übermächtigen Republik Venedig aus ihrem Inselreich vertrieben worden und residierte nun unter diskreter Kontrolle der Serenissima im Schloss von Asolo, umgeben von einem erlesenen Dichter- und Gelehrtenkreis, als dessen strahlender Mittelpunkt Bembo figurierte.

Offensichtlich hat Lucrezia bei ihrem Besuch beim Dichter große Begeisterung geweckt, sodass eine echte »storia d'amore« voll romantischer Leidenschaft beginnt. Erstaunlich bleibt, dass sie sich auf den Weg macht und nicht umgekehrt. Doch schon bald nach dem Besuch der jungen Fürstin übersiedelt Bembo nach Ferrara, wo er ein interessiertes Publikum findet. Herzog Ercole sah es nicht ungern, wenn Lucrezia berühmte Literaten an seinen Hof brachte, der Glanz eines Dichters fällt auch auf seinen Gönner. Ein Jahr lang haben die Fürstin und der Humanist reichlich Gelegenheit, sich zu sehen, bei Rezitationen, Theaterabenden, Hoffesten. Als Bembo erkrankte und das Bett hüten musste, besuchte ihn Lucrezia und blieb lange bei ihm. Postwendend schreibt er, dass er anschließend plötzlich gesund war wie durch eine göttliche Medizin. »Durch einen Blick und die Berührung der Hand ward mir die Gesundheit wiedergegeben.«[45]

Lucrezia – als Heilerin und zugleich als Muse eines hochbegabten Dichters, wer wollte daran Anstoß nehmen? In den schweren Stunden der Trauer, als Lucrezia die Nachricht vom Tod ihres Vaters erhielt, kam Bembo zu ihr, um sie zu trösten. Neben Begegnungen in der Öffentlichkeit kam es auch zu privaten Treffen.

Zugleich entwickelte sich ein lebhafter Briefwechsel, von dem uns Teile erhalten sind. Sie wurden in letzter Zeit veröffentlicht unter dem Titel »La grande fiamma«. Die Sammlung enthält 40 Briefe Bembos und 9 Briefe Lucrezias, von denen zwei auf Spanisch abgefasst sind. Die Originalbriefe Lucrezias, einer wurde entwendet und ist in Paris, befinden sich heute in der Biblioteca Ambrosiana in Mailand. Ihre Briefe sind erstaunlich kurz und zurückhaltend, keineswegs verräterisch, und dennoch zeigen sie eine starke Zuneigung. Die Anrede ist nicht ungewöhnlich »Misser Pietro mio carissimo« oder »cordialissimo«,[46] das klingt familiär, carissimo, mein Liebster, der Superlativ zeigt eine enge Vertrautheit und Nähe, der Brief endet mit »La vostra Duchessa de Ferrara«.

Bembo war kein vergeistigter Verbalerotiker, sondern hatte sehr wohl Erfahrungen mit Frauen. Bevor er nach Ferrara kam, hatte er in Venedig eine heftige Liebesbeziehung mit einer gewissen Maria Savorgnan,[47] von der die Initiative ausging. Maria war Witwe und von ihrem verstorbenen Ehemann testamentarisch zu einem ehelosen Leben verpflichtet oder besser verurteilt worden, jedenfalls schreibt sie von sich aus an Pietro Bembo Briefe und Sonette, zunächst ohne Namensnennung, aber dann will sie mehr als nur Poesie und romantische Liebesbriefe. Inständig drängt sie zu einer sexuellen Erfüllung und arrangiert heimliche, für sie verbotene Rendezvous, umgeht die Bewachung durch ihren Schwager. Als sie im Jahr 1501 einige Monate in Ferrara weilt, wird sie dort von Bembo besucht. Bald darauf endet dieses heimliche Liebesverhältnis. Als Bembo dann dauernd in Ferrara wohnt und wieder romantische Briefe verschickt, dieses Mal an Lucrezia, mag ihm auch die unvergessene Maria eingefallen sein.

Bembos Briefe an die Papsttochter waren erfüllt von Leidenschaft und Zärtlichkeit, es war die Sprache eines Verliebten, der sich hier artikulierte. In ihnen fand Lucrezia das, was sich eine junge Frau wünschte und was ihr in der Ehe fehlte; ihre Beziehung zu Don Alfonso diente vor allem den ehelichen Pflichten, noch hatte sie dem Este keinen Stammhalter geboren, und der Erwartungsdruck wurde spürbar stärker.

Während der Dichter in Ostellato weilte, gingen fortwährend Briefe hin und her, und ihr Ton wurde zusehends herzlicher und vertraulicher, Lucrezia wagte nicht mehr mit ihrem Namen zu unterschreiben, sie zeichnete mit F.F. was immer das auch bedeuten mag, und »er küsst ihre Hand, die schönste, die er in seinem Leben an die Lippen geführt hat«.

Zu dem Brief vom 14. Juli 1503, adressiert an FF, muss man die Vorgeschichte kennen.

»Ich bin entzückt, dass Ihr täglich ein neues Mittel findet, um meine Liebesflamme auflodern zu lassen. So tatet Ihr es heute mit dem Kleinod, das einst Eure strahlende Stirn schmückte.«[48]

Dem Brief vorausgegangen ist ein kostbares und äußerst symbolisches Geschenk. Lucrezia hat sich eine Haarlocke abgeschnitten und dem Dichter geschickt, dessen Begeisterung über dieses Liebespfand ohne Grenzen ist. Mit Bembos Schriften gelangte diese Haarlocke, wenn man denn der Sache trauen kann, in die Ambrosiana nach Mailand, wurde als bleibende Erinnerung an eine vergängliche Leidenschaft in einem besonderen Gefäß ausgestellt. Im Oktober 1816 kam Lord Byron, ein glühender Verehrer Lucrezias, in die Ambrosiana und stahl aus dem Schrein ein Haar, für ihn ein unschätzbarer Besitz und eine wahre Reliquie.

Es stellt sich die Frage, wie weit sind die beiden gegangen. Offensichtlich kannte Lucrezia wenig Skrupel, sie ließ ihren Gefühlen freien Lauf, gefiel sich in der Rolle der angebeteten Geliebten; ihre Zärtlichkeiten messen zu wollen, ist abwegig. Sehr wahrscheinlich hat die Herzogin die entscheidende Grenze dennoch nicht überschritten, einen Ehebruch im eigentlichen Sinne muss man ihr nicht unterstellen. Das Risiko wäre auch sehr hoch gewesen; sie wusste, was eine ungetreue Herzogin am Hof von Ferrara erwartete. Sie musste auf der Hut sein, auf wirkliche Abenteuer konnte sie sich nicht einlassen. Noch war in Ferrara das Gesetz Niccolòs in Kraft, das Ehefrauen, die der Untreue überführt waren, mit dem Tod bedrohte. Und ein Blick zurück in die Geschichte konnte ihr den Ernst der Lage klar machen; die Liebestragödie der schönen Parisina Malatesta war in Ferrara unvergessen geblieben. Ihres ältlichen und vermutlich auch mürrischen Gemahls, des Markgrafen Niccolò III. (1383–1441), überdrüssig, entbrannte Parisina in verbotener Liebe zu ihrem Stiefsohn Ugo. Der erboste Eheherr ließ das sündige Paar in den Löwenturm sperren und im Mai 1425 enthaupten; noch zu Lucrezias Zeiten zeigte man im großen Schlosshof den Platz, an dem die Hinrichtung stattgefunden hatte, gleichsam eine Gedenkstätte zur Abschreckung. Der rächende Fürst versandte nach dem Strafgericht Schreiben an diverse Höfe, um sich zu rechtfertigen, und gab sich als Hüter von Sitte und Moral aus. In der Tat galt ein derart brutaler Racheakt nach dem Rechtsverständnis des Adels jener Zeit nicht zwangsläufig als Gatten- und Sohnesmord, sondern als ehrenhafte Ausübung der Richtergewalt des Ehemanns über seine Frau.

Alfonso konnte das Verhalten seiner Ehefrau auf Dauer nicht gefallen, er machte keine Eifersuchtsszenen, aber er ließ Lucrezia überwachen, reiste im Herbst 1503 selber nach Ostellato, um seine Frau im Blick zu haben.

Bevor es zu einem Skandal kommt, kehrt Bembo Ende des Jahres 1503 zurück nach Venedig, wo sein Bruder Marco überraschend verstorben war. Im Jahr 1504 werden noch viele Briefe gewechselt, dann werden es schnell weniger, aber der Briefverkehr hört über die Jahre nie ganz auf. Von 1506–11 finden wir Bembo am Hof von Urbino. Geliebte hatte der gut aussehende und galante Venezianer längst wieder gefunden. 1512 ging er nach Rom und wurde Sekretär Leos X., der ihn mit der Abfassung von Bullen und Breven betraute. Nach dessen Tod im Jahr 1521 zog sich Bembo nach Padua zurück, wo seine Geliebte Marosina lebte. Sein Haus bildete den Mittelpunkt eines glänzenden literarischen Kreises. Nach einem Aufenthalt in Venedig kam er wieder nach Rom, lebte mit Marosina in einer festen, stadtbekannten Beziehung, aus der drei Kinder hervorgingen. Heiraten kam für ihn nicht in Frage, weil er den Status eines Klerikers mit lukrativen Pfründen nicht verlieren wollte. Marosina starb am 3. August 1535.

Bembo fand weiterhin Verehrerinnen wie Vittoria Colonna, die es mit ihren guten Beziehungen schaffte, dass ihm von Papst Paul III. 1539 der Purpur eines Kardinals verliehen wurde, was finanziell entschieden kleidsamer war als die Robe eines Dichters. Mit 69 Jahren empfing er die Priesterweihe und änderte nun seine Lebensweise. Für einen standesgemäßen Lebensunterhalt wurde er auch noch Bischof von Gubbio und Bergamo, das waren bloße Versorgungstitel, ohne jede Amtsausübung.

Pietro Bembo war ein ausgezeichneter Kenner der klassischen Literatur und erwarb sich als Vertreter der sogenannten heidnischen Renaissance einen geschätzten Namen. Er pflegte die ciceronisch-lateinische und die toskanisch-italienische Poesie. Mit *Gli Asolani* (1505), seinem späteren Traktat *Prose della volgar lingua* (1525) und seiner Lyrik gehört er zu den klassischen Autoren des Cinquecento. Bembo lebte nicht als verschrobener Gelehrter in einer Studierstube, er war weltoffen, mobil und wechselte häufig seinen Aufenthaltsort. An der Ausbildung des Toskanischen als italienischer Hochsprache hat er tatkräftig mitgewirkt. Zugleich kann er als einer der bedeutendsten Philosophen des florentiner Neoplatonismus gelten. Der Dichter hatte somit großen Anteil an der Entstehung der modernen italienischen Sprache und Kultur. Er starb am 18. Januar 1547 in Rom.

Die Asolaner Gespräche

1505 erschienen in Venedig bei Manutius die *Asolani.* Damals war es schon eine Besonderheit, dass ein lebender Autor sein Buch in gedruckter Form in Händen halten konnte; die Druckerpresse war noch fast ausschließlich den Heiligen Schriften und den großen antiken Autoren vorbehalten. Als Lucrezia ihr Widmungsexemplar der Asolani aufschlug, war sie sichtlich bewegt, und es mussten innige Gefühle in ihr wach werden, aber darüber hat sie lieber geschwiegen.

Das vorangestellte Widmungsschreiben lautet: »Der edlen Lucrezia Borgia von Este, der hochberühmten Herzogin von Ferrara, übersandt von Pietro Bembo.«[49] Sicherlich hat Lucrezia interessiert und an einigen Stellen verwundert und wohl auch erregt die Asolani gelesen. Bembo spricht das direkt an: »Es mag sich ergeben, dass Ihr die Gespräche mit Eueren Zofen und Hofleuten lesen werdet. … Vielleicht werdet Ihr es voller Behagen tun, wie jemand, der sich stärker danach sehnt, seine Seele mit edlen Tugenden zu schmücken als seinen Körper mit kostbaren Gewändern … Möge der Glanz Eueres Geistes die Anziehungskraft Eurer Gestalt in eben dem Maße überstrahlen, wie Eure Schönheit die der anderen Frauen übertrifft.«[50]

Bembo spart also auch hier nicht mit Komplimenten, rühmt ihre Schönheit, ihre Gestalt hat er tief verinnerlicht, aber er appelliert seltsamerweise auch an die Tugenden, und der Fingerzeig auf die kostbaren Gewänder kann nur als kritische Spitze gedeutet werden, denn auf ihre Kleiderpracht legte die Herzogin besonderen Wert. Die Widmung endet mit »Ich empfehle mich Eurer huldvollen Gunst und küsse Euch ehrerbietigst die Hand«, datiert ist der Brief vom 1. August 1504.

Wer in den Asolani einen empfindsamen Liebesroman oder die Geschichte einer großen Liebe erwartet, wird enttäuscht. Bembo erweist sich hier als Theoretiker, er schreibt sehr intellektuell einen – durch die Gesprächsform aufgelockerten – Liebestraktat, der insgesamt eher in einen Hörsaal passt als zur Lektüre auf einer Gartenbank. Nachdem die christliche »caritas« im Mittelalter hinlänglich gepredigt worden war, will Bembo die neue Freiheit nutzen, um »amor« zu beschreiben und das ist zugleich ein Gott im antiken Himmel, jedenfalls eine göttliche Kraft.

In den von Petrarcas Vorbild beflügelten poetischen Passagen des Werks spricht Bembo von den Nächten, die der unglücklich Liebende voll Sehnsucht verbringt, und von der vergangenen Liebe:

»Es schwand die Sonne meiner heitern Tage,
Und doppelt düster drückt die Schattennacht,
Und Dunkel herrscht, wo Helle war.
Gesang, mir einst die Feder führend,
Im Verse klang – jetzt spricht nur Schmerz,
Und Bitterkeit vergällt das süße Leben«.[51]

Doch auch über die Freuden der Liebe weiß Bembo trefflich zu philosophieren, sie zu schildern gelingt ihm eindrucksvoll.

»Du weißt nur allzu gut,
Dass ihrer Augen heilige Sterne
Wie Himmelslichter uns erfreuen,
Dass ihrer Haare goldne Flut,
Lockender als jede Ferne,
Als Wohlgeruch sich weit verstreue,
Dass sich sogar die Blumen scheuen;
Du weißt es, dass ihr Gesang
Das Wasser ließ bergaufwärts fließen.«[52]

Ercole Strozzi – der bucklige Dichter und sein rätselhaftes Ende

Als die beiden Strozzi, Vater und Sohn, die Borgiatochter zum ersten Mal sahen, gab es für sie kein Halten mehr. Ihre dichterische Ader, begeistert vom bloßen Anblick der anmutigen Frau, begann heftig zu pulsieren und verströmte jubelnd und preisend Verse in den höchsten Tönen. Der in Ehren ergraute Tito Vespasiano Strozzi, aus vornehmem Geschlecht und mit hohen Ämtern betraut, fand es keineswegs töricht, der jungen Lucrezia dichterisch zu huldigen und in die Rolle des Adoranten zu schlüpfen, wer sie gesehen habe, würde in Ewigkeit von Liebessehnsucht verzehrt werden. In seinen Epigrammen bekannte er, dass er, ein alternder Mann, vor Amor sicher zu sein glaubte, aber nun doch in den Fesseln Lucrezias liege, in ihr habe sich alle Herrlichkeit des Himmels und der Erde vereinigt und Ihresgleichen sei in der Welt nicht zu finden.

Vom Fieber poetischer Leidenschaft – oder war es doch viel mehr? – erfasst wurde auch der Sohn, Ercole Strozzi, der sich ansonsten schwer tat mit den Frauen; von Geburt an benachteiligt, war er körperlich unansehnlich, hatte einen Buckel, konnte nur gebeugt gehen und das nur mit Krücken. Er konnte nicht hoffen, viel Aufmerksamkeit beim schönen Geschlecht zu wecken, und doch war er allseits beliebt und geschätzt und wurde bald auch in den engsten Kreis um Lucrezia aufgenommen; keiner verweilte mehr in ihrer Nähe als dieser hoch talentierte Dichter. Spielte hier auch der alte italienische Volksglaube mit, dass ein *gobbo*, ein Buckliger, Glück und Segen bringt? Ercole war im Übrigen keineswegs auf die Herzogin fixiert, längst hatte er sich in eine für ihn erreichbare Schönheit verliebt, eine gewisse Barbara Torelli, von der er zwei oder drei Kinder hatte, zuletzt eine legitime Tochter Giulia, im Mai 1508 heiratete er ganz offiziell. Seine Liebesgesänge waren in die richtigen Bahnen gelenkt worden, so schien es, und doch, nur 13 Tage nach seiner Heirat geschah das Entsetzliche. Am 6. Juni 1508 eilte eine Nachricht wie ein Lauffeuer durch die Stadt. Der geniale Dichter war tot, und er war nicht auf natürliche Weise gestorben. In der Nähe von San Francesco hatte man seinen Leichnam am Morgen gefunden; Strozzi war in seinen Mantel gehüllt, mit durchschnittener Kehle, übersät mit Wunden, man zählte zweiundzwanzig Dolchstiche. Ausgerissene Haarbüschel bedeckten den Boden, neben der Leiche lagen der Hut und die Krücken des Dichters.

Ganz Ferrara war bestürzt, denn Strozzi war der Ruhm dieser Stadt, einer der geistvollsten Dichter seiner Zeit, Freund Bembos und Ariosts, Günstling der Herzogin, hochangesehen bei Hofe. Nach seines Vaters Tod bekleidete er dessen Amt als Haupt der Zwölf Richter Ferraras. Er stand noch in der Blüte seines Lebens; erst siebenundzwanzig Jahre war er alt. Alfonsos Polizei, für ihre gute Arbeit bekannt, würde den Fall schon aufklären, dachten die Ferraresen, aber es geschah nichts. Die Mörder wurden nicht gesucht und also auch nicht gefunden, zurück blieb ein ungeklärter Kriminalfall. Strozzi kam spät abends von der Herzogin, vielleicht weist dies die Spur, alles sah nach einem Auftragsmord aus, hier waren *Bravi,* bezahlte Killer, am Werk. Nichts aber kam ans Tageslicht. Manche vermuteten den Herzog als den eigentlichen Auftraggeber im Hintergrund, aber auch ein Racheakt der Bentivoglio könnte eine Erklärung des rätselhaften Ereignisses liefern. Gerüchte und Vermutungen über diese Mordtat aber wurden nur im Flüsterton kolportiert, denn überall lauerten die Spitzel der Staatsmacht.

Man sollte meinen, dass Besucher bei Lucrezia unter dem besonderen Schutz des Hofes stünden. Schon vor Strozzis Tod konnte ein anderes Ereignis nachdenklich machen, es hätte auch wie ein deutlicher Fingerzeig gelesen werden können. Die Herzogin hatte den Hauskaplan ihres Bruders, Don Marino, in ihre Entourage aufgenommen, und dieser verbrachte viel Zeit bei ihr. Spät abends hat er sie verlassen und wurde in der Nacht zum 4. Juni ermordet aufgefunden. Die Täter blieben auch diesmal unentdeckt, für Lucrezia eine Mahnung zur Vorsicht.

Zwischen »amore« und »amicitia«

Am 30. Juli 1508 veließ die Herzogin die Residenzstadt, reiste nach Modena und Reggio und blieb dort einige Monate, sie trug in sich eine tiefe Trauer über den unerwarteten Tod Strozzis. War seine Neigung zu Lucrezia nur die des höfischen Kavaliers gewesen, des Poeten, der in seinen Versen der Schönheit huldigt? Eines Tages hatte sie Ercole Strozzi eine

Rose geschenkt, die sie vorher an ihre Lippen gehalten hat. Diese Auszeichnung voll erotischer Symbolkraft animierte den Dichter zu schwärmerischen Versen:

»Rose, dem Boden der Freuden entsproßte, vom Finger gepflückte,
Warum scheinet als sonst schöner dein farbiger Glanz?
Färbt' dich Venus aufs neu? hat eher Lucrezias Lippe
Dir im Kusse so hold schimmernden Purpur verliehen?«[53]

Lucrezia hatte keine Scheu vor zweideutigen Gesten, ein schmachtender Dichter zu ihren Füßen hat ihr gefallen, manches war missverständlich. Strozzi schrieb ihr einmal eine Widmung »alla diva Lucrezia«. Die Geburt des Erbprinzen feierte Strozzi in höchsten Tönen, zugleich versuchte er, Francesco Gonzaga zu einem Besuch bei der Wöchnerin zu bewegen. Er betätigte sich als Mittelsmann und teilweise auch sehr eigenmächtig, verfasste im Namen der Herzogin Botschaften an Francesco, dies ein seltsames Spiel, der Hofpoet übernahm damit eine eigenartige Rolle, die man mit der des aus späterer Zeit bekannten »cicisbeo« oder »cavaliere serviente«, des vom Ehemann innerhalb bestimmter Grenzen geduldeten ständigen Begleiters der Ehefrau, umschreiben könnte. Wurde Ercole aber von Don Alfonso geduldet? Längst hatte der Herzog seine Spitzel auf ihn angesetzt, und sein rätselhafter Tod musste Warnung sein.

Lucrezia wollte Strozzi zur Kardinalswürde verhelfen, der frühe Tod ihres Vaters Alexander VI. vereitelte dieses Ansinnen. Strozzi war ein besonders treuer Anhänger, lebte mit ihr in »pura amicitia«, war der schwärmerischste der Hofpoeten, vermutlich auch der ungefährlichste. An Bembo, dessen Leidenschaft er kannte, richtete Ercole ein Epigramm, das mit geistreicher Laune den Namen Lucretia aus Lux (Licht) und retia (Netz) zusammensetzte und heiter das Netz verspottete, in dem sich Bembo verstrickt hatte. Strozzis Tod hat eine spürbare Leere in der Herzogin zurückgelassen, er war ihr engster Vertrauter, eingeweiht in alle Geheimnisse, ein wahrer Freund ohne sexuelle Begierde.

Ludovico Ariosto – der glanzvolle und kritische Hofdichter

Die Hochzeit Lucrezias mit Alfonso hat die ganze Dichterschar Ferraras inspiriert und zu Höchstleistungen angespornt. Und der Begabteste, Ludovico Ariosto, hat das Paar mit einem besonderen Gedicht geehrt. Geboren ist er am 8. September 1474 in Reggio nell'Emilia, als Zwölfjähriger kommt Lodovico nach Ferrara, wo er die Lateinschule besucht. Anfangs trat er nur mit lateinischen Gedichten an die Öffentlichkeit und zeigte einen gewissen Hang zu Sarkasmus und Satire, auch gegen das herzogliche Joch.

Der Dichter verbrachte dennoch sein ganzes Leben im Dienst des Hauses Este. Ende des Jahres 1503 gehörte er zum Personal des Kardinals Ippolito d'Este, der ihn zum Kleriker machen wollte, aber Ariost zog es vor, seine Freiheit zu behalten und lehnte ab, was ihm der Kardinal verübelte. Das Verhältnis des Dichters zu seinem Brotherrn war und blieb gespannt, wenn auch Ariost dem Kardinal Ippolito seinen *Orlando furioso* widmete und ihn im dritten Gesang rühmte.

»Der andre dort, im Bischofsmantel schreitend,
Die heil'ge Lock umglänzt vom Purpurstrahl,
Ist Hippolyt, weis, edel, Huld verbreitend,
Der röm'schen Kirche großer Kardinal.«[54]

Am 5. März 1508 wird Ariosts Komödie »Das Schatzkästlein« am Hoftheater von Ferrara uraufgeführt. Lucrezia ist anwesend, sie hat keinen besonders engen Umgang mit Ariost, aber sie begegnen einander bei vielen Gelegenheiten.

1517 wollte Kardinal Ippolito den Dichter als Begleiter auf eine längere Ungarnreise mitnehmen. Dieser weigerte sich, beklagte sich über den Sklavendienst und wurde prompt vom Kardinal entlassen. Aber was macht ein arbeitsloser Poet? Die schiere Not zwang ihn, sich um eine neue Anstellung zu bemühen. Die Herzogin hat sich vermutlich für ihn eingesetzt, da sie gerne berühmte Leute um sich sah. Alfonso ernannte Ariost im April 1518 zu seinem *Cameriere* und Familiaris mit einem Einkommen von monatlich 25 Lire, dazu freien Unterhalt für drei Diener und zwei Pferde. Armselig war Ariost also nicht gestellt. Im Alter von 59 Jahren starb Ludovico Ariosto am 6. Juli 1533 in Ferrara.

Sein berühmtestes Werk ist der »Orlando furioso«, ein gewaltiges Versepos aus 46 Gesängen, das einen nachhaltigen Einfluss über Jahrhunderte ausübte. Ariost arbeitete an seinem Hauptwerk von 1505 bis 1532 und gab es erstmals 1516 heraus. Der Dichter will die ritterliche Welt in ihrer Fülle und Schönheit darstellen, die Gefühle schildern, die diese farbige Welt beherrschen. Zugleich verherrlicht er das Haus Este in höchsten Tönen, ein wahrer Hofpoet von höchstem literarischen Rang, welch ein Ruhmesblatt für Ferrara.

Natürlich hat die schöne Herzogin den Orlando sorgfältig gelesen, nicht nur die Stellen, in denen sie rühmend erwähnt wird, sondern sie hat auch aufgehorcht, wenn der Dichter in immer neuen Wendungen ihr großes Thema schildert, wenn er schreibt von Orlando, »der zum Narren ward durch Liebesplagen« oder »Denn nichts als Wahnsinn sind der Liebe Gluten« oder »Die Lieb ist wie ein großes Waldgehege; wer es betritt, verirrt sich immerdar.« Mit Ariost selbst war sie nicht durch der Liebe Gluten verbunden.

Der Dichter feierte die Herzogin einige Male, namentlich in einer Stanze, es ist die dreiundachtzigste im zweiundvierzigsten Gesang des Orlando Furioso, wo er im Ehrentempel der Frauen das Bild Lucrezias aufgestellt hat. Die Inschrift unter ihrem Bilde sagt, dass ihr Vaterland Rom sie um ihrer Schönheit und Sittsamkeit willen der antiken Lucrezia vorziehen müsse.

»Lucrezia Borgia lässt in Ehren ragen
Die erste Inschrift, die sein Blick erfasst,
Vor deren Reiz und Zucht in ihren Tagen
Der Stern der alten Römerin erblasst.«[55]

Zehntes Kapitel

Lucrezia in einem Kulturzentrum ersten Ranges

»Der Triumph der Venus«. Aus dem Freskenzyklus im Palazzo Schifanoia zu Ferrara

Lucrezia war in Rom, was Kunst und Kultur betraf, gewiss verwöhnt. Ihr Blick fiel auf großartige Kunstwerke, machtvolle Basiliken und aufwändige Kardinalspaläste. Sie war fast zu Hause in der farbenprächtigen Papstwohnung, geschmückt mit einem tiefgründigen Freskenzyklus, sie konnte die Sixtinische Kapelle besuchen, deren Seitenwände mit Fresken gestaltet waren z. B. von dem berühmten Perugino. Sie war sicher sehr beeindruckt, als 1501 ein sensationelles Werk Aufstellung fand, die Pietà von Michelangelo, und vermutlich hatte sie Gelegenheit, mit dem Künstler zu sprechen. Leonardo da Vinci stand einige Zeit im Dienste von Cesare Borgia, sein Talent allerdings zeigte das Universalgenie hier bevorzugt im Kriegshandwerk, als Festungs- und Kanalbaumeister. Lucrezia hat sicher von ihm gehört, vielleicht ist er auch durch Ferrara gekommen, schade, dass er kein Bildnis Lucrezias gemalt hat.

Mit diesen römischen Eindrücken kam sie nun keineswegs in kulturelles Niemandsland, vielmehr war Ferrara selber ein kulturelles Zentrum ersten Ranges.

Und es war eine Stadt der Wissenschaft mit einer schon damals berühmten Universität. Ende des 14. Jahrhunderts gegründet, wetteiferte sie mit Padua und Bologna und war bekannt als Hochburg der Naturwissenschaften; berühmte Mathematiker und Mediziner lehrten hier ebenso wie gefeierte Humanisten. Die Universität prägte auch das Bild der Stadt, Studenten wie Professoren kamen aus anderen Ländern, gaben der Stadt ein gewisses internationales Flair. Paracelsus und Kopernikus gaben sich die Ehre. Von letzterem kündet eine Gedenktafel am Domplatz, die besagt, dass Niccolò Copernico am 31. Mai 1503 in diesem Palast wohnte.

Celio Calcagnini (1479–1541), gehört zu den großen Genies der Renaissance, als Jurist und Astronom war er in ganz Europa berühmt. Er wuchs in Ferrara auf, begleitete Ippolito d'Este nach Ungarn, lehrte Mathematik und Astronomie in Ferrara. Nicolo Leoniceno, Professor an der Universität, zählte zu den Vertretern einer neuen philosophischen Richtung und trat ein für die Erforschung der Natur.

Zu den Aufgaben einer Herzogin gehörte es auch, hochrangige Gäste um sich zu scharen, die dem Herzogshof soviel Glanz wie irgend möglich verleihen sollten. Zu diesen prominenten Gästen zählte auch Erasmus von Rotterdam. Der berühmte Humanist kam von Venedig und machte im Jahr 1508 Station in Ferrara. Stadt und Universität waren sich der Ehre dieses Besuchs wohl bewusst und baten den Gelehrten, vor einem auserlesenen Kreis zu sprechen. Lucrezia nahm persönlich an den Vorträgen und Begegnungen teil und wollte Erasmus gerne in Ferrara halten, aber er entschied sich für Siena als sicheren Aufenthalt, wie wenn er die kommenden Turbulenzen geahnt hätte.

Die Herzogin saß natürlich nicht im Hörsaal der Universität, der für Frauen sowieso tabu war, aber sie hatte Kontakt zu Professoren und wurde mit manchen neuen Ideen konfrontiert. Zu einer schönen Frau gehörte damals zwangsläufig auch Bildung, eine einfältige Schönheit war nicht gefragt. Die Verbindung von Schönheit und Philosophie war ein wichtiges Thema der Renaissance. »Kinder, Küche, Kirche« war beileibe nicht der Lebensinhalt einer Herzogin, die genügend Freiräume und vor allem Zeit besaß, sich kulturell zu betätigen. Ein führender Philosoph sei hier erwähnt, der in Ferrara sehr bekannt war. Wir sprechen von Giovanni Pico della Mirandola (1463–1494).

Den großen Pico della Mirandola hat Lucrezia nicht mehr erlebt, aber über seinen Neffen von seinen Ideen erfahren. Giovanni Pico, in der emilianischen Stadt Mirandola als Spross der dort regierenden kleinen Dynastie der Pico geboren, war Fürst und Philosoph in einem. Er war sehr vielseitig interessiert, las Aristoteles, Plato und hebräische Philosophen, beschäftigte sich mit der geheimnisvollen jüdischen Tradition der Kabbala. Das bedeutet eigentlich Vermächtnis oder Überlieferung und ist eine jüdische Geheimlehre, in der sich die mystische Tradition des Judentums verkörpert. Picos berühmtester Text ist seine Rede über die »dignitas hominis«; es sollte die Eröffnungsrede eines von ihm in Rom geplanten Weltkongresses der Philosophen sein, der aber nie stattfinden durfte. Picos kühne Thesen waren für ihren Urheber nicht ungefährlich. Unter Innozenz VIII. wurde der Philosoph exkommuniziert, und es wurde ein Inquisitionsverfahren gegen ihn angestrengt. Sein Glück war die neue Papstwahl; Alexander VI. war kein religiöser Eiferer, er ließ das Verfahren gegen Pico niederschlagen, vielleicht haben ihm auch ein paar Thesen gefallen. Der Philosoph hatte unter ihm nichts mehr zu befürchten.

Sein Neffe Alberto Pio, Graf von Carpi, war – wie sein Onkel Giovanni Pico – Territorialherr eines kleinen Fürstentums, das bald von den Este geschluckt werden sollte. Auch Alberto war ein angesehener Humanist, den Lucrezia als Erzieher für ihren Halbbruder Giovanni engagierte. Es ist erstaunlich, dass sie einen Lehrer aussuchte, dessen Thesen, vermutlich geprägt von den kühnen Denkkonzepten seines Onkels, ihr recht ketzerisch vorkommen mussten.

Giovanni Pico, ein Vertreter des Neuplatonismus, verkörpert im Grunde die reine Lehre der Humanisten. Nach ihm soll das religiöse Gefühl ein naturhaftes sein, also allgemein menschlich und nicht mehr spezifisch christlich. Griechentum, Christentum und Judentum sollen geeint und verschmolzen werden. Ziel ist eine Art Weltreligion. Im Grunde kommt das schon der Botschaft Lessings im »Nathan« nahe: »Jud, Christ und Muselmann vereinigt?« In seiner Rede »Über die Würde des Menschen«, entwickelt Pico ein neues Menschenbild, worin er die Fähigkeit zu unbegrenzter Veränderung betont, immer Neues soll der Mensch schaffen und dabei sich verwirklichen. Das unentwegte Streben soll dem Unendlichen gelten. Dem großen Philosophen über das Menschliche war selber nur ein kurzes Leben gegönnt; am 17. November 1494 stirbt Pico im Alter von 31 Jahren. Wurde er vergiftet von seinem Sekretär, der Picos Nähe zu Savonarola verabscheute? Im Juli 2007 taucht der Philosoph der Renaissance unvermittelt in den Zeitungen auf.[56] Ein kurzer Bericht besagt, dass Picos Leichnam im Florentiner San Marco-Kloster exhumiert wurde und nun auf Giftspuren untersucht wird. Das Ergebnis liegt noch nicht vor. Gift oder nicht Gift, das lässt sich bald mit Sicherheit beantworten, der Giftmischer, wenn es ihn gab, jedoch bleibt wohl für immer im Dunkeln.

Was sonst noch an philosophischen Ideen nach Ferrara drang – etwa die bahnbrechenden Ideen eines Pietro Pomponazzi (1462–1525), kann hier natürlich nicht weiter verfolgt werden. Aber die geistige Aufbruchstimmung erfasste alle Kreise. Lucrezias Ehemann Alfonso reiste im

Jahr 1504 nach England, es ist fast sicher, dass er dort auch den damals schon berühmten Humanisten Thomas More kennen lernte und es ist auch nicht völlig abwegig, dass dessen 1516 erschienenes Werk »Utopia« rasch nach Ferrara gelangte, es war europaweit sehr schnell publik geworden.

Lucrezia und die Musik

Lucrezia kommt an einen renommierten Fürstenhof mit einer ausgeprägten Kunstförderung in vielen Bereichen und kann sich zunächst von allem, was da ist, begeistern lassen. Im Lauf der Jahre bringt sie sich selber ein, kann eigene Pläne verwirklichen und als Mäzenin von Rang diverse Projekte durchführen lassen. Beginnen wir mit der Musik.

Musik spielte am Hof von Herzog Ercole eine dominierende Rolle, seine Gemahlin Eleonora hatte aus Neapel eine reiche Musiktradition mitgebracht. Entsprechend erhielten die Fürstenkinder eine solide musikalische Grundausbildung, Isabella d'Este beispielsweise hatte Gesangsunterricht, spielte Clavicord, und konnte die Viola da gamba spielen. Ihr Bruder Alfonso lernte Geige und zeigte sich ebenfalls sehr aufgeschlossen für Musikalisches. Ferrara hatte sich schon früher durch seine reiche und blühende Musiktradition vor anderen Höfen ausgezeichnet. Schon Borso d'Este (1413–1471) beschäftigte dreizehn Musiker, die Feste, Feiern und Bankette zu verschönern hatten. Die Sänger unter Ercole hatten einen hervorragenden Ruf, Tenöre wurden aus Spanien und Frankreich angeworben, Viola- und Lautenspieler kamen aus Neapel. Seine Sänger konnten sich mit der päpstlichen Kapelle in Rom messen. Ferrara blieb über das ganze 16. Jahrhundert ein musikalisches Zentrum, das mit Luzzasco Luzzaschi und seinem Schüler Girolamo Frescobaldi in der Spätzeit der Este-Herrschaft noch eine letzte große Blüte erlebte.

Auch die Fürstinnen hatten mit Musik zu tun. Die Militärmusik und die geistliche Musik waren Sache des Fürsten, man unterschied zwischen der »cappella alta«, den Blasinstrumenten, mit Trompetern, Pfeifern und Posaunisten, und der »cappella bassa« mit den eher leisen und sanften Instrumenten, den Streichern. Der letztere Bereich innerhalb der Hofkapelle war die Domäne der Fürstinnen, in Ferrara wie in Mantua. Lucrezia beschäftigte in ihrem Hofstaat sechs Musiker, Sänger, Streicher, Lautenisten und einen Tanzmeister. Sie hatte also ein eigenes Musikensemble und konnte es einsetzen, wie es ihr beliebte.

Lucrezia und Isabella verfügten über einen ähnlichen Etat und sahen sich auch hier im Wettstreit. Weibliche Konkurrenz gab es um den berühmten Bartolomeo Tromboncino, der zuerst in Mantua tätig war, aber 1506 taucht er in den Rechnungsbüchern Lucrezias auf, die einfach besser bezahlte und nicht mit Honoraren geizen musste; und so konnte sie ihre Schwägerin ärgern, indem sie Isabella überbot und ihr die gesuchtesten Musiker ausspannte. Tromboncino bekam ein Spitzengehalt von 465 Lire im Jahr und verdiente damit dreimal mehr als der Tanzmeister Ricciardetto, obwohl auch der für die begeisterte Tänzerin Lucrezia wichtig war.

Im Jahre 1503 kam auch der berühmte Josquin Desprez nach Ferrara, der sich gegen ein hohes Gehalt bereitfand, die Leitung der Hofkapelle zu übernehmen und hier 1504 sein berühmtes »Miserere« komponierte. Wegen der drohenden Pest reiste er allerdings nach einem Jahr wieder ab.

Eine Musikgattung kam in dieser Zeit besonders in Mode, die Frottola, Strophenlieder, meist von einer Person gesungen und mit der Laute begleitet. Um 1502 war die Frottola eine der beliebtesten höfischen Gesangsformen, ein Beispiel für von Frauen geförderte und ausgeübte Musik. Die Ausbreitung der Frottola in Norditalien scheint gerade durch die Konkurrenzsituation der Höfe stimuliert worden zu sein.

Gern ließ sich Isabella d'Este bewegen, selber zur Laute zu greifen und Frottole zu singen, teilweise mit anspruchsvollen Texten. Von Lucrezia ist uns dagegen nicht berichtet, dass sie ein Instrument spielte oder Gesangsdarbietungen bot, ihr ureigenes Metier war der Tanz. Dafür wird sie auch ihre Musiker eingesetzt haben.

Den eigenen Hof zu einem kulturellem Zentrum zu machen, war eine wichtige Aufgabe und gelang sowohl in Ferrara wie in Mantua. In dieser Zeit begann auch ein florierender Handel mit Kunstwerken, es etablierte sich ein Markt, auf dem man sich bedienen konnte.

Kunstförderung war zuallererst Sache des Herzogs, gehörte zu den Herrscheraufgaben, war im Wesentlichen auch politisch motiviert, diente der Propaganda, der Repräsentation; dabei war keine klare Abgrenzung der Kompetenzen gegeben. Frau Herzogin hatte zunächst keine eigenen Vollmachten, aber es taten sich Spielräume auf, unterschiedlich, je nach Naturell und Situation. Mit Geschick und Verstand hat vor allem Isabella in Mantua leidenschaftlich Kunstförderung betrieben, sie ist in dieser Hinsicht ein Ausnahmefall. Lucrezia hatte eigenes Geld, über das sie verfügen konnte und damit auch ihre Freiräume. Sie musste nicht als Pionierin in einem Niemandsland der Kultur beginnen, sondern sie tauchte gleichsam ein in eine reichhaltige Kunstförderung, die seit vielen Jahren den Hof von Ferrara auszeichnete. Als sie erschien, hatten die Kunstschaffenden endlich wieder ein Objekt der Anbetung und Bewunderung.

Lucrezia war in den diversen Palästen nicht etwa von grauen Wänden umgeben, sondern leuchtend helle Bilder konnten sie erfreuen und aufheitern, von denen manche noch heute zu bewundern sind wie z. B. jene im Palazzo Schifanoia. Dieser Palast hat Lucrezia sicher gefallen. Schon der Name erzeugt Sympathie, »schivar la noia« heißt Langeweile vertreiben, also ein Anti-Langweiler-Palast. Hier soll Lebensfreude stattfinden, und wir können uns die jugendliche Herzogin vorstellen, wie sich ihre Gäste und sie selbst bei Festen und Banketten vergnügten. Aber auch das Feiern musste damals Stil haben, gefragt waren nicht wüste Orgien (dafür waren die Kneipen und Bordelle in der verruchten *Via delle Volte* zuständig), sondern gepflegte Feierlichkeit und dazu passend das richtige Ambiente wie eben in Schifanoia. Als Delizia wurde der Bau im Jahr 1385 begonnen, berühmt bis heute ist der Saal der Monate, »Salone dei mesi«, geschmückt mit einem hoch komplexen Freskenzyklus astrologischen und mythologischen Inhalts, der ab Mitte des 15. Jahrhunderts von Francesco del Cossa und Ercole dei Roberti geschaffen wurde, ein Meisterwerk der besonderen Klasse, und hier in diesem wunderbaren Saal konnte sich die Herzogin dem Tanz hingeben. Heute sind davon noch die Reste zu bewundern, sechs Monate sind halbwegs erhalten, wir sehen z. B. den Trionfo di Vulcano oder Trionfo di Mercurio. Herzog Borso ist im goldfarbenen Gewand als Herrscher mit dem Gefolge und seinem Hofnarren dargestellt.

Im 15. Jahrhundert waren nicht wenige Maler in Ferrara am Werk, z. B. Pisanello, der 1435 aus Rom nach Ferrara kam, oder der berühmte Cosmè Tura[57], der von 1452 an ein regelmäßiges Gehalt bezog und der vielseitig arbeitete, denn er malte nicht einfach nur Bilder, sondern gestaltete auch Möbel und entwarf Turniergewänder. Dieser Tura begründete die Ferraresische Malschule, er arbeitete in der Kapelle von Belriguardo und in Schifanoia, seine Portraits allerdings sind untergegangen. Unter Ercole I. gab es Arbeit und Brot für viele Künstler, bedingt durch einen regelrechten Bauboom. Die neu errichteten Paläste und Sommerresidenzen erbrachten auch den bildenden Künstlern eine Flut von Aufträgen.

Alfonso setzte die Linie seines Vaters fort. Es arbeiteten für ihn im Kastell und in den Schlössern von Belriguardo und Belfiore die besten Meister Ferraras: Dossi, Garofalo und Michele Costa. Er legte sogar ein Museum von Altertümern an. Einen Cupido Michelangelos konnte Lucrezia in ihrem Kabinett vorweisen.

Alfonso hat auch Tizian nach Ferrara gerufen, der insgesamt viermal hier weilte, zum ersten Mal vom 13. Februar bis Ende März 1516. Lucrezia empfing ihn mit besonderer Aufmerksamkeit und sorgte dafür, dass er genügend Kerzen erhielt. Der Meister und seine beiden Gehilfen wurden im Schloss untergebracht und reichlich verpflegt. Der Künstler hat das Bacchanal vollendet, ein von Bellini begonnenes Werk. Er malte noch die Landschaft im Hintergrund dazu, weitere Aufträge nahm er nicht an, sondern reiste schnell nach Venedig weiter, wo er sehnsüchtig erwartet wurde und in der Kirche S. Maria dei Frari die »Assunta« begann, die ihn weithin berühmt machte. Für Alfonsos Studio malte Tizian später das Venusfest, ein Bild, das die Spanier später aus Italien fortschleppten. Nicht verschwiegen sei auch, dass Tizian ein sehr schönes Bild schuf mit Laura Dianti, der Geliebten Alfonsos. So bleibt die Geliebte verewigt in einem viel bewunderten Kunstwerk, während die legitime Ehefrau selber nicht zu dieser Ehre gelangt. Auch Antonio Lombardo und Giovanni Bellini übernahmen Aufträge am Herzogshof.

In diesem Umfeld ist das Wirken Lucrezias zu sehen, die enge Beziehungen zu den Künstlern unterhielt.

»Von Lucrezia selbst sind nur noch wenige ihrer Auftragsarbeiten erhalten. Fünf Portraits, die in der Forschung als Bildnisse der Lucrezia gelten, werden Bartolomeo Veneto zugeschrieben, der zwischen 1493 und 1511 immer wieder in Ferrara tätig war. Interessant dabei ist, dass sich Lucrezia in einem Bildnis des Bartolomeo Veneto, das um 1505 bis 1508 entstanden ist, als die selige Beatrice von Este darstellen lässt. Dabei handelt es sich um eine Vorfahrin aus dem Geschlecht der Familie Este, die im 13. Jh. lebte und in ein benediktinisches Kloster eintrat.«[58]

Ludovico Mazzolini, gestorben 1528, war in Ferrara viel beschäftigt, er hat Lucrezias Räume im Kastell ausgestaltet und in der Schlosskapelle gemalt. Für ihre Gemächer im Castelvecchio ließ die Herzogin sechs Leinwände mit Themen aus dem Alten Testament erstellen, von Michele Costa, Benvenuto Tisi da Garofalo und anderen. Diese Schöpfungen sind allerdings verloren gegangen.

»Frà Bartolomeo gab sie ein Bildnis mit der Darstellung des Kopfes des Heilands in Auftrag, das sich heute in der Pinakothek von Ferrara befindet. Darüber hinaus gilt sie als Auftraggeberin für das Gemälde der Heiligen Lucrezia aus Mérida des Dosso Dossi, welches um 1514 entstanden ist.

Für Lucrezia entstand um 1505 auch die bekannte »Medaillie dell'Amorino bendato« von Gian Cristoforo Romano. Auf einer Seite ist das Portrait der Lucrezia Borgia dargestellt, auf der anderen befindet sich ein kleiner Amor, der mit verbundenen Augen an einen Baum festgebunden ist. Es steht als Sinnbild für die keusche und spirituelle Liebe.«[59]

Eine Reihe von Künstlern sind überliefert, die ganz speziell für die Herzogin gearbeitet haben, wie Mazzolino, Panetti, Garofalo, Pisano, Costa. Sie sind allerdings bald in Vergessenheit geraten. In letzter Zeit wurden die Archive noch einmal durchforstet und manches zur Kunstförderung wurde klarer mit Quellen belegt, meist Einträgen in Rechnungsbüchern. So erhielt Paolo da Brescia am 5. Januar 1506 vier Lire für ein Gemälde der »Duchessa« oder am 17. November 1506 empfing Mistro Bartolomeo da Venezia Bezahlung für die Ausmalung der Zimmer der Herzogin im Palast, und von ihm heißt es noch, dass er von 1506–1508 ausschließlich für die Herzogin arbeitete. Michele Costa wird »dipintore della Duchessa«[60], Maler der Herzogin genannt mit der Bemerkung, dass er im Castelvecchio arbeitete und vor allem das Oratorium ausmalte. Im Jahr 1506 werden ihre »appartamenti« neu gestaltet und dafür viele Künstler angeführt, die schon genannt wurden. Das von ihr gestiftete Kloster San Bernardino konnte auch nicht mit leeren Wänden auskommen, auch hier hat die Stifterin Künstler beauftragt. Ab 1514 fungierte Dosso Dossi als Hofmaler in Ferrara. Er betätigte sich auch als Dekorateur der höfischen Feste und Theateraufführungen, und dies in Kontakt mit der Herzogin. Lucrezia hat im Bereich der Kunst vielerlei Aufträge erteilt. Zahlreiche Bilder sind aber verloren gegangen oder wurden in alle Winde zerstreut, sodass man über das Mäzenatentum Lucrezias nur bruchstückhafte Ergebnisse findet.

Wenn man die Kunstförderung von Isabella und Lucrezia vergleicht, fällt ein Unterschied deutlich ins Auge. Isabella hat vor allem mythologische und allegorische Themen bevorzugt, während sich hingegen Lucrezia Borgia mit religiösen, christlichen Themen auseinandersetzte, was, wie man bemerken könnte, gut zu einer Papsttochter und zu ihrer klösterlichen Erziehung passt.

Wer heute in Sachen Kunst auf den Spuren Lucrezias wandeln möchte, tut sich schwer. Sie hat sich besonders um die Schlösser Belfiore und Belriguardo bemüht, wobei Belfiore wie viele andere »Delizien« der Este dem Erdboden gleichgemacht wurde. Mit der Vertreibung der Este aus Ferrara 1596 beginnt eine unvergleichliche Zerstörung von Kunstwerken und ein Ausverkauf vieler Werke ins Ausland. Mit der Einverleibung in den Kirchenstaat ging es mit Ferrara auch kulturell steil bergab, und am Ende blieb Bedeutungslosigkeit für lange Jahrhunderte.

Isabella d'Este – Mäzenin, Rivalin

Beim Thema Mäzenatentum ist es angebracht, einen Blick zu werfen auf die große weibliche Lichtgestalt, die wie keine andere Frau der Renaissance mit Kunstförderung identifiziert wird. Isabella d'Este fühlte sich schon durch ihre eheliche Abstammung von der Herzogsdynastie Ferraras der unehelichen Papsttochter weit überlegen. Ihre Erziehung am Fürstenhof war zudem ungleich vielseitiger als das, was der Borgiakardinal seiner Tochter bieten konnte. Isabella wuchs von Kindheit an in einem kulturell reich gestaltetem Umfeld auf, mit großer Sensibilität für Kunst und Musik. Später baute sie Mantua zu einem Musik- und Kunstzentrum aus, in dem sie selbst die zentrale Rolle spielte. Beide Frauen sind im Grunde nicht zu vergleichen. Während Lucrezia nur 39 Jahre lebte, brachte es Isabella auf 65 Jahre. Schon dadurch hatte sie ganz andere Möglichkeiten zur eigenen Lebensgestaltung und zur Verwirklichung ihrer Pläne.

Schon zu Lebzeiten umweht sie der Weihrauch von Lobeshymnen, unvergessen bis heute das Wort von der »prima donna del mondo« von Niccolò da Correggio, heute sieht man das nüchterner. Der renommierte Historiker Volker Reinhardt nennt sie »eine der legendären, was Kunstsinn und Stilsicherheit betrifft, freilich überschätzten Frauengestalten der Renaissance« [61] und ein anderes Urteil lautet: »Isabella genießt bis heute den größten Ruf als Prototyp der kulturell, gesellschaftlich und politisch emanzipierten und aktiven Renaissance-Frau schlechthin. Diese Idealisierung zur Muse großer Künstler steht in schroffem Gegensatz zur nüchternen Wirklichkeit.«[62]

Wer heute den Palazzo Ducale in Mantua besichtigt und in die Räume der Marchesa gelangt, reibt sich verwundert die Augen und bestaunt ihr Studiolo und die tiefer gelegene Grotta, Räume der Selbstverwirklichung einer Frau, die ihr eigenes Reich, ihr privates Refugium errichten ließ und mit Kunstschätzen vollstopfte, die ihresgleichen suchten. Ihr Ehrgeiz in dieser Richtung kannte keine Grenzen. Ihre umfangreiche Korrespondenz, von der über 2000 Briefe erhalten sind, vermittelt uns einen Einblick in ihr Leben. Auch mit Lucrezia entstand ein eifriger Briefwechsel, der aber höflich an der Oberfläche kratzt. Auf den ersten Blick könnte man zwar an zwei enge Freundinnen denken, die Stimmungslage dahinter jedoch verrät die kühle Distanz. Die Anrede ist jedes Mal nicht ohne Feierlichkeit wie z. B. in einem Brief Lucrezias vom 24. Dezember 1508, wenn es heißt:

»Illustrissima et Excellentissima signora Cognata et sorella honoranda« Lucrezia entschuldigt sich, dass sie auf den letzten Brief Isabellas nicht sofort geantwortet habe, weil sie vor Weihnachten sich ins Kloster zurückgezogen hat.

Gerne hat Isabella die Staatsgeschäfte in Mantua geführt und war froh über jede Abwesenheit ihres Ehemannes. Auf die diplomatische Bühne begab sich die Marchesa mit einer Reise nach Mailand, begleitet von besonders attraktiven Hofdamen, darunter einer besonders aufreizenden und raffinierten Verführerin, Brognina genannt, die einen Kardinal verführen sollte. In Mailand war zu alledem Karneval, wo Verführungskünste am leichtesten zum Erfolg führen. Auf politische Imagepflege verstand sich Isabella jedenfalls gut. Im Frühjahr 1513 war sie in Mailand und hatte durchschlagenden Erfolg bei Kaiser Maximilian und seiner Entourage. Brognina spielte ihren Part hervorragend, auch nüchterne Deutsche verfingen sich in ihren erotischen Netzen. Matthäus Lang, Erzbischof und später Kardinal, enger Ratgeber des Kaisers, drehte förmlich durch, von ihm hieß es: »er warf sich zu Boden, seiner Würde und seines Ranges vorübergehend uneingedenk und tauschte mit ihr so viele Zärtlichkeiten aus, wie es ihm gefiel.«[63]

Nach dem Tod ihres Mannes fühlte sich Isabella regelrecht erleichtert, die pflichtgemäßen Tränen waren schnell getrocknet und sie gedachte, ihre wahren Fähigkeiten zu entfalten, nämlich die Regierungsgeschäfte zu führen. Aber ihr Sohn verdarb ihr das Spiel, indem er sehr schnell die Macht an sich riss und die ehrgeizige Mutter ausbootete.

Die elegante Frau der Renaissance, tonangebend für die Mode in ganz Oberitalien war mehrere Jahre lang niemand anders als Isabella d'Este. Das berühmteste Bild Isabellas stammt von Tizian. Dargestellt ist sie als selbstbewusste, junge Frau, auf dem Kopf kunstvoll arrangiert ihr Turban mit Perlenschmuck. Als Tizian dieses Bild malte, war Isabella allerdings schon um die Sechzig, von einem echten Portrait kann also keine Rede sein. Während sich ihr Bild in der Nachwelt immer mehr verklärte, wurde Lucrezia dagegen zum Zerrbild einer entfesselten Romanliteratur.

Elftes Kapitel

Lucrezia und ihre Familie

Lucrezia und Alfonso, Das Herzogspaar mit seinen Söhnen

Eheleben in der Renaissance

Dass eine Heirat auf der Liebe und freien Entscheidung der künftigen Eheleute beruhen sollte, war auch in der Renaissance eine durchaus geläufige Leitvorstellung, doch sie wurde besonders in den Adelsfamilien allzu oft beiseitegeschoben, wenn es um Ehre, Macht und Geld ging. Lucrezia und Alfonso, ein Liebespaar, davon kann keine Rede sein; sie wurden faktisch zusammengezwungen, haben sich aber damit arrangiert und aneinander gewöhnt. Der Herzog war immer der Herr, auch in der Ehe und im Schlafgemach. Eine Frau hatte demgegenüber nur geringe Rechte, und einen zärtlichen, liebevollen, rücksichtsvollen Gemahl konnte sie selten finden. Attribute einer modernen Ehe passen hier nicht. Der Herzog kam, weil er eheliche Kinder brauchte, Empfängnisverhütung war im Ehebett kein Thema, auch Schonung für die Ehefrau nicht. Treue konnte eine Ehefrau nicht einfordern, auch Lucrezias Bruder Cesare hatte ständig sexuelle Kontakte mit vielen Frauen, als Kardinal wie als Ehemann.

Ihr Alfonso war in Sachen Frauen nicht gerade wählerisch.

»Schon bald nach der Hochzeit kehrte der Erbprinz zu den Gewohnheiten seines Liebeslebens zurück, das sich ihm in den derben Armen vollbusiger Schankmädchen eher erfüllte als im Ehebett. Den Tag der Liebe, die Nacht der dynastischen Pflicht – so hielt es Alfonso d'Este, und sein päpstlicher Schwiegervater, der mit großer Aufmerksamkeit alles verfolgte, was seine Tochter Lucrezia anging, zeigte sich sehr zufrieden mit dieser Einteilung. Die Nacht gehörte Lucrezia, urteilten Seine Heiligkeit beifällig und Alfonso tue sehr recht daran, am Tage anderswohin seinen Freuden nachzugehen, weil er jung sei.«[64]

Das ist eine entwaffnende päpstliche Meinung, zwar keine Lehrmeinung, aber der oberste Kirchenführer sieht das Thema Sexualität doch recht locker, eingedenk seines eigenen Lebenswandels. Der Herzog hatte jegliche sexuelle Freizügigkeit, er suchte seine amourösen Abenteuer, wo er wollte. Die junge Ehefrau, so ihr Vater, hatte sich anzupassen und die männlichen Gewohnheiten zu respektieren, gefragt war eine gefügige und empfängnisbereite Ehefrau ohne allzu viel eigene Wünsche. Von einer Gleichberechtigung also keine Spur. Zwar werden zu Lucrezias

Zeiten schöne Frauengestalten gemalt, und wer konnte sie besser in Szene setzen als ein Leonardo da Vinci oder Raffael. Auch wenn Tizian eine hinreißend erotische Venus malt, dann bedeutet das keine sexuelle Revolution für die gesamte Gesellschaft.

Wenn ihr Mann als Condottiere in fremden Diensten unterwegs war, konnte eine Herzogin aufatmen, es ergaben sich nicht nur Zeiten eigenständigen Lebens, sondern die Ruhe im Ehebett brachte auch erholsame Phasen, und diese Pausen genoss auch Lucrezia, aber ansonsten war sie mehr als geplagt mit Schwangerschaften. Drei Jahre hintereinander von 1514–1516 brachte sie jedes Jahr ein Kind zur Welt. Bei der hohen Kindersterblichkeit wollte ein Herzog kein Risiko eingehen und war bereit, für viele Kinder, möglichst Söhne zu sorgen. Die Kinder ins Erwachsenenleben zu bringen, war wieder Sache der Frau, die allerdings in der aristokratischen Gesellschaft diese Aufgabe großenteils an diverse Dienstkräfte – Ammen, Kinderfrauen, Duennas, Hofmeister – delegierte. Sechs Jahre Eheleben dauerte es bei Lucrezia, bis ein Sohn geboren wurde, der überlebte und den sie hütete wie einen Augapfel.

Lucrezias Briefe an ihren Gemahl lassen wenig Zärtlichkeit erkennen, meist enthalten sie trockene Mitteilungen über Vorgänge im Herzogtum, es sind Texte einer prosaischen Sachlichkeit wie eine Korrespondenz auf Regierungsebene, von Verliebtsein keine Spur. Auch ihr modischer Aufwand galt vermutlich nicht ihrem Ehemann Alfonso, der wenig Sinn dafür zeigte und der sich selbst mit einfacher Kleidung begnügte. Er war kein Charmeur, machte seiner Frau vermutlich kaum Komplimente, das gemeinsame, festliche Auftreten des Herzogspaares war vor allem für Gäste gedacht. Das Herzogspaar hatte keinen gemeinsamen Haushalt, was der besonders in Italien verbreiteten Trennung der Lebensbereiche von Männern und Frauen entsprach. Getrennte Schlafzimmer, heutzutage die Vorboten der baldigen Scheidung, waren damals in den höheren Kreisen normaler Standard. Lucrezia besitzt, wie es einer Fürstin von Rang geziemt, eine eigene Hofhaltung, deshalb erregt die Notiz Aufmerksamkeit, dass ab 1508 der Hof mit Staunen registriert, dass der Herzog jetzt nicht nur alle seine Nächte bei ihr verbringt, sondern auch jeden Abend bei ihr zum Abendessen anwesend ist.

Schon bald nach den Hochzeitsfeierlichkeiten fühlte sich die junge Ehefrau des Erbprinzen schwanger, und der alte Herzog mochte denken, dass er in dieser Hinsicht mit der Papsttochter keinen Reinfall erleben würde. Schließlich hatte sie schon einmal einen Sohn zur Welt gebracht. Das ließ hoffen. Umso größer war die Enttäuschung, als in der Nacht vom 5. auf den 6. September eine Frühgeburt erfolgte und ein nicht lebensfähiges Mädchen geboren wurde. Mit ihren 22 Jahren war das gewiss kein Grund zur Panik, aber unbestreitbar lastete ein enormer Druck auf den Frauen der Fürstenhäuser, Söhne zur Welt zu bringen. Denn diese waren für den Bestand der Dynastie unerlässlich, ihre Geburt die Hauptaufgabe einer Herzogin.

Im Sommer 1505 war Lucrezia nach Reggio gereist und bereitet sich hier auf eine neue Geburt vor in der großen Hoffnung, dass sie dieses Mal glücklicher verliefe. Und zunächst ist es auch ein freudiges Ereignis, ein Sohn wird geboren und zwar am 19. September 1505, die Mutter wünscht sich den Namen Alessandro, den Papstnamen ihres Vaters, aber nach 25 Tagen ist das Leben dieses hoch gefeierten Kindes schon zu Ende, und wieder beginnt die Zeit des Wartens.

Im Herbst 1507 spricht sich in Ferrara herum, dass die Herzogin erneut schwanger ist. Lucrezia gibt sich hoch erfreut und beginnt bereits mit den Vorbereitungen. Als am 2. April 1508 sich die ersten Wehen bemerkbar machen, reist ihr Ehemann unvermittelt nach Venedig ab und begründet dies damit, dass er nicht wieder Zeuge einer Fehlgeburt werden wolle. Aber dieses Mal ist alles anders, ein gesunder und kräftiger Knabe kommt am 4. April auf die Welt. Nach seinem Großvater erhält er den Namen Ercole. Auf die Nachricht von der Geburt seines Sohnes kehrt der Herzog sofort nach Ferrara zurück. Was er Lobendes zur überglücklichen Mutter sagte und ob er etwas sagte, ist nicht überliefert. Der Vater findet seinen Sohn nicht gerade schön, weil dieser erkennbar eine kleine platte Nase hat, aber er zeigt das nackte Kind stolz den Gesandten, als sie zum Glückwunsch in den Palast kommen.

Wie wenn ein Bann gebrochen ist, geht es jetzt Schlag auf Schlag. Am 25. August 1509 wird wieder ein Sohn geboren, der gesund und robust erscheint und den Namen Ippolito erhält. Mit einem tiefen Aufatmen schaut die zufriedene Mutter in die Wiege, die aus vergoldetem Holz in Venedig gefertigt wurde mit Vorhängen aus weißer Seide.

Im April 1514 kommt wieder ein Sohn zur Welt, noch einmal und wie getrieben von Trotz und Eigensinn gibt man ihm den Taufnamen Alessandro; von Anfang an ist dieser Sohn krank, behaftet mit einem übergroßen Kopf, vermutlich einem Wasserkopf, rachitisch und von einer seltsamen Krankheit befallen, die ihm die Haut wund scheuert. Nach zwei Jahren fand sein trostloses Leben ein Ende, der kleine Alessandro »fu rapito dagli angeli«, wie die Italiener sagen, die Engel nahmen ihn mit.

Mitten im Sommer, am 3. Juli 1515 wurde Eleonora geboren, ein Kind von einer sehr liebenswürdigen Lebensart und einem sanften Wesen, das der Mutter die Schmerzen und das Leid des sterbenden Sohnes überwinden half. Von Kindheit an war diese Tochter sehr religiös und für fromme Übungen aufgeschlossen, sodass es nur konsequent war, dass sie den Schleier nahm, der Welt den Rücken kehrte und in das Kloster Corpus Domini eintrat. Dieses Leben hinter Klostermauern war ihr eigener Wille und nicht nur eine Sache der Versorgung wie bei den meisten ihrer Mitschwestern, die von ihren Eltern frühzeitig ins Kloster gesteckt wurden, wo sie nicht mehr entweichen konnten. Eleonora wurde Äbtissin und starb, von ihren Schwestern verehrt und geachtet, im Ruf eines heiligmäßigen Lebens.

Am Allerheiligentag 1516 wurde ein Junge geboren, ein auffallend schönes Kind, das Francesco genannt wird, wohl auch in Erinnerung an Francesco Gonzaga.

Bei ihrer letzten Geburt am 21. Juni 1519 schenkte Lucrezia einem Mädchen das Leben, das auf den Namen Isabella Maria getauft wird und das am 5. März 1521 starb, wie der Chronist Zerbinati berichtet.

Kindererziehung

Zunächst ging hier alles seinen gewohnten Gang. Nach der Geburt werden die Kinder jeweils einer Amme übergeben, darüber berichten die Chronisten nichts Näheres. Umgang mit Säuglingen ist nicht Sache einer

Herzogin. Im Kleinkindalter liegt dann aber die Erziehung in den Händen der Mutter, die dafür auch genügend Personal hat.

Bei der Berufswahl der Fürstenkinder gibt es nicht viel zu überlegen, dafür hat sich ein klares Traditionsmuster herausgebildet. Der Erstgeborene erhält als der Erbe den Herzogsthron, der Zweitgeborene sieht sich automatisch in einer kirchlichen Laufbahn, wobei auch hier gleichsam Bischofsstühle in einer Familie vererbt werden, so gibt Ippolito I. das Erzbistum Mailand an seinen Neffen ab. Eignungsfragen spielen bei all dem keine Rolle. Schwierig ist die Lage der nachgeborenen Söhne, sie bilden zunächst die Reserve, sollte dem »Thronfolger« frühzeitig etwas zustoßen, ansonsten müssen sie sich mit einer bescheidenen Grafschaft oder sonstigen Apanage begnügen, eine latente Gefahr für den Herrscher sind sie allemal. Das Eltern-Kind-Verhältnis war von Autorität und Gehorsam bestimmt, die unbegrenzte Verfügungsgewalt der Eltern über die jüngere Generation wurde nie in Frage gestellt. Der älteste Sohn nahm innerhalb der Gruppe der Geschwister eine Sonderstellung ein, die Geburt bedeutet ein frühe, endgültige Festlegung.

Inspiriert vom antiken Menschenbild empfahlen die Pädagogen eine umfassende humanistische Bildung und den Erwerb angenehmer und weltläufiger Umgangsformen; damit seien junge Leute in die Lage versetzt, jeden Lebensweg zu beschreiten. Frauen blieben weitgehend ausgeschlossen, ihre Erziehung sollte im Haus stattfinden.

In vielen Städten richteten Humanisten Schulen ein, in denen junge Männer in Grammatik, Rhetorik, Geschichte, Philosophie und Literatur unterrichtet wurden. Pädagogik konnte in Ferrara auf eine lange Tradition zurückschauen; der frühe Humanist Guarino Guarini (1374–1460) hatte hier gewirkt und mit seinem »Studio Ferrarese«, entscheidende Grundlagen einer modernen Erziehung gelegt.

Besondere Sorgfalt galt der Erziehung des Erbprinzen. Im September 1515 erhielt Trissino einen Brief von Lucrezia, worin sie ihn um Rat fragte nach einem geeigneten Lehrer für ihren Sohn Ercole. Tatsächlich empfahl er ihr einen Spezialisten für Latein, einen gewissen Niccolò Lazzarino. Damals traktierte man die Kinder von klein auf mit Latein. Am liebsten wollte die Herzogin Trissino selber als Prinzenerzieher anstellen, sie nennt ihn in einem Brief »Amico Carissimo«, aber darauf ging er nicht ein.

Die Fortschritte bei der Erziehung ihres Sohnes kann Lucrezia bei einer Aufführung erleben. Der zehnjährige Ercole tritt öffentlich in Erscheinung; vor den Höflingen und seiner Mutter gibt er eine Probe seines Könnens, die vor allem in einer lateinischen Darbietung besteht. Jedenfalls kann er aus Vergil rezitieren und übersetzen, zudem diktiert er einen lateinischen Brief sehr zur Freude seines Lehrers Niccolò Lazzarino. Alle Aufgaben konnte er hervorragend bewältigen und Lucrezia nahm das zufrieden zur Kenntnis. Auch sonst bestand kein Anlass zur Sorge, Ercole war gesund und robust, konnte bereits mit Geschick reiten und entwickelte sich prächtig.

Mit den anderen Kindern musste die Mutter immer neu Ängste durchstehen, sie waren häufig kränklich und wirkten zart. Die kleinen Kinder waren der Mutter anvertraut, die auch viel Zeit mit ihnen verbrachte, wogegen diese ihren Vater selten zu Gesicht bekamen. Schon früh wurden die Kinder für repräsentative Anlässe wie kleine Erwachsene herausgeputzt, sie trugen Brokat mit Goldverzierungen, von früh an sollten sie schon äußerlich als Fürstenkinder auffallen. Vor dieser Kinderschar trat nicht selten der Hofzwerg Santino in Aktion, der für seinen sprühenden Geist weithin bekannt war und spannende und wunderbare Geschichten zu erzählen wusste, untermalt mit vielerlei Grimassen.

Die beiden ältesten Söhne wurden bald dem Hofmeister anvertraut und waren nicht mehr so häufig bei der Mutter anzutreffen; aber der freundliche Francesco und die angenehme Eleonore lebten in ihren Räumen. Eleonore trug schon als Dreijährige einen goldenen Ring und ein Haarnetz aus Goldfäden. Die Herzogin sieht ihre Kinder heranwachsen, aber eben nur die Anfänge, ihre eigene Lebenszeit reicht nicht aus, sie ins Erwachsenendasein zu begleiten. Francesco ist noch keine drei Jahre alt, als er seine Mutter verliert.

Die Lebenswege ihrer Söhne

Der Älteste, *Ercole II.*, folgte seinem Vater als Herzog am 31. Oktober 1534. Mit seiner Gemahlin Renata, einer Tochter des Königs Ludwig XII. von Frankreich, erlebte er zwar in der Sainte-Chapelle zu Paris eine äußerst ehrenvolle Hochzeitsfeier, aber ein ungleiches Paar waren sie doch. Renata wird als auffallend hässlich beschrieben, mit buckligen Schultern, während der Sohn von Lucrezia eine stattliche Erscheinung war, hochgewachsen und mit fülligem Haar. Es war eine reine politische Vernunftehe, das Herzogtum sollte unter dem Schutz des französischen Königs eine ungefährdete Zukunft erleben, aber diese Hoffnung trog. Da die junge Ehefrau eine überzeugte Calvinistin war, kamen bisher unbekannte Probleme an den ferraresischen Hof, der zum Sammel- und Fluchtpunkt religiös Verfolgter wurde. Nach dem Tod ihres Mannes im Jahr 1559 kehrte sie nach Frankreich zurück. Unter Ercole II. erlebte das Herzogtum politisch ruhige Zeiten und konnte sich wirtschaftlich und kulturell sehr positiv entwickeln.

Der zweite Sohn, *Ippolito,* wurde 1509 geboren, für ihn blieb wie üblich die kirchliche Karriere. Ein leuchtendes Vorbild sah er in seinem Onkel Ippolito, der als Kardinal jedenfalls äußerlich einen kleinen Jungen beeindrucken konnte. Die aufwändige Robe eines Kirchenfürsten und nicht zuletzt der mächtige rote Hut und die stattliche Begleitung waren auffallend genug. Die Mutter Lucrezia wird ihm vielleicht vom schönen Leben eines Kardinals erzählt haben, und als sie sah, wie er als Zehnjähriger die Tonsur erhielt und er in den geistlichen Stand aufgenommen wurde, sah sie ihn vermutlich die Karriereleiter nach oben schreiten, vielleicht bis zu dem Thron, an dessen Stufen sie selbst als Kind gesessen hatte. Doch das sind nur Vermutungen – wir wissen auch hier nur wenig über die Mutter-Sohn-Beziehung. Nach Lucrezias Tod im Jahr 1519 erhält er vor allem eine praktische Ausbildung als weltgewandter Hofmann, *cortegiano.* Er soll ein perfekter Reiter werden, auf die Jagd gehen, Tanzen wird ihm beigebracht. Mit sechzehn Jahren verlässt er seine Heimatstadt, um in Padua zu studieren.

Von 1536 bis 1539 lebte er am französischen Königshof, Freundschaft verband ihn mit König Franz I., der ihn sehr schätzte und ihm französische Pfründe verlieh. Es fehlte ihm nur noch der Kardinalshut, der allerdings auf sich warten ließ. Er selbst wollte schon 12 000 Dukaten zahlen, sein Bruder Ercole stellte 20 000 Dukaten in Aussicht, aber so leicht käuflich war der rote Hut zu dieser Zeit nicht mehr. Auf dem Papstthron saß Paul III., der seine Kardinalswürde überraschend und unverdient von

Ippolitos Großvater Alexander VI. erhalten hatte. Er hätte allen Grund gehabt, Dankbarkeit zu zeigen und dem Papstenkel den begehrten Purpur zu verleihen, zumal er keinerlei Hemmungen zeigte, zwei seiner Enkel zu Kardinälen zu ernennen. Die Sache zog sich hin, schließlich wurde Ippolitos Ernennung in Aussicht gestellt, dann in einem geheimen Konsistorium erklärt, und endlich am 5. März 1539 wurde die Erhebung in den Kardinalsrang veröffentlicht, Ippolito war am Ziel, das er allerdings nur als vorläufig ansah. Im August 1539 kehrte er in einer festlichen Prozession nach Ferrara zurück, um sich anschließend gebührend feiern zu lassen. Seine Mutter wäre begeistert gewesen und sein Großvater hätte die Kanonen der Engelsburg abfeuern lassen.

Bei einem Borgiaenkel wundern wir uns nicht, dass er – Zölibat hin oder her – für Nachwuchs sorgte, überliefert ist eine Tochter Renata, die 1553 einen gewissen Lodovico Pico heiratete, aber leider schon zwei Jahre später verstarb.

Nach dem Tod von Paul III. zog der 40-jährige Ippolito zum ersten Mal ins Konklave ein und stand auf der Seite der franzosenfreundlichen Papstwähler. Insgesamt war er sechsmal im Konklave, und mit jedem Mal wuchs seine Hoffnung, den roten Hut mit der Tiara des Papstes zu tauschen. Einige Male gehörte er ohne Zweifel zu den »papabili«, aber immer ging er leer aus. Die Kirche begann sich zu wandeln und Kardinäle wie Ippolito passten nicht mehr in die neue Zeit. Einmal setzte Ippolito auf den richtigen Mann, machte Stimmung für die Wahl von Julius III., der sich sofort dankbar zeigte und Ippolito zum Gouverneur von Tivoli ernannte. Und dieser wusste in der pittoresk gelegenen Bergstadt Tivoli, seit antiken Tagen eine bevorzugte Sommerfrische reicher Römer, etwas zu gestalten, das bis heute Bestand hat und jährlich Tausende von Menschen in Erstaunen und Bewunderung versetzt.

Als im Jahr 2001 die UNESCO die *Villa d' Este in Tivoli* in die Liste des Weltkulturerbes aufnahm, ehrte sie damit einen Mann, der vor ungefähr 450 Jahren, genau am 9. September 1550, unter dem Jubel der Bevölkerung in Tivoli einzog, es war Ippolito d'Este, der Sohn der Lucrezia Borgia. Fast wie ein Papst, ein Beinahe-Papst, so schreiben die Chronisten, kam er nach Tivoli, mit der festen Absicht, hier eine »Wunderkammer der Gartenarchitektur« erbauen zu lassen. Der Kardinal hatte den Kunstsinn der Este geerbt und die Durchsetzungskraft der Borgia. Kein Besucher kann sich der Verzauberung dieses Palastes mit seinen Parkanlagen und Brunnen entziehen, die Villa d'Este in Tivoli ist voll von Geheimnissen, voll von Mythologien, die wir heute kaum mehr begreifen. Wir erhalten einen Einblick in die geistige Welt des Lucreziasohnes, mythische Gestalten der Antike bevölkern die Anlage.

Am 2. Dezember 1572 verstarb Ippolito und wurde seinem letzten Wunsch gemäß neben seiner Villa in der Kirche S. Maria Maggiore beigesetzt, wo er unter einer schlichten Marmorplatte vor dem Hauptaltar seine letzte Ruhe gefunden hat. Er brauchte kein prächtiges Grabmonument, die Villa d'Este hält die Erinnerung an ihn wach, hier liegt Lucrezias Sohn, hätte man schreiben können.

Francesco, der dritte Sohn und spätere Marchese von Massa Lombarda, war noch keine drei Jahre alt, als seine Mutter starb. Für die wichtigsten Posten waren seine beiden älteren Brüder vorgesehen, Ercole wird Herzog, Ippolito Kirchenfürst, was blieb für ihn, eigentlich nur die Laufbahn eines Condottiere, und auf diesen Weg wird er sich begeben. Als Jugendlicher lebt er zeitweise am Hof des französischen Königs, des großen Verbündeten der Estensen. Nach dem Tod seines Vaters erhält er einige Besitzungen, darunter auch den Palazzo Schifanoia.

Im Jahr 1536, also mit 20 Jahren, erhielt er das Kommando über eine Kavallerietruppe, schlug sich aber auf die Seite von Karl V. Er zog mit dem Kaiser nach Spanien, war in Nizza anwesend bei der Versöhnung Karls mit dem französischen König, begleitete den Kaiser auf seinem Feldzug nach Algier und übte diplomatische Missionen aus.Der dritte Sohn einer Familie muss selber Profil gewinnen und sich auf dem »Arbeitsmarkt für Adlige«, behaupten. Dies ist ihm ohne Zweifel gelungen. Im Jahr 1578 beendet der »brillante capitano« sein Leben.

Neben diesen drei Söhnen, die sie mit Herzog Alfonso d'Este hatte, gab es auch noch – wir erinnern uns – einen Sohn Lucrezias aus ihrer zweiten Ehe mit Alfons von Aragón, *Rodrigo,* der den Titel eines Herzogs von Bisceglie führte und fern von der Mutter seine Kindheit verbrachte. Am 7. September 1512 trifft eine Todesnachricht in Ferrara ein, Rodrigo ist im August gestorben, im Alter von 13 Jahren. Es war Lucrezia nicht mehr vergönnt, ihren ersten Sohn zu sehen. Sie hatte ihn nicht mit nach

Ferrara nehmen dürfen, man wollte keine Konkurrenz zu den späteren Herzogskindern, deshalb lebte er in Bari in der Obhut der Verwandten Isabella von Aragón. Das Herzogtum Bisceglie seines Vaters wurde ihm vom spanischen König bestätigt, »duchetto« nannte Lucrezia ihren Sohn, sparte nicht mit Geschenken an ihn, anfangs Spielzeug, später Bücher. Von Ferrara aus hielt sie Verbindung zu ihm und hat sich fürsorglich um ihn gekümmert. Sie ernannte jeweils Verwalter für das Herzogtum Bisceglie, aus ihren Rechnungsbüchern ist ersichtlich, welchen Aufwand sie für das Personal betrieb. Die Todesnachricht trifft Lucrezia in einer schwierigen Zeit, für ihren abwesenden Ehemann führt sie gerade die Regentschaft. Die Mutter ist zutiefst erschüttert und zieht sich in das Kloster S. Bernardino zurück, um Raum für die persönliche Trauer zu haben und mit ihrem Schmerz zu leben, »in Tränen und Bitternis gehüllt«, wie sie in einem Brief schreibt.

Die Borgia-Kinder in Ferrara

Bastardkinder waren am Hof von Ferrara beinahe eine Selbstverständlichkeit. Deshalb gab es kein besonderes Erstaunen, als eines Tages, und es war wohl Frühjahr 1505, vier Borgia-Kinder auftauchten, für die Lucrezia die Sorge und Verantwortung übernahm. Die seltsame Kinderschar ist ein Bild für romantische Geschichten, und sie haben berühmte Väter. Da sind einmal Camilla und Girolamo, beide natürliche Kinder Cesares, der ja immer von Frauen umschwärmt wurde.

Und auch die jüngsten Papstkinder, Rodrigo mit drei Jahren und Giovanni mit sieben Jahren, die letzten Söhne Alexanders, heimatlos und ohne Fürsorge, finden Zuflucht bei ihrer Halbschwester Lucrezia. Giovanni wird auch »Infans Romanus« genannt, womit seine rätselhafte Herkunft mehr verschleiert als beschrieben wird. Wenn sie diese beiden ansah, konnte sie nicht verstehen, was sich ihr Vater eigentlich gedacht haben mochte, dass er in so hohem Alter noch Kinder in die Welt setzte. Es war naiv zu glauben, sie würden nicht schutzlos den Nachfolgern ausgeliefert. Alexander hat seine beiden Söhne zwar zu Herzögen ernannt, aber mit seinem Tod erwies sich das als Makulatur und bloßes Wunschdenken. Der Papst ist tot, seine Aktien sind wertlos, seine Kinder brauchen Halt und Erziehung. Diese übernimmt Lucrezia tatkräftig. Sie sorgt für Sauberkeit und Ordnung, verlangt häufiges Waschen und Kleiderwechsel, Schlampigkeit geht bei ihr nicht durch. Und humanistische Bildung sollen sie erhalten. Giovanni wird einem angesehenen Lehrer, dem Humanisten Graf Alberto Pio von Carpi, zur Erziehung übergeben. Dazu erhält er einen kleinen Hofstaat, zu dem auch der jüngere Rodrigo gehört, der von seiner Amme begleitet wird. Von den Müttern ist nicht die Rede, schlichtweg »unbekannt« werden sie in den päpstlichen Dokumenten genannt.

Rodrigo sollte Kleriker werden, lebte ab 1515 in Rom und starb als Abt eines Klosters in Süditalien, während Giovanni durch prächtiges Auftreten auffiel, vor allem aber durch Schlägereien und Streitsucht. Alfonso nahm ihn sogar 1518 mit nach Frankreich, dort sollte er einen guten Eindruck hinterlassen, was ihm nicht gelang. An diesem Giovanni prallten alle Erziehungskünste der Herzogin ab. Schließlich ging er dorthin, woher er kam, nach Rom an die Kurie, erhielt einige Ämter und konnte als wohlhabender Mann leben. Der einstige Taugenichts hinterließ bei seinem Tod 1547 ein nicht geringes Vermögen.

Enkelkinder

Von ihrem Sohn Ercole II. hatte Lucrezia sieben Enkelkinder: die ehelichen Alfonso II. d'Este, Anna d'Este, Eleonora d'Este, Lucrezia d'Este und Luigi d'Este, dazu zwei uneheliche, nämlich Lucrezia und Cesare Borgia und von Francesco die uneheliche Tochter Marfisa. Mit Ippolitos Tochter Renata ist uns eine weitere Enkelin überliefert, eine Kardinalstochter also, was mit der Großmutter begonnen hat, setzt sich hier fort. Das Herzogtum hatte Ruhe von außen, aber im Innern sorgte die Generation Enkel für manche Turbulenzen.

Lucrezias Sohn Ercole II. vergnügte sich gemäß der estensischen Tradition mit vielerlei Liebschaften, zwei uneheliche Kinder sind bekannt und anerkannt worden, ihr Vater gab ihnen die seltsamen Namen Cesare Borgia und Lucrezia Borgia. Den Geburtsnamen seiner Mutter wählte er wohl, um keine Konkurrenz zu den ehelichen estensischen Kindern entstehen zu lassen. *Lucrezia,* die in das Kloster von S. Agostino in Ferrara eintrat, dessen Nonnen in wirklicher Armut lebten, wurde später seliggesprochen. Dass also auch eine Enkelin, eine heiligmäßige Lucrezia Borgia lebte, ist in der Geschichte nie beachtet worden, von den Gebeten dieser Lucrezia galten sicher manche auch ihrer verstorbenen Großmutter.

Der Name einer Lucrezia-Enkelin ist bis heute in Ferrara unvergessen, *Marfisa d'Este,* die Bewohnerin der »Palazzina di Marfisa«. Lucrezias Sohn Francesco ließ diesen kleinen und stilvollen Palast, eine estensische Delizia im Miniaturformat, erbauen und hinterließ ihn seiner unehelichen Tochter Marfisa, einer viel bewunderten Schönheit, die wie ihre Großmutter stolz auf ihre wallenden blonden Locken war. Marfisa weigerte sich beharrlich, nach der Zerschlagung der Este-Herrschaft durch den Papst Ferrara zu verlassen und blieb als einziges Familienmitglied zurück, nicht weit entfernt von der Grabstätte ihrer Großmutter Lucrezia. Und der Borgia-Mythos begann auch die Enkelin zu umgeben. Nach einer spät entstandenen Legende kamen zu Marfisa viele Liebhaber, die von ihr nach einer einzigen Liebesnacht mit List und Tücke getötet wurden. Und dieses Ritual aus Liebe, Leidenschaft und Tod wiederholt sich noch nach vielen Jahrhunderten. Jede Nacht verlässt – so berichtet die Sage – die Prinzessin in ihrer schnellen Kutsche ihren Palast; die Gespenster dreier Kutscher treiben die Pferde an, verfolgt von den klagenden Gerippen ihrer Liebhaber. Aber diese sinnen nicht auf Rache, sondern wollen ein letztes Mal einen Blick auf ihr wunderschönes Antlitz werfen. Die reizende und lebensfrohe Marfisa, ein Abbild ihrer berühmten Großmutter, soll im Alter sehr fromm geworden sein.

Der Zweitgeborene, *Luigi,* musste wieder in den geistlichen Stand, seine heftige Abwehr gegen dieses Traditionsmuster half ihm nichts. Sein Vater und der Onkel Ippolito baten den Widerspenstigen zu einem Treffen in eine einsame Villa und prügelten auf den armen Luigi so heftig ein, dass er fast ein Auge verlor und ein Leben lang gezeichnet war. Geschlagen und geschunden in den Klerikerstand, ein Leben lang wird sich Luigi zu rächen wissen, indem er als Mann von Welt lebte und das Klerikerdasein verabscheute. Er hat auch nie die Priesterweihe empfangen. Als er im Februar des Jahres 1561 am französischen Königshof lebte, ereilte den Vierundzwanzigjährigen die Nachricht von seiner Ernennung zum Kardinal, gerade in dem Augenblick, als er eine französische Prinzessin heiraten wollte. Wohl selten hat jemand mit so viel Abscheu den roten Hut angenommen und Flüche nach Rom geschickt, denn er wollte weder Mitra noch Purpur, sondern seine Freiheit.

Von seinem Onkel erbte er die Villa d'Este in Tivoli und wohl auch einen Hang zum Skurrilen. So ließ er schwarze Sklaven mit Turban und Pluderhosen bei seinen Festen auftreten, die diesen einen märchenhaften, orientalischen Zauber verleihen sollten. 1586 verstarb Luigi mit erst 38 Jahren in Tivoli, ein Enkel Lucrezias, der so recht in das Bild eines wahren Borgia passte.

Die Differenzen des Ehepaares Ercole und Renata wirkten sich auch auf die Kinder aus. *Alfonso,* der Erbprinz zog eigenmächtig, von seiner Mutter ermuntert, an den französischen Königshof, sein Vater geriet darüber so sehr in Zorn, dass er bald darauf verstarb. Alfonsos Verwandtschaft mit dem französischen Königshaus stieg ihm zu Kopf, es drängte ihn mit Macht zu absolutistischem Herrschaftsgebaren, er zog die Steuerschraube rücksichtslos an und lebte weit über seine Verhältnisse, sodass das reiche Herzogtum herunter gewirtschaftet wurde. Dennoch erlebte Ferrara unter seiner Herrschaft die letzte kulturelle Hochblüte, für die der Name Tasso steht. Dreimal war Alfonso II. verheiratet, ein Erbe wollte sich nicht einstellen. Er versäumte es, einen Nachfolger aus der Verwandtschaft aufzubauen und zu adoptieren. Cesare d'Este, ein Nachfahre Alfonsos I. und der Laura Diante, bot sich dafür an, aber der Papst lehnte ihn entschieden ab. Als Alfonso II. im Oktober 1597 ohne legitimen Erben verstarb, lag der Papst in Rom schon auf der Lauer, Ferrara dem Kirchenstaat einzuverleiben. Clemens VIII. schickte seinen Nepoten Pietro Aldobrandini mit 30 000 Soldaten ins Feld, und gegen diese Übermacht half keine Verteidigung. Cesare d'Este musste weichen und zog sich nach Modena und Reggio zurück, das vom Kaiser als verkleinertes Herzogtum anerkannt wurde.

Ein Bastard kann nicht erben, das war die Devise des Pontifex, aber im Grunde eine sehr heuchlerische Argumentation. Denn wenn es um die persönlichen Interessen der Päpste ging, sah die Sache schon anders aus: Beispielsweise war Giulio de Medici ein unehelicher Sohn und doch würdig genug für das Papstamt, das er als Clemens VII. ausgeübt hat. Oder zu denken ist an Paul III., der seinem Sohn Pierluigi Farnese das Herzogtum Parma und Piacenza überschrieb.

Mit dem Enkel Alfonso endete also die Herrschaft des Geschlechts der Este und damit auch der Borgia-Nachkommen in Ferrara. Der Heilige Stuhl, der nur an den Steuern interessiert war, unternahm nichts, die einst blühende Stadt weiter zu entwickeln, und Ferrara versank als Provinznest des Kirchenstaates in einen tiefen Dornröschenschlaf. Zwei Jahrhunderte später notierte Goethe bei seinem kurzen Besuch Ferraras spitz und melancholisch: »Zum erstenmal überfällt mich eine Art von Unlust in dieser großen und schönen, flachgelegenen, entvölkerten Stadt. Dieselben Straßen belebte sonst ein glänzender Hof, hier wohnte Ariost unzufrieden, Tasso unglücklich.«

Zwölftes Kapitel

Zwischen Hofleben und Kriegsgefahr – Lucrezia als Herzogin

Mörderisches Kampfgetümmel. Die Schlacht von Anghiari

Ein Tanz mit fatalen Folgen

Für eine Herzogin dieser Zeit war es wichtig, als Gastgeberin zu glänzen, sie sollte Eindruck machen, zum Ruhm ihres Hofes beitragen. Die Betreuung der Botschafter erforderte viel Aufwand, Diplomaten und hochrangige Gäste wollten unterhalten sein. Die Organisation von Bällen, Banketten und Theateraufführungen beanspruchte daher einen Teil der Zeit und Energie der Fürstin. Die spektakulären Feste Ferraras waren Legende; speziell der Karneval hatte einen hohen Stellenwert. Weithin berühmt waren die besonderen Masken, die zugleich einen wichtigen Handelsartikel darstellten und verschickt wurden, z. B. an den Bischof von Orvieto und den großen römischen Bankier Agostino Chigi. Die vergnügungssüchtige Hofgesellschaft erwartet jedes Jahr voll Sehnsucht diese Zeit, um endlich Abwechslung zu finden und die Langeweile vertreiben zu können. Liebend gern und häufig hat sich die Herzogin maskiert, und mit ihren Hofdamen mischt sie sich unters Volk, um in das allgemeine Karnevalstreiben einzutauchen. Musik und Tanz erfüllen die Stadt, und Gäste sind gerne gesehen. Auch der Markgraf von Mantua kommt öfter zu Besuch. 1507 lagert er mit seinen Truppen als Gonfaloniere der Kirche in der Nähe von Bologna, wo sich der Papst aufhält. Nebenbei hat der Markgraf mit Alfonso auch Strategisches zu besprechen, also wird ein Besuch in Ferrara vereinbart. Lucrezia ist sichtlich nervös, wenn Francesco unterwegs zu ihr ist. Sie sieht ihn ja nicht oft, aber sie denkt täglich an ihn, sie will ihm gefallen und imponieren. Tage vorher hält sie alle auf Trab, probiert Kleider und schaut in den Spiegel.

Am Abend kommt sie in den Tanzsaal, eindrucksvoll hergerichtet, und sie will tanzen, das ist ihre große Leidenschaft, ihr ureigenes Metier, ihr Tanzmeister übt immer wieder neue Tänze mit ihr ein. Vielleicht kannte sie auch das Tanzbüchlein der Margarete von Österreich, das um 1470 in Flandern entstanden ist; es enthält 59 verschiedene Tänze, davon Texte, Noten und Schrittbezeichnungen. Man kennt die »basse danze«, die ohne Sprünge und Hüpfer auskommen und nur Schritte und Drehungen vorsehen. Obwohl ihre Schwangerschaft nicht zu übersehen ist, tanzt die Herzogin an diesem Abend voll Ausdauer und fast ausschließlich mit ihrem Schwager, einem etwas hölzernen Tänzer. Sie selbst bewegt sich hingebungsvoll, geschmeidig und elegant. Keinem der Gäste entgeht, dass sie sich vor allem mit dem Schwager vergnügen will. Aber man sah darüber hinweg, denn schließlich war es ja positiv für die gutnachbarlichen Beziehungen.

Die Herzogin lässt keinen Tanz aus, tanzt stürmisch und ohne Maß, bis ihr schwindlig wird. Noch in derselben Nacht erleidet sie eine Fehlgeburt. Ihr Ehemann ist erzürnt und macht ihr schwere Vorwürfe. Noch immer kein Erbe, und die Herzogin setzt alles leichtfertig aufs Spiel! Eine Strafpredigt folgt, die ihr wohl zu Herzen ging. Über die Gründe der Fehlgeburt zerreißt man sich die Mäuler: Manche munkeln etwas von einem Fluch, der auf ihr liege, sie könne gar keinen lebensfähigen Sohn gebären. Vielleicht ist sie doch verhext, wird sich mancher in Ferrara gefragt haben, als sich von Jahr zu Jahr kein Erbe einstellt. Zum Glück ist sie bald wieder schwanger, und dieses Mal kommt endlich der Erbprinz zur Welt. Doch es ist nicht der Vater des Kindes, dem ihre Liebe gehört.

Fünf Tage nach der Geburt reist ihr Ehemann zu einem wichtigen Besuch nach Frankreich. Die Mutter im Wochenbett fühlt sich verlassen, ihr fehlt ein Mann fürs Gemüt. Strozzis Dichterseele wird aktiv, er schreibt eigenmächtig an den Markgrafen, die Herzogin erwarte ihn dringend, sie sei über sein Ausbleiben enttäuscht. In diesen verfänglichen Schreiben tragen alle Personen Decknamen, Lucrezia grüßt als Barbara, Francesco figuriert als Guido, Alfonso heißt Camillo und sich selbst nennt Strozzi »Zilio«; seine Briefe chiffriert er sorgfältig. Wer so schreibt, hat etwas zu verbergen. Lange wird der Herzog diesem Spiel nicht mehr tatenlos zuschauen.

Francesco und Lucrezia waren ahnungslos, als am 6. Juni 1508 ganz Ferrara von der Schreckensnachricht über Strozzis gewaltsamen Tod schockiert wurde. Die Herzogin vergaß schnell, wie es ihre Art war. Nach Strozzis Tod übernahm dessen Bruder Lorenzo die Botendienste. Er forderte den Markgrafen zu einem Treffen in Reggio auf; Lucrezia ist initiativ und will den Kontakt. Der Tod ihres ersten Liebesboten hätte beide stutzig und vorsichtig machen sollen, aber die schöne Herzogin wollte ihre Gefühle für Francesco gar nicht verbergen, sie will ihn und sucht ihn. Aber Francesco teilte ihr durch seinen Sekretär mit, dass er krank sei. Und sie, die Meisterin der Verführung, ließ sich etwas einfallen: Ihr Ehemann war auf Reisen, um ihm ihre Treue zu zeigen und Francesco zur Eifersucht herauszufordern, ließ sie in ihrem Vorzimmer Pietro Giorgio schlafen als Wächter ihrer Tugend, einen attraktiven jungen Mann. Ganz Ferrara lacht, weil sie mit einem Schlag zwei Männer in Verlegenheit bringt. Immer mehr lässt sich Lucrezia von ihrer leidenschaftlichen Verliebtheit mitreißen, vergisst jegliche Klugheit, schreibt ihrem Francesco sehnsuchtsvolle Briefe, und wenn sie seinen Namen hört, treten ihr die Tränen in die Augen. Der Marchese allerdings hüllt sich in Schweigen. Männer sind feige, eine wahre Liebe scheut keinen Skandal, Lucrezia geht jedes Risiko ein. Francesco vermeidet eine Begegnung, aber er schickt ihr köstliche Forellen vom Gardasee und Zitrusfrüchte, und im beiliegenden Brief schreibt er vom Falken und von seiner Falknerin. Sie überließ sich ihrer Abenteuerlust, für sie war das Ganze kein amüsanter Flirt, für sie war es Ernst, Leidenschaft, überquellendes Gefühl.

Junge Kardinäle an flambiertem Pfau – ein Galadiner nach allen Regeln der Kunst

Mit Hofbällen konnte man in Ferrara Staat machen. Zu Besuch aus Rom kamen im Karneval 1507 keine Kostverächter, sondern anspruchsvolle Gäste, nämlich Kardinäle, sieben an der Zahl, keine magenkranken Greise, sondern junge Kirchenfürsten wie Giovanni de' Medici, der später als einer der Nachfolger ihres Vaters sich Leo X. nennen wird. Unter den ihr noch von Rom her bekannten Kirchenfürsten blüht sie regelrecht auf, für einen Moment sieht sie sich wieder in der Ewigen Stadt und fühlt sich jung und unternehmungslustig. Als Herzogin verkörpert sie jetzt die perfekte Gastgeberin. Als sie in einem schwarzen Samtkleid, das besetzt ist mit kleinen Plättchen aus getriebenem Gold, den Festsaal betritt, zieht sie alle Blicke auf sich. Mit ihren blonden Haaren und einem Stirnband mit Diamanten ist sie die perfekte Erscheinung, und sie genießt das. Mit Geschmeide zu geizen, ist ihre Sache nicht, überall funkeln Juwelen, in ihrem offenen Haar, um den Hals und an den Handgelenken, und so bildet sie, behängt mit Diamanten und Rubinen, den glitzernden Mittelpunkt des Festes.

Dieser Abend mit den jungen Kardinälen, die von Ippolito d'Este eingeladen wurden, ist nach ihrem Geschmack, und es wird an nichts gespart. Die Gäste erleben eines der legendären Bankette am estensischen Hof, über das uns die Zeitgenossen einiges berichten.

Geboten wird »il banchetto spettacolo«, ein Schauessen, sozusagen Erlebnisgastronomie und ein bis ins letzte Detail ausgefeiltes Gesamtkunstwerk. Künstler mussten mit in die Küche, um Ideen für das Arrangement zu entwickeln; denn für das Bankett wurden Figuren raffiniert gestaltet. In Gebrauch war dazu ein bekanntes Kochbuch, »Libro del cozina« des Neapolitaners Roberto da Nola. Ercole hatte einen Koch aus Neapel engagiert, der wie ein Zeremonienmeister das Ganze dirigierte, dazu gehörte auch die Auswahl der Musik, Spitzenköche sorgten für die verwöhnten Gaumen der Gäste und Höflinge.

Die Küche im Castello war gekonnt eingerichtet, Teile davon sind heute noch zu sehen. Der Senescalco, der Küchenmeister, am Hof eine besonders wichtige Person, kümmerte sich um die Reihenfolge der Speisen, unter ihm werkelte ein ganzer Stab von Köchen und Küchenjungen. In der herzoglichen Hofküche trugen die Köche Livree: schwarzes Barett, Hosen aus rotem Stoff und weiße Leinenjacke. Zur Küchenbrigade zählten auch Bäcker, Konditoren, Fleischköche. Es wurde gegessen ohne Ende, ein Fünf-Gänge-Menü wäre armselig gewesen. Gereicht wurden Fleisch und Fisch, Wachteln, Rebhühner, Enten, Ochsenbraten, Kalb, Kapaune, Fische, Wild, geräucherte Zungen und Karpfen. Pfauen gehörten zum erlesensten Geflügel, man servierte einen ganzen Pfau, feuersprühend auf einer großen Silberschüssel. Zu diesem Zweck steckte man ihm mit Spiritus getränkte Watte in den Schnabel, zündete sie an und servierte den flambierten Vogel.

Fantasie in der Küche war gefragt, die Gäste wollten auch etwas fürs Auge. Tischwäsche ließ man aus Flandern kommen, wobei die großen Tischdecken sehr teuer waren. Neben dem Gedeck lagen Servietten, die man während des Essens unter dem Kinn befestigte, um die kostbaren Gewänder nicht zu beschmutzen. Hochwertiges Tafelsilber gehörte dazu in Form von Schiffen mit dem Wappen der Este. Als Nachtisch wurde angeboten: kandierte Früchte, Zuckerkonfekt mit Pinienkernen, Obstkompott, Mandeln, Weintrauben und vieles mehr. Nach dem Essen wurde Rosenwasser zur Reinigung der Hände gereicht. Der Hof verstand sich als Vergnügungsgesellschaft, das Essen war mehr als nur Verköstigung, es wurde zum Spektakel hochstilisiert, das Bankett wurde zum Event, von dem man Tage lang sprach. Normalerweise tafelte die Gesellschaft vier Stunden, und das ließ sich nur durch ein vielseitiges Programm ertragen.

Die Geißel des Krieges

Das Hofleben plätschert dahin, die Vornehmen verstehen zu leben und zu genießen, doch in Krisenzeiten werden sie ernsthaft gefordert. Die Jahre 1509–1512 werden Schicksalsjahre für das Herzogtum. Während ihr Mann in den Krieg zieht, übernimmt Lucrezia die Regierung zusammen mit einem Rat von zehn Bürgern. Sie versteht es, mit den Menschen umzugehen, und bei der Erfüllung dieser ungewohnten Aufgabe erwirbt die Herzogin hohes Ansehen. Der Krieg kostet Geld, und die Landesherrin muss es eintreiben, Spielräume für großes Mäzenatentum sind vorerst nicht mehr gegeben. Mit einem Säugling, dem Erbprinzen, bleibt sie in Ferrara zurück. Die verwöhnte Papsttochter hat ihre große Bewährungsprobe zu bestehen. Kann sie auch in einer kritischen Zeit, in der es um Tod und Leben des Landes geht, das Ruder fest in der Hand halten?

Am Anfang sah es gut für die Ferraresen aus. Im Dezember 1508 wurde die Liga von Cambrai geschlossen, in der Frankreich, England und der Kaiser sich verbündeten, im März 1509 trat der Papst der Liga bei, und Herzog Alfonso hatte sich schon vorher angeschlossen. Schließlich ging es gegen Venedig. Ferrara ist dieses Mal auf der sicheren Seite. Alfonso wird zum Gonfaloniere der Kirche ernannt, ein Amt, das zuvor auch Lucrezias Bruder Cesare innehatte. Der Herzog von Ferrara ist nun der oberste General der päpstlichen Truppen, eine große Ehre für ihn. Sicher hat sich auch Lucrezia darüber gefreut, ist vermutlich stolz auf ihren Gemahl, obwohl sie das nie ausspricht. Der Papst ehrt den Herzog durch eine besondere Auszeichnung. Jedes Jahr wird am Sonntag Lätare eine goldene Rose geweiht, und diese wird dieses Mal nach Ferrara gesandt als ein Zeichen der besonderen Gunst des Pontifex.

Der Papst verkündete am 27. April 1509 gegen die Republik Venedig das kirchliche Interdikt. Mit dieser machtvollen geistlichen Waffe will er die Venezianer in die Knie zwingen, schon lange ist ihm die stolze und selbstherrliche Seemacht ein Dorn im Auge. Venedig gibt dem Druck nicht nach, sondern schickt 50 000 Soldaten in den Krieg, für die damalige Zeit eine gewaltige Streitmacht. Sie erleidet am 14. Mai 1509 eine fürchterliche Niederlage in der berühmten Schlacht von Agnadello, die vier Tage dauert und in einem mörderischen Blutbad endet. Die Truppen der Liga von Cambrai feiern einen grandiosen Sieg. Die Serenissima verliert auf einen Schlag die gesamte Terraferma, ihr Territorium auf dem Festland.

Doch aus der Sicht des Papstes wird Venedig für den Kampf gegen die Türken dringend gebraucht. Am 24. Februar 1510 zog der Papst das Interdikt gegen die Republik Venedig zurück und erteilte ihren Bürgern die Absolution. Damit endet das Bündnis der Liga von Cambrai. Venedig kann durch geschicktes Verhandeln die Rückgabe der Terraferma erreichen.

Francesco in Banden

Zu den Siegern von Agnadello gehörte auch Markgraf Francesco von Mantua, aber danach ereilte ihn ein schlimmes Schicksal.

Als erfahrenem Kriegsmann hätte ihm das nicht passieren dürfen, von einem Bauern war er hereingelegt worden. Dieser bot ihm Unterschlupf für die Nacht und verriet ihn dann an die Venezianer. Peinlich für ihn, als er am 9. August 1509 gefangen nach Venedig geführt wurde und man ihm voll Schadenfreude Schmähungen zurief wie »Die Ratte sitzt im Käfig, henkt den Verräter«. Da geriet er Tage lang außer sich und gebärdete sich wie ein Wahnsinniger. Trotz aller Forderungen nach Freilassung und aller Lösegeldangebote blieb der unschätzbare Gefangene in den Händen der Venezianer, die auf Zeit spielten und es gar nicht eilig hatten, diesen Zustand zu ändern. Francescos Ruf als militärischer Führer war endgültig ruiniert. Isabella in Mantua gab sich nach außen betrübt und bekümmert, innerlich aber blieb sie kühl und gelassen. Sie schickte ihrem Francesco Musiker zur Unterhaltung, ansonsten tat sie wenig für seine Befreiung, vor allem ließ sie sich nicht erpressen. Sie genoss es sichtlich, allein als Herrscherin über Mantua regieren zu können. Venedig forderte als Geisel ihren zehnjährigen Sohn Federico, den sie unter keinen Umständen weggeben wollte, also musste der Vater Francesco weiter ausharren, getröstet nicht von seiner Frau, sondern von Lucrezia. Ihre Briefe, die sonst eher nüchtern gehalten sind, zeigen Mitgefühl und Anteilnahme. Während Isabella die Gefangenschaft ihres Gatten gelassen zur Kenntnis nimmt, ist Lucrezia schockiert und persönlich tief getroffen, sie leidet innerlich mit, sagt alle Bälle und Festlichkeiten ab, betet inbrünstig für die Freilassung des Geliebten und gibt nicht wenig Geld an Klöster und Kirchen, um damit reichliche Gebete für Francesco zu gewinnen. Sie ist voller Mitleid und kann sich in seine Lage versetzen. Gerade in der Not ist eine Geliebte mitfühlender als eine Ehefrau. Die Geliebte zeigt eine totale Identifikation, die Ehefrau belässt es bei äußerlichen Zeichen des Kummers.

Ansonsten nahm Ferrara an Francescos Gefangenschaft wenig Anteil. Alfonso gab so nebenbei zu verstehen, dass es ihm ziemlich gleichgültig sei, ob sein Schwager im Kerker vermoderte oder nicht. Die Beziehung der beiden blieb spannungsgeladen.

Francesco sparte aus dem Gefängnis nicht mit derben Worten gegen seine Frau, »jene Hure von meiner Gattin«, und drohte ihr, er werde sie mit eigenen Händen erdrosseln, wenn sie den Sohn nicht ausliefere. Der Papst bot sich an, Federico als Geisel in seine Obhut zu nehmen. Jetzt endlich musste auch Isabella nachgeben und ließ ihren Sohn Federico nach Rom in den päpstlichen Gewahrsam ziehen. Mit Tränen in den Augen sah sie ihrem hübschen Sohn hinterher, der nun ein Faustpfand in den Händen des Papstes wurde, wer wollte ihr das verdenken.

Und Ferrara muss auf der Hut sein. Die Venezianer scheinen zwar besiegt, aber dennoch: Völlig überraschend fahren sie im September 1509 mit einer Kriegsflotte den Po aufwärts gegen Ferrara. Sehr geschickt reagiert hier Ippolito, mehr Kriegsmann als Kardinal. Ohne Panik lässt er die großen Galeeren herankommen, die sich auf dem Fluss als wenig manövrierfähig erweisen. Ippolito lässt sie mit kleinen Kähnen bekämpfen und kann die Venezianer auf diese Weise erfolgreich in die Flucht schlagen. Dazu erobert er noch 18 Galeeren, fünf kleinere Schiffe und vor allem über 160 Kanonen, was Alfonso besonders erfreut. Lucrezia hat sich im August 1509 zurückgezogen und bringt am 25. August ihren zweiten Sohn zur Welt, der auf den Namen Ippolito getauft wird, in Erinnerung an seinen siegreichen Onkel.

Jahre des Friedens würden nun dem Herzogtum Ferrara gut tun. Wie gern würde der Hof wieder zur Beschäftigung mit Musik und Theater zurückkehren, Aber schlagartig ändert Papst Julius II. nun seine Politik. Erst hat er an der Seite der Franzosen gekämpft, nun erklärt er sie zum großen Feind Italiens und schlägt dabei auch nationale Töne an. Die fremden Aggressoren sollen aus dem Land gejagt werden. »Italien den Italienern«, wobei ein Italien zu diesem Zeitpunkt nicht einmal im Ansatz zu erkennen ist. Schon seit vielen Jahrzehnten schlägt die päpstliche Politik Kapriolen und ist im italienischen Staatengefüge die instabilste und unberechenbarste Macht. Während der Regierung von Papst Alexander VI. floh Giuliano Della Rovere als Kardinal nach Frankreich, verbrachte viele Jahre am französischen Königshof und kehrte mit Karl VIII. von Frankreich nach Rom zurück, um dort Papst Alexander absetzen zu lassen; er war als Kardinal also eindeutig ein Freund der Franzosen, die er in einer plötzlichen Kehrtwende zu Feinden erklärt.

Da Frankreich in Italien zu mächtig geworden war, schloss der Papst im Jahre 1511 mit Venedig, dem Kaiser und dem König von Aragón ein neues Bündnis mit dem sinnigen Namen »die *Heilige Liga*«. Das war ein klarer Kurswechsel, und für den Herzog von Ferrara wurde die Lage kritisch. Er saß nun zwischen allen Stühlen. Nicht mehr Venedig ist der Feind, sondern Frankreich, das es aus Italien zu vertreiben gilt. Alfonso lehnt es ab, Ludwig XII. zu verraten, macht den Umschwung nicht mit, bleibt auf der Seite der Franzosen und wird seines Amtes als Gonfaloniere der Kirche enthoben. Die Erbitterung des Papstes über Alfonso war gewaltig, der päpstliche Lehensträger hörte nicht auf den Papst, in vielen Dingen nicht: So fing der Este-Herzog an, die Salinen von Comacchio auszubeuten, in Konkurrenz zu den päpstlichen Salzgewinnungsanlagen. Es ging also auch um handfeste Wirtschaftsinteressen.

Der Kampf ums Überleben

In einer Bulle vom 9. August 1510, die an der Laterankirche und an St. Peter angeschlagen wurde, erklärte der Papst »Alfonso als Empörer gegen die Kirche für exkommuniziert und aller seiner Würden und Lehen für verlustig.«[65] Zugleich verhängte Julius II. das Interdikt über Ferrara, damit ist der Kampf eröffnet, und die Bulle schlägt in Ferrara wie eine Bombe ein. Jetzt kämpft ein Herzog ums Überleben, und sein Gegner, der Papst, verfügt über vielerlei Machtmittel und er bestraft die Ferraresen an einer empfindlichen Stelle, nämlich ihrer Religion und ihrer Frömmigkeit. Das Interdikt – und eine fromme Frau wie Lucrezia sieht sich persönlich tief getroffen – war als Sühne- und Besserungsmittel gedacht und verfügt die völlige Einstellung aller geistlichen Handlungen innerhalb des betreffenden Gebietes. In seiner ganzen Tragweite wurde das Interdikt nie völlig durchgesetzt, da im Grunde sich Gefahren für das Seelenheil von eigentlich unschuldigen Gläubigen ergaben. Aber jede Feierlichkeit war streng verboten, keine Kirchenglocken, keine feierlichen Gottesdienste, und wenn, dann nur eine stille Messe, keine Sakramente, kein kirchliches Begräbnis, alles auf ein Mindestmaß reduziert, die Strafe des Kirchenoberhauptes für unschuldige Gläubige. Nicht wenige Menschen waren verunsichert und bangten um ihr Seelenheil. Das war dem Papst in Rom ziemlich gleichgültig, er benutzte die kirchliche Strafe als Mittel der Politik, zweckentfremdet und eigentlich skandalös. Mehr als die fromme Herzogin in Ferrara hätte wohl Julius II. selber eine Kirchenstrafe verdient. Auch über das Fürstenhaus ist der Bannfluch gesprochen, d. h. sie sind aus der Gemeinschaft der Kirche und von den Sakramenten ausgeschlossen. Wenn Politik mit Religion vermischt wird, ergibt das eine eigenartige Gemengelage.

Julius II. drängte, die päpstlichen Truppen sollten sich mit denen Venedigs vereinigen, als Anführer wurde der inzwischen freigelassene Francesco Gonzaga, der Markgraf von Mantua, bestimmt. Keine sehr vernünftige Wahl, schließlich sollte er seinen Schwager Alfonso aus dem Herzogtum jagen. Gewiss, die beiden hatten nicht das beste Verhältnis, aber als Befehlshaber den Sturm auf Ferrara anführen, das lag Francesco Gonzaga keineswegs, und seine Gemahlin Isabella lag ihm mit Vorwürfen in den Ohren. Politisch ging das Ehepaar getrennte Wege; während Isabella für das bedrohte Ferrara, ihre Heimatstadt, tätig war und Kredite und Waffen zu bekommen suchte, sollte ihr Mann die Truppen anführen, eine verwickelte Geschichte. Der Winter 1511 wird als besonders streng und frostig beschrieben, sogar der Po fror zu und war nicht mehr zu befahren, eine schnelle Eroberung des Herzogtums war nicht durchführbar.

Zudem entschuldigte sich der Gonzaga in Rom und zwar mit einer Krankheit. Nicht jede Krankmeldung muss man glauben. Julius II. schickte seinen Leibarzt nach Mantua zu einer genauen Diagnose, der aber ließ sich von Isabella bestechen und erklärte für ein paar Dukaten den Marchese für bettlägerig. Dieser entwirft zugleich einen Notfallplan und erbittet vom Papst die Gunst, nach der Eroberung Ferraras Lucrezia in seine Obhut nach Mantua nehmen zu dürfen. Für alle Fälle war also vorgesorgt und Lucrezia im Exil in Mantua, für Francesco ein fast erstrebenswerter Zustand.

Die Herzogin ist in dieser Zeit stark gefordert, immer häufiger muss sie Regierungsgeschäfte übernehmen. Der Staat im Innern muss funktionsfähig bleiben, wenn er sich nach außen erfolgreich verteidigen will. Die Ferraresen wollten ihr Fürstenhaus keineswegs los werden, sondern hielten zusammen gegen die Bedrohung von außen.

Als der Kriegszug nicht so recht in Schwung kam, da beschloss der Papst, selbst ins Heerlager zu reisen. Das nächste Ziel war die Eroberung von Mirandola, und von dort aus wollte er auf direktem Weg nach Ferrara. »Ferrara, Ferrara, corpo di Dio, ti avro,«, beim Leichnam Christi, du wirst mein, Ferrara, rief Julius II. aus, aber seine Wünsche sollten nicht in Erfüllung gehen. Die Abneigung war beiderseitig. Die Este mussten keine Historiker bemühen, um mit viel Fantasie eine glorreiche Abstammung zu erfinden, sie als vornehm-alter Adel hatten es in Julius II. wieder einmal mit einem Aufsteiger zu tun, der aus einfacheren Verhältnissen stammte, das mochte sie zusätzlich ärgern. Er war ein klassischer Nepot, dem der Onkel die Kardinalswürde verliehen hatte, unverdient, wie die Este meinten.

Am 2. Januar 1511 erschien der 67 jährige Papst im Heerlager, bei ungemütlich kaltem Wetter. Mit einer dicken Schneedecke überzog ein strenger Winter das Land, und mitten im heftigen Schneetreiben richtete Julius als der begnadete Feldherr energische und feurige Worte an seine Truppen. Er selber ist bescheiden untergebracht, logiert zunächst in einem Bauernhaus, aber das stört ihn nicht: Er will die feindliche Hochburg Ferrara bezwingen und scheut persönlich keine Opfer. Der Papst im winterlichen Heerlager, welch ein ungewohntes Bild: »Über der Rüstung ein weißer Mantel mit breitem, dunkelbraunen Pelzkragen, auf dem Kopfe gleich einer Sturmhaube eine gewaltige Kappe aus weißem Schafspelz; das mit fast erschreckender Naturtreue wiedergegebene eherne Antlitz umrahmt ein wirrer, eisgrauer Vollbart.«[66] So hat man noch nie einen Papst gesehen, Alexander VI. hatte seinen Sohn in den Krieg gesandt, Julius geht gleich selber. Ein Papst in der Rüstung, heute würde der Vatikan eine Karikatur dieser Art sehr übel nehmen. Dabei war das Ganze nicht ungefährlich; am 17. Januar schlug eine Kanonenkugel in das Zimmer des Papstes ein, während er gerade schlief, wobei zwei Diener verwundet wurden. Diese Kanonenkugel machte Julius dem Heiligtum von Loreto zum Geschenk! Am 20. Januar fiel Mirandola, die wichtige Festung an der Grenze des Herzogtums, zur Freude des Papstes, der nun in eigener Person gegen Ferrara ziehen wollte, während vermutlich Lucrezia jeden Tag den Gottesdienst besuchte und heftig flehte, Gott möge ja nicht die Gebete dieses martialischen Kirchenoberhauptes erhören, sondern die ihrigen.

Auf jeden Fall ist dies die schlimmste Krise des Herzogtums, seit die Este Herren von Ferrara sind. Es geht um Kopf und Kragen, der Papst ist wild entschlossen, die Stadt zu erobern; Notfallpläne werden erstellt, Lucrezia soll im Ernstfall mit den Kindern nach Mantua flüchten. In dieser Zeit ist sie nicht mehr die aufgeputzte Duchessa mit ihrer lässigen und oberflächlichen Lebensweise. Nun spürt sie, worum es geht. Zur Deckung der Kriegskosten versetzt sie Teile ihres Schmuckes. Alle müssen nun den Riemen enger schnallen, und sie geht mit gutem Beispiel voran; sie muss Besonnenheit ausstrahlen, darf keine Panik aufkommen lassen. Aber was geschähe, wenn sie in die Hände dieses Papstes fiele? Ihr Vater hat Caterina Sforza in den Tiefen der Engelsburg verschwinden lassen, warum sollte Julius gnädiger mit ihr verfahren? Sie sieht sich als Gefangene im Kerker schmachten. Rache ist eines Papstes unwürdig, aber wann ist in dieser Zeit ein Papst würdig, die Frage stellt sich nicht, sie haben sich selbst für würdig gehalten, ihr Vater genauso wie der neue Papst. Der kämpferische und zugleich gnadenlose Pontifex verändert das Leben der Herzogin. Sie fühlt sich bedroht, hat Angst um ihre Kinder wie jede Mutter, vor drei Jahren ist endlich der Erbe geboren und Lucrezia wird sich fragen, ob er noch ein Erbe antreten kann, ob ihr Sohn jemals Herzog dieser Stadt sein wird.

Doch schließlich verscheucht sie die Alpträume. Noch ist Ferrara nicht verloren. Unterstützt von einem französischen Truppenkontigent unter dem Ritter Bayard kann sich Alfonso erfolgreich verteidigen. Die Päpstlichen erleiden am 11. Februar 1511 in der Schlacht bei La Bastida eine Niederlage. Zwar hat der Papst seinen Soldaten den Segen gespendet, als sie ausrückten, das Kriegsglück war dennoch nicht auf ihrer Seite. Ferrara ist gerettet – vorerst.

Der Aufstand einiger Kardinäle, die ein Konzil nach Pisa einberufen, kommt dem bedrohten Herzogtum zu Hilfe, der Papst muss sich schleunigst aus seinem Hauptquartier hinwegbegeben und nach Rom eilen, um diese kardinale Rebellion einzudämmen und wieder Präsenz im Vatikan zu zeigen. Im Januar 1512 beginnen die Truppen der Liga die Kämpfe, Brescia wird von ihnen erobert, was zu auffallenden Freudenbekundungen in Rom führt. Die Freude kam zu früh, die Franzosen hatten in dem jugendlichen Gaston de Foix einen genialen Heerführer, der sich mit seinen Truppen extrem schnell bewegte und äußerst mobil reagierte, im Nu eroberte er das päpstliche Bologna. Hier wurde stürmisch gefeiert, und die Bewohner ließen ihrer Wut über die Papstherrschaft freien Lauf und das traf auch ein großes Kunstwerk. Auf dem Domplatz thronte eine mächtige Bronzestatue von Julius II., ein Werk von Michelangelo, geschaffen als Denkmal für spätere Generationen. Das siegestrunkene Volk zerstörte die Statue, und Alfonso erwarb die Bruchstücke und ließ daraus eine prächtige Kanone gießen, die er Giulia nannte. Sicherlich hat er sie seiner Gemahlin gezeigt und vielleicht auch ihr vorgeführt.

Die Franzosen marschierten durch Alfonsos Herzogtum, und die Duchessa empfing die Kommandanten und auch den Oberfeldherrn Gaston de Foix mit großer Freundlichkeit und glänzte als charmante Gastgeberin von Banketten und Bällen. Der berühmteste der französischen Kriegsleute, Bayard, der »Ritter ohne Furcht und Tadel«, hat über Lucrezia Folgendes aufgeschrieben:

»Ich kann wirklich sagen, dass es zu ihrer Zeit und lange früher niemals eine hervorragendere Prinzessin gegeben hat. Denn sie war schön, gut, sanft und höflich mit allen. Sie sprach spanisch, griechisch, italienisch und französisch, etwas sehr gutes Latein und schrieb in all diesen Sprachen. Und es ist ganz sicher, dass ebenso wie ihr Gatte ein weiser und tapferer Fürst, so die besagte Prinzessin ihm eine große loyale Hilfe gewesen ist, durch ihre guten Ratschläge.«[67]

Es kam zur entscheidenden Schlacht und zwar am Ostersonntag, dem 11. April 1512. Man sollte meinen, dass Christen an einem solchen Tag ihren Herrn verehrten und der Auferstehung gedachten, stattdessen veranstalteten sie ein fürchterliches Gemetzel. Während der Papst in Rom seinen Ostersegen erteilte, kämpften seine Truppen vor Ravenna auf verlorenem Posten. Die Schlacht begann mit einem Artilleriegefecht, in dem die Kanonen aus Ferrara sich bestens bewährten oder anders gesagt: furchtbare Verwüstungen anrichteten. »Es war entsetzlich zu sehen«, schreibt Jacobo Guicciardini an seinen Bruder, »wie jeder Schuss des schweren Geschützes unter den Hommes d'armes eine Gasse brach, die Helme mit den Köpfen und verstümmelte Glieder in die Luft flogen.«[68]

Von acht Uhr morgens bis zum späten Nachmittag dauerte das erbitterte Ringen, bei dem die deutschen Landsknechte den Sieg davontrugen, um die zehntausende Leichen bedeckten das Schlachtfeld. Die ganze Romagna fiel in wenigen Tagen in die Hände der Franzosen. Diese allerdings konnten den Sieg nicht ausnutzen, ihr Anführer war gefallen und das rat- und führerlose Heer zog sich wieder zurück, während der Papst in Rom sofort mit neuen Rüstungen begann. Schließlich schloss der französische König Ludwig XII. mit dem Papst Frieden. Nun hing Ferrara völlig in der Luft. Alfonso weiß keinen anderen Ausweg, er meint persönlich den Papst umstimmen zu können, denkt als frommer Christ, vielleicht etwas von einem Seelenhirten oder Seelsorger in ihm zu finden, und macht sich auf den Weg nach Rom. Die Colonna wollten vermitteln, damit der Kirchenbann gelöst werde.

Lucrezias Ehemann auf Bußfahrt

Am 24. Juni 1512 verabschiedet sich der Herzog von seiner Ehefrau. Sie sind nun zehn Jahre verheiratet und durch den Druck von außen zusammengewachsen. Sie ist froh, diesen kraftvollen Mann an der Seite zu haben, und er kann sich auf sie verlassen, dass sie seinen Weisungen getreu die Regierungsgeschäfte führt. Ängstlich und nervös schaut sie ihm nach, sie macht sich keine Illusionen, da sie den Roverepapst gut kennt. Alfonso genießt keinen Bonus, weil er eine Papsttochter geheiratet hat, im Gegenteil, der Hass von Julius II. auf die Borgia ist ungebrochen. Man scheut sich zwar, das Wort »Hass« in den Mund zu nehmen, wenn es »Seine Heiligkeit«, betrifft, aber der jähzornige und unversöhnliche Pontifex sparte nicht mit abfälligen Worten über die Borgia, seinen Vorgänger Alexander nannte er einen »Maranen«, einen getauften Juden von zwielichtiger Gesinnung, damals ein böses Schimpfwort.

Es wird also für Alfonso ein wahrer Canossagang, und als Büßer gekleidet wirft er sich reuevoll dem Papst zu Füßen. In einer feierlichen Zeremonie spricht Julius am 8. Juli 1512 das »absolvo te«, ich spreche dich los, aber dies ist nicht mehr als eine theatralische Geste, ansonsten gibt er sich unversöhnlich und stellt unerfüllbare Bedingungen. Der Herzog soll abdanken, der ist gerade mal 36 Jahre alt, soll all seine Rechte und die Rechte seiner Kinder an den Heiligen Stuhl abtreten und bis zu seinem Tod im Städtchen Asti in Piemont im Exil leben. Und Julius macht Ernst und droht Alfonso, der nicht bereit ist, diesem Ansinnen zu folgen, mit der Engelsburg.

Lucrezia steht inzwischen Nächte der Angst und der Unsicherheit durch. Bei jedem Hufgeklapper schreckt sie auf und sorgt sich, ob sie ihren Ehemann überhaupt noch einmal sehen wird. Ist Alfonso also leichtsinnig in eine Falle getappt? Keineswegs. Fabrizio Colonna hatte ihm sein Ehrenwort gegeben, dass er Rom jederzeit verlassen könne. Er verhilft nun Alfonso zur Flucht, zunächst gelangt dieser in die Colonnaburg in Marino in den Albaner Bergen, dann schlägt er sich durch, als Koch verkleidet, und Ende September beginnen in Ferrara alle Glocken zu läuten, die Menschen strömen auf die Straßen und sehen ihren Herzog, wie er hoch erhobenen Hauptes wie ein Held in seine Stadt reitet, die in der Zwischenzeit von venezianischen Truppen umzingelt ist.

Mit Venedig kann er Frieden schließen. In seiner Abwesenheit hat die Duchessa die Ordnung in der Stadt aufrecht erhalten und die Kampfmoral gestärkt. Nun atmet sie erlöst auf und gibt die Verantwortung wieder an ihren Eheherrn zurück. An einem Abend erzählt ihr Alfonso, dass seine Bußfahrt nach Rom nicht nur in bösen Streitereien mit dem Papst und seinen Gefolgsleuten bestand. Er war in der Sixtinischen Kapelle, wo er fasziniert und in höchster Ergriffenheit zur Decke starrte, um das Meisterwerk Michelangelos zu bestaunen.

Das Mirakel des Hauses Este

Alfonso wirbt wieder Truppen an, denn Julius will Ferrara mit allen Mitteln bezwingen. Da aber trifft Ende Februar 1513 eine erlösende Nachricht ein. Der Papst ist tot. Welch ein Glück, mögen manche im Stillen sagen, welche Erleichterung. Die Ferraresen würden am liebsten Dankgottesdienste abhalten und das »Te Deum« anstimmen. Wer wollte es ihnen auch verdenken, der Tod von Julius II. ist ein Freudenfest für das bedrohte Ferrara, über das er manchen Fluch gesprochen hat statt seinem päpstlichen Segen. Aber der Herzog mahnt zur Mäßigung und lässt keine öffentlichen Jubelfeiern zu, die einem frommen Christen bei einem solchen Anlass nicht anstehen und die der kommende Papst als Provokation empfinden könnte.

Aber Lucrezia kann es nicht lassen, für alle sichtbar und betont auffallend, zieht sie mit einer Gruppe Hofdamen von Kirche zu Kirche, um Dankgebete zu sprechen. Ihre Frömmigkeit trägt nicht selten theatralische Züge. Der offizielle Trauergottesdienst darf nicht ausfallen, »Requiem aeternam«, ewige Ruhe, der Roverepapst hat sie gefunden, wird in der Nachwelt als großer Mäzen und Papst der Fresken gefeiert, während Lucrezias Vater kein Friede beschieden ist. Zu Recht oder Unrecht wird bis heute über ihn gelästert und abfällig geurteilt.

Nach dem Tod des kriegerischen Papstes beginnen zunächst friedlichere Zeiten, auf der einen Seite ist Lucrezia von vielen Sorgen befreit, weil der Herzog wieder die Zügel in der Hand hält, andererseits bedeutet seine ständige Anwesenheit auch viele Schwangerschaften, die am Ende der Herzogin ihre letzten Kräfte rauben.

Unter einem neuen Papst

Der neue Papst Leo X., ein Medici, erscheint wie eine Lichtgestalt für die Humanisten, der Papsthof wird zum Treffpunkt großer Künstler und zu einem literarischen Zentrum. Zur Papstkrönung reist Alfonso als einer der vornehmsten Lehnsträger des Heiligen Stuhls nach Rom und erlebt einen großen Auftritt. Der Papst zieht in feierlichem Zug, im sogenannten »Possesso« zur Laterankirche und wird assistiert von den Vasallen der Kirche, unter ihnen eben Alfonso in vollem Schmuck seiner herzoglichen Würde. Bei prachtvollem Sonnenschein führt Alfonso dem Papst das Reitpferd zu und geleitet ihn als Strator ein Stück des Weges mit dem Pferd am Zügel. Er stand also seinem Rang gemäß in der ersten Reihe, mitten im Geschehen. Wieder zurück in Ferrara kann er seiner Familie von diesem ehrwürdigen Spektakel erzählen, während seine Ehefrau an ihren Papa Papst denken muss, dem sie am Straßenrand mit der unverdorbenen Freude eines Mädchens zugejubelt hat. Die päpstliche Vergangenheit holt sie immer wieder ein.

Die Freundlichkeit des neuen Pontifex dauert nicht allzu lange, auch Leo X. will den Kirchenstaat vergrößern und Ferrara »eingemeinden«, auch diesem Papst ist nicht zu trauen. Der neue französische König Franz I. feiert seinen Einstand in Italien mit seinem großen Sieg 1515 bei Marignano und übernimmt für einige Zeit die Herrschaft über Mailand. Mit der starken französischen Monarchie im Rücken drohen den Ferraresen keine unmittelbaren Gefahren mehr, und das Herzogspaar kann sich auf ruhige Zeiten einstellen.

Dreizehntes Kapitel

Die letzten Jahre der Herzogin

Schutzmantelmaria. Relief aus der Schule der Della Robbia.

Die Veränderung war schon äußerlich erkennbar. Bisher hat sich Lucrezia von Rom her mit sehr hübschen und jungen Hofdamen umgeben, und wenn sie auftraten, zogen sie alle Blicke auf sich. Aber die »schönen Engel«, wie sie genannt wurden, lebten nicht sehr engelgleich, Schönheit schafft Probleme, es gab Intrigen, Heimlichkeiten. Dessen wurde die Herzogin langsam müde und brachte deshalb 1513 von Reggio betont hässliche Damen mit, biedere und fromme, keine aufreizenden. Offenherzige Kleidung ist immer wieder ein Thema, das erwähnt auch Bonaventura Pistofilo, Sekretär von Alfonso in seiner Vita di Alfonso, wo er über Lucrezia schreibt:

»Sie macht einen anmutigen und sanften Eindruck, sie ist klug, kann sprechen mit großer Anmut und Fröhlichkeit, ist sehr gehorsam, sittsam gekleidet. Die vornehmen Damen trugen Kleider, welche zeigten *le carni nude del petto*«. Sie gingen also tief dekolletiert einher, die Herzogin selbst trug ein breites Halsband und ließ ihre Haare auf die freie Schulter fallen, und gab so in Kleiderfragen, wie es hieß, für die ganze Stadt den Ton an.

Wenn die Schatten länger werden

Die letzten Jahre haben die Herzogin zu einer ernsthaften Lebenseinstellung geführt. Eine deutliche Kehrtwende ist unverkennbar, bedingt durch den Tod ihres geliebten Sohnes Rodrigo und vor allem durch die massive Bedrohung des Herzogtums. Viele Monate lebte sie in fast ständiger Angst um das Überleben der Kinder, machte sich Sorgen um ihren Ehemann, der häufig in den Krieg zog. Die Lust an den ständigen Feiern und Banketten ist ihr vergangen, aber nach wie vor ist sie als Herzogin gehalten, bei den vielen Festlichkeiten in Erscheinung zu treten. Ein Rückzug ins Privatleben ist für sie nicht möglich. Für den Hof zählen Zerstreuung und Prachtentfaltung zu den wichtigsten Lebensinhalten, und man erwartet ein lebensfrohes und »leutseliges« Fürstenpaar. Lucrezia bemüht sich in ihrem äußeren Auftreten und in ihrer Kleidung um einen seriösen Eindruck, entwickelt sich zur Landesmutter für die Untertanen. Wenn sie jetzt in dezenter Kleidung auftritt, ist damit nicht gesagt, dass sie früher auf Männerfang aus war und ihre Verführungskünste einsetzte, aber auch Verhüllung kann erotisch sein, vielleicht mehr als nackte Haut. Die bisher lebensfrohe Frau wird zurückhaltender und introvertierter.

Lucrezia – eine religiöse Frau?

Wer den Papst zum Vater hat, muss nicht zwangsläufig fromm sein, Frömmigkeit lagert wohl nicht in den Tiefen der Gene. Lucrezias Bruder Cesare konnte mit dem Christentum wenig anfangen; er sah sich als Mann der Antike, kannte deren Helden und den Götterhimmel, sein kühles und rücksichtsloses Auftreten war auch ein gelebtes Stück »Heidentum«.

Für Lucrezia dagegen hatte die christliche Religion von Kindheit an einen hohen Stellenwert und wurde in ihren letzten Lebensjahren das beherrschende Element ihres Lebens, wobei das zu beschreiben sich als problematisch erweist. Äußere Frömmigkeitsformen müssen nicht unbedingt einem echten inneren Glauben entsprechen und was ein Mensch für seinen Gott empfindet, ist seine eigene Sache. Es ist auch nicht klar zu trennen, wie sehr sie aus eigenem Antrieb oder massiv beeinflusst durch radikale Prediger ihr religiöses Leben gestaltet hat und wie sehr auch selbstherrliche Beichtväter manche Frau zu übertriebenem Beten und Fasten gedrängt haben.

Die Bedeutung der Religion für ihr Leben wurde bisher in Biografien kaum beachtet. Einige Autoren behaupten allenfalls, dass sie gegen Ende ihres Lebens eine Art »Betschwester« geworden sei. Manche sehen auch einen Bruch in ihrer Lebensgeschichte, zuerst verrucht und amoralisch, dann eine totale Kehrtwende, und später sei sie eine fromme Dienerin der Kirche geworden. Dieser krasse Gegensatz wird ihr nicht gerecht, Religion ist für sie durchgehend wichtig von Jugend an, mit zunehmendem Alter steigert sich lediglich die Intensität, und die Frömmigkeitsformen nehmen zu, wie der tägliche Messbesuch und der häufige Kommunionempfang. In den letzten Lebensjahren geht sie jeden Tag zur Beichte, aber Beichtväter gab es auch genug. Wir wollen nicht versuchen, mit viel Fantasie die Sünden der Duchessa zu erforschen. Schwere Vergehen hatte sie wohl kaum zu bekennen. Die Sorge um das Seelenheil trieb sie wie andere innerlich geängstigte Menschen so häufig in die Kirchen. Was hat sie, wie wir heute meinen, zu den übertriebenen Frömmigkeitsübungen veranlasst? War es die allgemeine Heilsangst oder ein von den Predigern überscharf gezeichnetes Bild des göttlichen Strafgerichtes?

Bisweilen nahm ihre Frömmigkeit auch etwas skurrile Züge an; es war ja keineswegs so, dass sie sich als demütige Christin in die Schar der Gläubigen einreihte. Im Lauf der Jahre etwas menschenscheu geworden, ließ sie im Dom ein Feldzelt errichten, in dem sie abgesondert und vor Blicken geschützt, die Gottesdienste mitfeiern konnte.

Die religiöse Situation ihrer Zeit

Um Lucrezias Religiosität zu begreifen, sollten wir einen Blick auf die Situation der Kirche werfen. Sie lassen es sich gut gehen, die da oben in der Kirche. Sie halten es mit den Reichen und Mächtigen, die kleinen Leute vertrösten sie auf die Ewigkeit. Kennzeichnend für die religiöse Praxis dieser Zeit ist das Prinzip Quantität. Heerscharen von Priestern lasen auch in Ferrara täglich die Messe, schnell und ohne Volk, um möglichst viele Gnadengaben zu sichern, jeder »gelesenen« Messe wurde eine Menge von Gnaden zugeteilt, die man sich als unterschiedliche Gutschriften auf dem himmlischen Konto des Stifters, des Zelebranten und des Messebesuchers vorstellte und die den Lastschriften auf dem Sündenkonto gegenüberstanden. Diese frühkapitalistische Sichtweise der vielen Privatmessen und anderer guter Werke und damit einer zu kaufenden Gnade Gottes bezeichnet die religiöse Praxis zur Zeit Lucrezias, die ganz in dieser Welt lebt mit ihren vielfältigen Frömmigkeitsformen, und dem Wissen um ein Guthabenkonto von barmherzigen Werken, von Ablass und Sündenvergebung, von Existenzsicherung für die Ewigkeit. Wenn die Duchessa zum Beispiel in die weiträumige Kirche S. Maria in Vado kam, so konnten in diesem Kirchenraum mit seinen 20 Altären reichlich Messen gleichzeitig und in Schichten gelesen werden, an Möglichkeiten fehlte es also nicht.

Es herrschte eine intensive Volksfrömmigkeit, die das ganze Leben durchdrang. Sie beschränkte sich nicht auf die unteren Schichten, diese Laienfrömmigkeit erfasste – mit unterschiedlicher Intensität – alle Bevölkerungskreise, nur nicht den Klerus, was die gravierenden Missstände in der Kirche unterstreicht. Das Lebensgefühl ist bestimmt durch die Heilssehnsucht, und die Sorge um das Seelenheil beherrscht den Alltag der Menschen. Pilgerfahrten und Prozessionen kommen groß in Mode, spontane und örtliche Wallfahrten treten neben die großen Zentren wie Compostela, Rom und Jerusalem, das Stiftungswesen erlebt einen gewaltigen Aufschwung, die Testamente sind voll von Legaten für Seelenmessen und Zuwendungen an Klöster, Spitäler und Findelhäuser. Die Aufwendungen für das Jenseits steigen.

Die Missstände beim Papsttum waren evident, die Geldgier der Kurie stieg ins Maßlose, für alles musste bezahlt werden, alles war käuflich und der Ablass wurde propagiert als der gekaufte Himmel. Die Führungsschicht der Kirche, die Top-Etage, also Papst und Kardinäle, waren weder Vorbilder für das gläubige Volk noch erfüllten sie ihre Rolle als Verkünder des Evangeliums, sie wurden eher als Steuereintreiber und Geldverschwender wahrgenommen.

Die um ihr Seelenheil besorgten Menschen stürzten sich auf den Ablass, die Kurie in ihrem Geldhunger auf die Spenden. Die Seelsorge lag in den Händen der Orden, auch Lucrezia hält es so, keine Rede ist davon, dass sie Erbauung oder Hilfe bei ihrem Bischof gefunden hätte.

Aber sie war auch Nutznießerin des Systems, empfing aus der päpstlichen Finanzkasse riesige Summen und hatte offensichtlich kein schlechtes Gewissen, diese kirchlichen Gelder anzunehmen und für sich zu verbrauchen. Wenn sie ihren kostbaren Schmuck anlegte, kam ihr vermutlich nicht der Gedanke, dass sie Spenden aus der Ablasstruhe, bestimmt für die Armen, um den Hals hängen hatte. Das ging soweit, dass ihr Vater ihr nach ihrer Heirat sogar für zwei Jahre die Einkünfte des Bistums Ferrara überschrieb, die normalerweise dem Bischof zustanden. Damit sollten die seiner Tochter gewährten ferraresischen Dukaten, die als Apanage zu mager erschienen, aufgebessert werden. Man mag das skandalös nennen, aber sie selber hat es gewiss nicht so empfunden.

Klöster spielen in ihrem Leben eine besondere Rolle, von Kindheit an war sie mit dem Klosterleben vertraut. Sie zog sich regelmäßig für einige Zeit in ein Kloster zurück und zwar aus den verschiedensten Gründen, etwa bei persönlichen Krisen, in Zeiten der Trauer, aber auch vor hohen Festtagen, um sich durch geistliche Übungen vorzubereiten. Klosteraufenthalte sind Marksteine in ihrem Lebenslauf, nach Krankheiten sucht sie hier Erholung, das Kloster wird zur spirituellen Wellness-Oase. In Ferrara bevorzugte sie anfangs das Kloster der Klarissen von Corpus Domini, wo sie sich erholte, am Breviergebet teilnahm und sich Zeit nahm zum Nachdenken.

Allerdings sollten wir uns die schöne Herzogin nicht allzu mitleidsvoll in einer schmalen, kahlen Klosterzelle vorstellen, wie sie die dünne Suppe löffelt oder sich auf einem muffigen Strohsack kasteit. Sie wohnt nicht Tür an Tür mit den Schwestern, das verbietet die Ordensregel; denn die Klarissen leben in einer strengen Klausur, und dort hat auch eine Duchessa keinen Zugang. Vielmehr lebte Lucrezia im durchaus prunkvollen Gästehaus des Klosters, und damit hat es folgende Bewandtnis:

Der reiche Bankier Giovanni Romei ließ sich um 1450 einen wunderbaren, großzügigen Palast errichten, mit einem Innenhof mit Laubengängen, die reich mit Fresken geschmückt waren. Das Innere war herrschaftlich gestaltet und ebenfalls reich mit Fresken dekoriert, vom Saal der Sibyllen gelangt man in den Saal der Propheten, insgesamt ein farbenprächtiges Ambiente für ein luxuriöses Wohnen. Der kinderlose Bankier vermachte seinen Palast dem angrenzenden Kloster Corpus Domini, das dieses Gebäude mit großem Garten als Gästehaus nutzte, und hier hatte auch Lucrezia ihren klösterlichen Aufenthalt. Sie kam nie allein hierher, sondern hatte einige Hofdamen und Zofen bei sich. Eine Duchessa ohne Gefolge und Service ist auch im Kloster nicht denkbar, wer soll sie anziehen, wer soll ihr die Haare kämmen, sie kunstgerecht frisieren. Heute ist die Casa Romei als Museum eingerichtet, und die klösterlichen Räume der Herzogin können besichtigt werden.

Und in diesem Konvent der Klarissen wurde die Herzogin mit einem anderen Lebensentwurf konfrontiert, der auch für sie manchen Reiz hatte. Die berühmteste Nonne des Konvents, Caterina Vegrie, eine junge Adlige, verzichtete auf die Freuden des höfischen Lebens, um sich ganz der Kontemplation und dem Gebet zu widmen. Daneben verfasste sie Schriften und betätigte sich als Malerin. Über sie kursierten vielerlei Geschichten, sie soll zeitweilig in religiöse Ekstase gefallen sein, wundersamer Erscheinungen teilhaftig geworden sein und habe später immer wieder heimlich das Kloster aufgesucht. Caterina starb 1463 und ihre Verehrung war zurzeit Lucrezias in vollem Gange.

Auch als Klostergründerin betätigte sich Lucrezia ähnlich wie ihr Schwiegervater. Ordenshäuser gab es eigentlich genug in Ferrara, im Grunde gab es zu viele, und die ungute Art, Mädchen schnell ins Kloster zu stecken, nahm bedenklich zu. Aber die Herzogin wollte ihr eigenes Kloster und gründet im Jahre 1510 ihr San Bernardino, das sie mit reichen Finanzmitteln ausstattete. Und vor allem das Personal ist ihr wichtig, sie lässt aus Corpus Domini ihr sympathische Schwestern in das neue Haus umziehen. Das wird künftig ihr Lieblingskloster.

Und die Herzogin will ein vorbildliches Kloster mit Ordnung und Disziplin. Mitte September 1516 traf ein Schreiben[69] aus der päpstlichen Kanzlei ein, ein Breve, adressiert an Lucrezia Borgia, unterschrieben von Pietro Bembo, Sekretär, und kein Name kann in ihr mehr Gefühle wecken. Bembo hatte eine gut bezahlte Aufgabe an der Kurie gefunden. Es ging um San Bernardino, für das Lucrezia eine strengere Klosterregel wünschte, die sich vor allem an der Armut und Einfachheit orientieren sollte. Leo X. hat ihr diesen Wunsch erfüllt. Mit der Disziplin mancher Klöster stand es nicht zum Besten, nicht zuletzt weil die von ihren Eltern zwangsweise ins Kloster gesteckten Mädchen keine Lust auf ständige Buße und Abtötung zeigten. Auch die Confraternità dello Spirito Santo erlebte die ordnende Hand der Herzogin, eine Gedenktafel erinnert daran, dass sie 1515 reformiert worden sind durch ein neues Statut der Lucrezia Borgia. Ein klösterliches Lotterleben passte nicht in die Vorstellungswelt der Papsttochter.

Es erregte nicht wenig Aufsehen, als 1901 in der Biblioteca Nazionale in Florenz in einem Codex eine Notiz entdeckt wurde, nach der Lucrezia den Habit einer Terziarin des Franziskanerordens trug (»l'abito di terziaria francescana«) und darin auch bestattet wurde.[70] Das ist etwas modifiziert zu sehen, sie ist nicht in einem Ordensgewand aufgetreten, sondern hatte ein härenes Bußhemd unter ihren nach wie vor schicken und weltlichen Kleidern. Terziarin des sogenannten Dritten Ordens bedeutet, dass eine Frau in ihrer Lebenssituation bleibt, aber Gebete und Bußübungen des Ordens verrichtet. Ihre Aufnahme als Terziarin erfolgte 1518, dieser lose Anschluss an eine Ordensgemeinschaft war in der Zeit nicht ungewöhnlich. Übrigens gibt es auch heute noch diesen sogenannten Dritten Orden, in der Kirche S. Francesco hängt ein Plakat mit einem Aufruf zum Mitmachen als »Terziari Francescani«.

Ihre Seelenführer

Lucrezia hat stets Prediger eingeladen für die traditionellen Fastenpredigten, bei denen Mönche sehr ausführlich und wortreich von der Kanzel das Wort Gottes verkündeten und zu Buße und Umkehr mahnten. Im Jahre 1513 predigte vor ihr Antonio Meli da Crema, der einige Berühmtheit erlangt hat durch sein Buch »Libro di vita contemplativa«. Dieser Antonio wurde zum Seelenführer der Herzogin, der sicher seine Erbauungsschriften gefallen haben, vor allem sein Buch »Scala del paradiso«, ein Bild, wie es nur die italienische Sprache zum Klingen bringen kann. Antonio will mit seiner »Himmelsleiter« den rechten Weg zur ewigen Seligkeit weisen. Lucrezia sah sich fest verankert in dieser Form der Religiostät.

Von 1514 bis 1519 begleitete sie ein rigider Prediger, der Dominikaner Fra' Tommaso Caiani, ein Ordensbruder und Anhänger von Girolamo Savonarola. Über Caiani wurde sie konfrontiert mit dem Gedankengut Savonarolas, der ja aus Ferrara stammte und hier als berühmter Sohn der Stadt über die Jahrhunderte unvergessen blieb. Savonarolas Schriften wurden eifrig gelesen; seine Anhänger priesen den »frate« als Märtyrer und propagierten seine Ideen auch nach dem tragischen Tod des Predigers, allen kirchlichen Verurteilungen zum Trotz. Die Verehrung Savonarolas erfasste weite Kreise. Seine Rufe nach Reformen waren sehr berechtigt, aber er war kein bloßer Papstkritiker, sondern geißelte alle mit scharfen Worten, z. B. in seiner Adventspredigt von 1493: »Verderbt ist die Kirche, deren Priester statt die Bibel die Bücher der heidnischen Antike lesen.« Auch gegen die Fürsten wetterte er: »Verderbt sind die Fürsten, die an nichts anderes denken als an neue Steuern, mit denen sie das Blut des Volkes aussaugen.«

Lucrezia las die Predigten Savonarolas über die Psalmen, erklärt und erläutert von Caiani, wobei zu bedenken ist, dass ihr Vater den rebellischen Prediger von Florenz verurteilt hat, sodass er schließlich im Mai 1498 einen qualvollen Tod fand. Savonarolas harsche Kritik an den kirchlichen Zuständen war notwendig und berechtigt, aber die Radikalität, mit der er Florenz beherrschen wollte und mit der er sich auf die politische Ebene begab, musste scheitern. Auch ohne das Urteil des Papstes hätte Florenz eines Tages gehandelt und ihn zumindest aus der Stadt vertrieben.

Caiani übernahm eine Art Seelenführung für Lucrezia und tat dies auch in vielen Briefen, die vor kurzem ediert wurden. Es bestand eine geistliche Beziehung, er hatte auch Kontakt zu Isabella d'Este und Elisabetta Gonzaga. Caianis Briefe an die Duchessa sind allgemein belehrend und erläutern Stellen des Alten und Neuen Testamentes, er will die Herzogin auf ihrem geistlichen Weg voranbringen, sie im Glauben bestärken und ihr Trost spenden. Es werden keine persönlichen Details angesprochen. Nicht erhalten sind Briefe von Lucrezia an Tommaso Caiani, der übrigens kein altersmilder Mönch war, sondern etwa zehn Jahre jünger als sie.

Von Caiani erhielt Lucrezia auch eine Schrift eines deutschen Augustiners, Heinrichs von Friemar[71], der im 14. Jahrhundert einen Traktat verfasst hatte über »delizie del paradiso«, also die Wonnen des Paradieses, was natürlich für eine Frauenseele erbaulicher war als die schrecklichen Höllenpredigten, die damals durch die Kirchen hallten.

Lucrezia bleibt in der traditionellen Frömmigkeit, ist nicht engagiert für Reformen, die Zeit dafür ist noch nicht reif. Der Ruf nach Reformen war nie ganz verhallt. Ihr Vater hat nach dem Tod seines Sohnes Juan in einem Anflug von Reue von Reformen gesprochen und eine Kommission eingesetzt; das Ganze verlief schnell im Sand, Rom blieb in der Lethargie, solange die Gelder reichlich flossen. Eineinhalb Jahre vor Lucrezias Tod wurde die Forderung nach einer Reform ernst. Was sich da im fernen

Deutschland abspielte, erschütterte die Grundfesten der gesamten Kirche. Der unbekannte Mönch, der seine 95 Thesen für eine theologische Disputation publizierte, war von deren Wirkung selber sehr überrascht. Aus dem Papier für Fachleute wurde ein Text des Volkes, der sich in Windeseile verbreitete und sicherlich den Weg nach Italien fand.

Martin Luther selbst kam 1510 in die Ewige Stadt, von seinen Oberen dorthin gesandt für Verhandlungen. Beim ersten Anblick Roms wirft er sich zu Boden und ruft: »Sei gegrüßt du heiliges Rom, wahrhaft heilig von den heiligen Märtyrern, von deren Blut es trieft.« Doch als Luther sich etwas genauer umschaut, kann er von konkreter Heiligkeit nur wenig spüren. Er notiert die hastigen Messen, er kann da nicht mithalten mit den flotten Priestern Roms. Bei seinem Besuch der Basilika Santa Maria Maggiore kann er die Kasettendecke bestaunen, die Papst Alexander VI. mit dem ersten Gold aus Amerika hat verzieren lassen, allerdings auch mit vielen Stieren, seinem Wappen. Was soll ein Stier in einer Marienkirche? Luther erfährt sicher einiges über Alexander VI. und hört wohl auch von der Papsttochter in Ferrara. An ihr persönlich hat er keine Kritik geübt.

Mit dem Frate aus Florenz konfrontiert, musste Lucrezia eigentlich nachdenklich werden über ihr Leben am Papsthof und auch das herzogliche Leben konnte zu Selbstkritik führen, aber diese inneren Gedanken werden nicht artikuliert. Hat sie auch religiöse Zweifel gespürt? Hat sie im Nachhinein manches bedauert? Wir hören kein Wort der Kritik an ihrem Vater und er bot wahrlich Anlass dazu. Hat sie kein Unrechtsbewusstsein, sich aus der Kirchenkasse finanzieren zu lassen? Wo bleibt ihr schlechtes Gewissen?

Eine traurige Nachricht aus Rom

Ende November 1518 trifft eine Nachricht in Ferrara ein, die Lucrezia besonders erschüttert. Am 26. November ist ihre Mutter in Rom im Alter von 76 Jahren verstorben, in einem Alter, das sehr wenige Frauen damals erreicht haben. Seit 16 Jahren hatten sie einander nicht mehr gesehen, Vannozza kam nie zu Besuch nach Ferrara, sie war nicht »hoffähig«.

Dabei hätte sie mit Bewunderung sehen können, wie weit es ihre Tochter gebracht und welch guten Ruf sie sich als Herzogin erworben hatte, aber Vannozza war daran gewöhnt, zurückzustehen und ihre Kinder aus der Ferne zu bewundern. Teilnehmen an ihrem Leben konnte sie nicht, sie blieb diskret, zurückhaltend bis zum Schluss, das Los einer Mätresse. Einige Briefe Vannozzas sind erhalten, zwei Briefe an Lucrezia und sieben an Kardinal Ippolito d'Este. Die Briefe sind wenig aussagekräftig, verraten kaum etwas von ihren Gefühlen, es geht um praktische Dinge, einmal schickt Vannozza zwei antike Säulen, die in ihrem Weinberg ausgegraben wurden. Die Briefe an Lucrezia sind wie damals üblich sehr förmlich mit der Anrede »Erlauchte Herrin« und »Ew. Exzellenz«, und enden mit »Eure glückliche und unglückliche Mutter Vannozza Borgia«; sie führte nicht den Namen ihres letzten Mannes, sondern sieht sich als eine Borgia. In ihrem Brief vom 19. Dezember 1515 bittet sie um Gunsterweise für Cesares Sekretär, und der Brief endet mit »Ew. Erlauchten Herrlichkeit Vannozza, die ewig für sie betet.«

Bis zu ihrem Tod lebte die Papstgeliebte in vermögenden Verhältnissen. Die erste Zeit nach Alexanders Tod hat sie gut überstanden, als der Hass auf die Borgia sich Bahn brach, angefacht von Papst Julius II. Ihr Vermögen war breit gestreut, neben einem schönen Weinberg besaß sie diverse Häuser und einige Gasthöfe, konnte sich einen gehobenen Lebensstil leisten und wurde offensichtlich nicht angefeindet. Aus Gerichtsakten ist ersichtlich, dass sie wegen ihrer Liegenschaften in Rechtsstreitigkeiten verwickelt war. Die *Casa della Taverna della Vacca,* Vicolo del Gallo 12, war Ende des 15. Jahrhunderts eine heruntergekommene Spelunke; um 1500 wurde das Haus von Vannozza erworben, im Jahr 1514 beauftragte sie einen Restaurator, sie wollte das Haus erneuern und ein elegantes Lokal daraus machen. Im Jahr 1517 vermachte sie testamentarisch das Haus der »compagnia del Salvatore«, und diese Bruderschaft führte die Taverne weiter bis ins 17. Jahrhundert. An der Fassade ist das Wappen der Borgia, der Stier, zu erkennen.[72]

Vannozza sorgte vor für ihr Seelenheil, man muss das nicht gerade den »gekauften Himmel« nennen, aber sie dachte über ihren Tod hinaus und machte viele fromme Stiftungen in der Meinung, damit ihr Geld gut angelegt zu haben. Vor allem bedachte sie das Hospital S. Salvator am

Lateran. Solche Einrichtungen konnten mit dem Geld arbeiten. Mangels staatlicher Fürsorge kam diesen frommen Stiftungen eine hohe Bedeutung für die Gesellschaft zu, und zugleich wurde der Name der Stifterin in Ehren gehalten. Das römische Missale kennt den Brauch, den Jahrtag mit einem feierlichen Requiem zu begehen, in ihrem Fall geschah das über 250 Jahre, feierlich mit Musik und vielen Kerzen. Nicht unbedingt ein Gedenken an eine schlimme Sünderin, aber ihr Reichtum verschaffte ihr bleibende Erinnerung.

Ihre Beerdigung geriet zu einer großen Ehre für sie, sie wurde nicht lieblos im Winkel eines römischen Friedhofs verscharrt. Unter großer Beteiligung wurde ihr Leichnam überführt in die Kirche S. Maria del Popolo, einer Kirche, die den Römern viel bedeutet, eine Volkskirche im Unterschied zu den päpstlichen Basiliken. Gregorovius zitiert einen Brief, der kurz nach der Beerdigung nach Venedig gesandt wurde:

»Vorgestern starb Madonna Vannozza, einst das Weib des Papstes Alexander und die Mutter des Herzogs von Valence und der Herzogin von Ferrara. ... Gestern begrub man sie in S. Maria del Popolo und sie wurde mit allem Pomp begraben, fast wie ein Kardinal. ... Bei der Leichenfeier waren die Kämmerer des Papstes zugegen, was sonst nicht zu geschehen pflegt.«[73]

»Fast wie ein Kardinal«, das ist so leichthin gesagt, zeigt aber doch, dass die Römer nicht nachtragend waren, dass die Papstmätresse nicht einer allgemeinen Verachtung ausgesetzt war, erstaunlich, wenn man bedenkt, wie noch im 20. Jahrhundert Mütter von unehelichen Kindern in Dörfern Spott und Verachtung ernteten und unter mancherlei Diskriminierung zu leiden hatten. Ein Grab in einer Kirche, eine Papstmätresse an heiliger Stätte, irgendwann wurde das nachfolgenden Päpsten zu viel der Ehre, man ließ das Grab diskret verschwinden, und die Grabplatte landete im Fußboden der Eingangshalle von S. Marco, mit der Inschrift nach unten. Als man 1948 bei Restaurierungsarbeiten im Fußboden zufällig die Grabplatte umdrehte und zu lesen begann, erwies sich dies als sensationeller Fund.

Heute sieht man die stark verwitterte Steinplatte an der rechten Seitenwand eingelassen. Die Inschrift ist gewiss schwer zu entziffern, doch mit einiger Mühe lesbar: »VANOTIAE CATHANEAE« und weiterhin »PRUDENTIA« (Klugheit) und dass sie sich ausgezeichnet hat durch auffallende Frömmigkeit. Ihre vier Kinder sind erwähnt und dabei natürlich »LUCRETIAE FERRARIAE«. Hier also ist auch ihre Tochter verewigt und wenn man eine Spur der Papsttochter in Rom sucht, so wird man fündig an der pulsierenden Piazza Venezia, mitten im Herzen Roms. Das Andenken der Mutter von zwei berühmten Kindern ist bis heute nicht ganz verschwunden.

Das qualvolle Ende eines Marchese

Ruhige Zeiten in Frieden und Sicherheit blieben weiterhin ein unerfüllbarer Wunschtraum, schwierig blieb die Lage des Staates Ferrara. Auch Leo X. hat von Anfang an ein begehrliches Auge auf das Herzogtum geworfen; denn für seinen Nepoten Lorenzo Medici wollte Leo X. ein Fürstentum aufbauen, gleichsam als ein williger Nachahmer von Papst Alexander VI. In aller Öffentlichkeit und ziemlich unmissverständlich machte der Papst deutlich, dass nun langsam Ferrara an die Reihe kommen müsse. Die Protektion Frankreichs hatte dies bisher verhindert, aber wer konnte schon sagen, wie lange man auf den großen Bruder rechnen durfte. Im November 1518 reiste Alfonso an den Hof Ludwigs XII., um sich weiterhin seines Schutzes zu versichern. Im Februar 1519 kehrte er nach Ferrara zurück.

Lucrezias Ehemann ging gern und oft auf Reisen, während sie selbst nicht viel von der Welt gesehen hat. Ihre weiteste Reise führte von Rom nach Ferrara, über dessen Umfeld sie nie hinausgekommen ist, bis auf eine Reise nach Mantua. In ihrer Jugend verbrachte sie ein Jahr in Pesaro, auf dem Rückweg besuchte sie Perugia, und einige Zeit lebte sie als Schlossherrin in Spoleto und Nepi, große Städte wie Florenz und Venedig hat sie dagegen nie gesehen. Pläne für eine Reise in die Dogenstadt haben sich wieder zerschlagen.

In diesem Frühjahr hatte der Markgraf Francesco Gonzaga von Mantua einen gnädigen Tod gefunden und war von seinem Leiden erlöst worden. Seinen körperlichen und in diesem Fall auch geistigen Niedergang konnten die Ärzte nicht aufhalten. Die Syphilis forderte ihren Tribut und brachte ihm ein qualvolles Ende. Es war für ihn kein schönes

Gefühl, an einer Krankheit zugrundezugehen, die er selber verschuldet hatte. Seine Ehefrau, die für antike Statuen schwärmte, wollte sich den Anblick des dahinsiechenden Gemahls ersparen und verbrachte neun Monate fern von Mantua. Am treuesten erwies sich Francescos Lieblingszwerg, der sich redlich mühte, den Markgrafen aufzuheitern. Seine Ehefrau Isabella kam gerade noch rechtzeitig zurück, um bei seinem Tod am 29. März 1519 anwesend zu sein. Für Lucrezia ging damit ein Traum zu Ende, der schon lange keiner mehr war, aber Francesco, der tapfere Condottiere, war doch die große Liebe ihres Lebens gewesen, und wer wollte ihm nicht nachtrauern? Der verwitweten Isabella schrieb Lucrezia am letzten März voller Anteilnahme:

»Erlauchteste Herrin, meine Schwägerin und geehrteste Schwester. Der bittere Verlust durch den Tod des Erlauchtesten Gemahls Ew. Exzellenz seligen Angedenkens hat mir um unendlicher Beziehungen willen so viel Trauer und Schmerz verursacht, daß ich eher des Trostes bedürftig bin als solchen geben kann, zumal Eurer Exzellenz, welcher dieser große Verlust den schwersten Kummer bereiten muß. Ich trauere demnach mit Ew. Exzellenz um dieses Unglück, und ich kann es niemals aussprechen, wie sehr dasselbe mich bedrückt und betrübt. Da nun aber dies eine vollendete Tatsache ist und es Unserm Herrn so gefallen hat, müssen wir uns seinem Willen fügen, und so bitte und ermahne ich Ew. Herrlichkeit, diesen Fall so standhaft zu tragen, als es Ihrer Klugheit geziemt, und ich weiß, daß Sie so tun werden. Nichts anderes will ich Ihnen für jetzt sagen, außer daß ich mich Ihnen zu aller Zeit empfehle und erbiete.

Ferrara, am letzten März 1519. Schwägerin Lucrezia Herzogin von Ferrara.«[74]

»Und empfehle mich demutsvoll in Ihre heilige Gnade« – Lucrezias letzte Tage

Bei seiner Rückkehr fand Alfonso seine Gemahlin wieder schwanger. Mit ihren 39 Jahren war sie vom Kinderkriegen gesundheitlich überfordert, und sie sah mit Bangen der Entbindung entgegen. Am 14. Juni 1519 gebar sie ein Mädchen, das noch in der Nacht die Nottaufe erhielt, das Isabella Maria genannt wurde und nicht lange am Leben bleiben sollte. Die angegriffene Mutter überfiel ein heftiges Kindbettfieber, und bald erkannte sie die Aussichtslosigkeit ihrer Lage. Die Geburt hatte sie sehr geschwächt, ihr Zustand wollte sich nicht bessern, eine Woche wurden alle erdenklichen Heilmethoden angewandt, bis Lucrezia nicht mehr auf eine Genesung hoffte und sich in ihr Schicksal ergab. Die Ärzte empfahlen, ihr die Haare zu schneiden, um ihr das Liegen zu erleichtern, und damit begann sie schon, Schönheit abzugeben, der Eitelkeit der Welt zu entsagen; denn ihre Haare waren ihr immer wichtig gewesen, gleichsam ihr ureigenstes Attribut.

Mit schwindender Kraft raffte sie sich auf, einen Brief zu diktieren, ihren allerletzten. Er ist gerichtet an den amtierenden Pontifex Leo X., der nun in den Räumen residierte, die ihr von Jugend an vertraut waren, der sein Papstamt weder durch Frömmigkeit noch Tugend erworben hatte, sondern in das Kardinalskollegium durch einen geschickten Schachzug seines Vaters Lorenzo de' Medici kam, der seine Tochter mit einem Papstsohn verheiratete. Zum Dank dafür erhielt der Medicisohn den roten Hut, den er schließlich mit der Tiara tauschen konnte. Lucrezia kannte Leo als jungen Kardinal, und er war ja in schöneren Tagen zu Besuch in Ferrara gewesen.

Leo X. ist fünf Jahre älter als sie, ein Genießer auf dem Papstthron, ein Nachfolger ihres Vaters, er verwaltet die Gnadenschätze der Kirche, und daher erbittet sie, ganz demütige Tochter der Mutter Kirche, seinen Segen, die päpstliche Benediktion, die Sterbende so oft schon erfleht haben. Während sie die Worte ihres Bittbriefs formuliert, sieht sie im Geiste die segnende Hand, hinterfragt nicht die Würdigkeit des Segensspenders. Sie beginnt mit »Santissimo Padre e Beatissimo signor mio«, so hat sie auch an ihren Vater geschrieben, und sie appelliert an Leo X., ihr aus dem Gnadenschatz der Kirche, dem »tesoro spirituale«, auf den der Pontifex den ersten Zugriff hat, ihr die Gnaden eines guten Todes zu vermitteln; sie fleht nicht mehr um Gesundung, sondern ergibt sich in den göttlichen Willen. Und hier folgt der Brief im Wortlaut:

»Heiligster Vater und mein zu verehrender Herr! Mit aller nur möglichen Ehrfurcht der Seele küsse ich die heiligen Füße Ew. Seligkeit und empfehle mich demutsvoll in Ihre heilige Gnade. Nachdem ich durch eine schwierige Schwangerschaft mehr als zwei Monate lang viel gelitten hatte, gebar ich, wie es Gott gefiel, am 14. dieses Monats in der Morgenfrühe eine Tochter und hoffte, nach dieser Geburt auch von meinen Leiden befreit zu sein; doch das Gegenteil davon ist eingetreten, so daß ich der Natur den Tribut zahlen muß. Und so groß ist die Gunst, welche mir Unser gnädigster Schöpfer schenkt, daß ich das Ende meines Lebens erkenne und fühle, wie ich in wenigen Stunden ihm entnommen sein werde, nachdem ich zuvor alle die heiligen Sakramente der Kirche werde empfangen haben. Und an diesem Punkt angelangt, erinnere ich mich als Christin, obwohl eine Sünderin, daran, Ew. Heiligkeit zu bitten, daß Sie in Ihrer Gnade geruhen, mir aus dem geistlichen Schatz eine Unterstützung zuzuwenden, indem Sie meiner Seele die heilige Benediktion erteilen: und so bitte ich Sie darum in Demut und empfehle Ew. heiligen Gnade meinen Herrn Gemahl und meine Kinder, welche alle Ew. Heiligkeit Diener sind. In Ferrara am 22. Juni 1519, in der vierzehnten Stunde. Ew. Heiligkeit demütige Dienerin Lucrezia von Este.«[75]

Kurze Phasen der Besserung lassen noch einmal Hoffnung aufkeimen, die Ärzte bemühen sich redlich, versuchen ihr etwas Nahrung einzuflößen, aber der Verfall ihrer Kräfte lässt sich nicht aufhalten. Schon Tage vorher wurden ihre Kinder an ihr Bett gebracht, dann allerdings wollte sie ihre Kinder nicht mehr sehen, sie sollten nicht den Verfall ihrer Mutter miterleben, sondern das Bild einer schönen Frau in ihrer Erinnerung behalten. Vielleicht sieht sie in ihren Fieberträumen Pietro Bembo oder Francesco Gonzaga, denkt an die Zeit ihrer Leidenschaften und des vollen Lebens, das sich nun dem Ende zuneigt. Mit Staunen bemerkt der Hof, wie Alfonso sich rührend um seine Gemahlin kümmert. Tag und Nacht ist er bei ihr, während das Volk in Scharen in die Kirchen strömt, um für die sterbenskranke Herzogin zu beten. Am Ende bleibt Alfonso bei ihr, kniet an ihrem Bett, erschüttert von Schmerz hält er ihre Hand. Siebzehn Jahre war er mit ihr verheiratet, und in diesen Jahren ist doch etwas gewachsen, aus der Zwangsheirat ist Zuneigung und Achtung geworden und Alfonso spürt dies schmerzlich in dieser letzten Stunde. Einer der Ärzte hält eine Kerze an ihre Lippen, aus denen kein Atemzug mehr zu erkennen ist. Die Feststellung des Todes nach dem Kenntnisstand der Zeit – der Mensch, der keinen Lebenshauch, *spiritus,* mehr aussendet, hat sein irdisches Leben beendet. Ruhig und still ist die Duchessa entschlafen. In der Nacht des 24. Juni 1519 stirbt Lucrezia Borgia in ihrem 39. Lebensjahr, in den besten Jahren, viel zu früh für ihre kleinen Kinder.

Noch in der Nacht schreibt der Herzog seinem Neffen nach Mantua, ein Schreiben ganz offiziell, nicht an seine Schwester gerichtet, sondern dem neuen Markgrafen Federico Gonzaga: »Erlauchtester Herr, mein zu verehrender Bruder und Neffe. Gott Unserem Herrn hat es gefallen, in dieser Stunde die Seele der Erlauchtesten Frau Herzogin, meiner teuersten Gattin, zu sich zu rufen, was ich Ew. Exzellenz mitzuteilen nicht unterlassen kann, um unserer gegenseitigen Liebe willen, welche mich glauben macht, daß Glück und Unglück des einen auch die des anderen sind. Und nicht ohne Tränen kann ich dies schreiben, so schwer wird es mir, mich einer so lieben und süßen Gefährtin beraubt zu sehen, denn das war sie mir durch ihre guten Sitten und die zärtliche Liebe, die zwischen uns bestand. Bei so bitterem Verlust würde ich wohl in dem Trost Ew. Exzellenz eine Hilfe suchen, aber ich weiß, daß auch Sie Ihren Teil am Schmerze nehmen werden, und mir wird es lieber sein, jemand zu haben, der eher meine Tränen mit den seinigen begleitet, als mir Trostworte spendet. Ew. Herrlichkeit empfehle ich mich.

Ferrara am 24. Juni 1519, in der fünften Stunde der Nacht. Alfonsus, Herzog von Ferrara.«[76]

Dass die Herzogin in Ferrara verschieden ist, kann als gesichert gelten, obwohl einige Biografen auch Belriguardo als Sterbeort nennen.[77]

Einen Tag später – es ist Samstag – wird die Herzogin in der Nacht zu Grabe getragen. Eine große Prozession, von Fackeln erleuchtet, begleitet den Leichnam aus dem Schloss, angeführt von Mitgliedern einer Bruderschaft, der »Compagnia della Morte« in ihren düsteren Mänteln; Klerus und Ordensleute sprechen die Totengebete. Alfonso der Herzog mit seinen Kindern zieht mit zum Kloster Corpus Domini, wo der Leichnam bestattet wird in der Gruft, in der schon die verstorbene Mutter Alfonsos ihre letzte Ruhestätte gefunden hat. Am 1. Juli 1519 wurden, wie es damals Brauch war, zum siebten Tag in allen Kirchen Ferraras feierliche Totenmessen abgehalten.

Der Markgraf Federico schickte seinen Oheim Giovanni Gonzaga nach Ferrara, um an den Trauerfeierlichkeiten teilzunehmen und dieser schrieb ihm von dort wie folgt:

»Ew. Exzellenz möge sich nicht verwundern, wenn ich Ihnen sage, daß ich morgen von hier abreise, denn die Exequien finden nicht statt, nur in den Pfarrkirchen hat man die Offizien gehalten. Doch Se. Exzellenz der Herr Herzog hat seine Erlauchte Gemahlin persönlich zu Grabe begleitet. Sie ist bestattet im Kloster der Schwestern von Corpus Christi in derselben Gruft, worin auch seine Mutter beigesetzt ist. Ihr Tod hat in dieser ganzen Stadt viel Bedauern erregt, und vor allem legte Se. Herzogliche Hoheit einen besonderen Schmerz an den Tag. Hier spricht man große Dinge über ihr Leben, und daß sie seit vielleicht zehn Jahren das Cilizio getragen hat und seit zwei Jahren täglich beichtete und jeden Monat drei- oder viermal die Kommunion nahm. Und so sei ich Ew. Exzellenz Gunst beständig empfohlen.

Ferrara am 28. Juni 1519. Johannes de Gonzaga, Markgraf.«[78]

Nach Lucrezias Tod lebte Alfonso in einer öffentlich bekannten Liaison mit Laura Diante, der Tochter eines Hutmachers. Eine Eheschließung lehnte er ab, es heißt aber, dass er in »articulo mortis«, also auf dem Sterbebett, in eine Eheschließung eingewilligt habe, aber ein Dokument darüber ist nicht vorhanden. Aus der Verbindung gingen zwei Söhne hervor, die er Alfonso und Alfonsino nannte und die er in den Adelsstand erhob, aber ihre Legitimation blieb zweifelhaft. Laura Dianti lebte in einem eigenen kleinen Hofstaat und fühlte sich wie eine wahre Herzogin, als Nachfolgerin Lucrezias.

Die Grablege

Eine geheimnisvolle Frau liegt vielleicht in einem mythenumwehten Grabmonument, irgendwie so, dass man im Geiste fast Dämonen umherschwirren sieht, zumindest romantisch würde die Fantasie diese Stätte ausmalen. Eines Morgens stehe ich nun vor der Chiesa del »Corpus Domini« mit ihrem schlichten Portal aus der Mitte des 15. Jahrhunderts. Die Nüchternheit und Kargheit passt zu den Klarissen und berührt mehr als prunkende Fassaden. Trotz angezeigter Öffnungszeit ist die Kirche verschlossen, nicht jeder Beliebige kann hier also eintreten. Auf Nachfrage an der Klosterpforte bekomme ich Bescheid, dass sich die Tür nun öffnen lässt, und eine freundliche Klarissin dirigiert mich von ihrem Platz aus in der Klausur durch die kleine Kirche nach vorne zum Altar und dann rechts durch eine schmale Tür in den Chorraum des Klosters, der heute nicht mehr zur Klausur gehört. Es ist ein saalartiger Raum ohne Deckenbemalung, links und rechts an der Seite das Chorgestühl, und vor dem Altar an der Wand sind sechs Grabplatten im Boden eingelassen. Lucrezia wurde ursprünglich in einem prächtigen Sarkophag aus vergoldeter Bronze in der Gruft dieser Chorkapelle beigesetzt. In der Weihnachtsnacht 1665 wütete ein schlimmer Brand, der Teile der Kapelle zerstörte und durch die große Hitze die Sarkophage schmelzen ließ. Die Grablege musste neu angelegt werden, die Gebeine der Bestatteten kamen in den Fußboden und darüber die Grabplatten. Keine Kapelle, keine Krypta, sondern schlichte Bodenplatten halten die Erinnerung wach an die Familie Este und ihre berühmteste Duchessa.

Die Grabplatte in der Mitte ist gewidmet dem »Alfonso Duci Ferrarie«, seiner Mutter Eleonora d'Aragona und schließlich »Lucretie Borgie uxori« und ihren beiden Kindern Alessandro und Isabella. Ohne Titel und ohne rühmenden Redeschwall, wie er so oft an italienischen Grabstätten zu finden ist, gedenkten hier das Kloster und die Nachwelt der berühmtesten Frau Ferraras. Es erstaunt an der Inschrift, dass Lucrezia als eine Borgia gesehen wird, und als eine solche hat sie bis heute keine Ruhe gefunden, obwohl keine Touristeninvasion ihr Grab heimsucht, es sind wenige, die hier vorsprechen.

Die Inschriften der anderen Grabplatten benennen Lucrezias Sohn, den Duca Ercole II., und den Duca Alfonso II., ihren Enkel, dessen Ehefrau Lucrezia Medici, Lucrezias Tochter Eleonora d'Este, die als Nonne hier lebte und im Ruf der Heiligkeit verstorben ist. Erwähnt wird auch eine Camilla Caterina Gonzaga und Lucrezia d'Este, eine uneheliche Tochter ihres Sohnes Ercole II., also eine Enkelin, die hier im Kloster als Nonne ein vorbildliches Leben führte. Unter einer kleinen Grabplatte wurden im Jahr 1960 die Gebeine verschiedener Este wie z. B. von Ercole I., Ferrante und dem schönen Giulio in einem Sammelgrab beigesetzt, die vorher in eigenen Grablegen sich befanden. Warum dieses so erlauchte und herrschaftlich auftretende Fürstenhaus eine derart bescheidene Grabstätte ausgesucht hat, erstaunt im Nachhinein, wenn man an die Scaliger in Verona denkt oder die Medici mit ihrer prachtvollen Grabkapelle.

Ohne Zweifel waren die Borgia eine Familie von Prahlhänsen, die nach außen mächtig auftrumpften und ihren Hang zum imposanten Auftreten hemmungslos auslebten. Im Tode allerdings sind sie sich gleich in der Schlichtheit ihrer Gräber. Lucrezias Bruder Cesare wurde im Dom zu Viana, das bei Pamplona liegt, begraben und zwar im Kirchenboden vor dem Hochalter, kein ungewöhnlicher Platz, nicht wenige Bischöfe ruhen so in ihrer Kathedrale, und schließlich war Cesare ja einmal Bischof von Pamplona. Irgendwann verschwanden seine Gebeine aus der Kirche, wurden vermutlich vor dem Kirchenportal vergraben und sind bis heute ein Thema geblieben, eine Pressenotiz aus Spanien vom Frühjahr 2007 handelt wieder einmal von ihm:

»Der berüchtigte italienische Papst-Sohn und Kriegsherr der Renaissance-Zeit, Cesare Borgia, darf nicht in einer Kirche beigesetzt werden. Der Erzbischof von Pamplona hat einen Antrag auf Umbettung der sterblichen Überreste Borgias in die Kathedrale von Viana abgelehnt. Bisher ist der Sohn von Papst Alexander VI. vor der Kathedrale in der nordspanischen Stadt am Jakobs-Pilgerweg beigesetzt. Ein Sprecher des Erzbistums Pamplona gibt an, man wolle kein moralisches Urteil über Cesare Borgia fällen, erlaube aber schon seit längerer Zeit keine Bestattung innerhalb von Kirchen mehr.«

Und was haben die Päpste im Petersdom nicht für hochaufragende, machtvolle Grabmonumente bekommen, aber eben nicht alle; Lucrezias Vater ist hier nicht zu finden. Seine letzte Ruhestätte findet sich in der spanischen Nationalkirche S. Maria in Monserrato, ganz hinten in einer Seitenkapelle, gut versteckt und kaum beachtet. Kein Nachfolger wollte mehr etwas von ihm wissen, Totschweigen war die Devise des Vatikan bis heute. Im Jahre 2003, zum 500. Todestag Alexanders VI., ließ man an seiner ehemaligen Wirkungsstätte keine einzige Silbe verlauten, geschweige denn ein Wort des Gedenkens an einen Papst, der bei all seinen Fehlern doch eine respektable Leistung für Rom und die Kirche vollbracht hat. Lucrezia, die Tochter des viel geschmähten Tiaraträgers, aber blieb unvergessen. Im Jahre 2002 wurde sie in einem glanzvollen Jubiläumsjahr von den Ferrararesen gebührend gefeiert und ihre Persönlichkeit erneut ins Bewusstsein der Menschen gerückt – eine Persönlichkeit. die von Legenden und Missdeutungen überwuchert und allzu oft entstellt worden war.

Mehr Legende als Wirklichkeit – das Lucrezia-Bild bei Geschichtsschreibern und Romanschriftstellern

Im tradierten Bild Lucrezia Borgias sind Legenden und historische Fakten zu einem grandiosen, geheimnisvollen Mythos verwoben. »Lucrezia Borgia – eine Mythengeschichte«, zu diesem Thema wird zurzeit eine Promotion von Brigitte Baldo verfasst und zwar am Lehrstuhl von Prof. Dr. Volker Reinhardt an der Universität Fribourg.

Die wichtigste zeitgenössische Quelle der römischen Jahre Lucrezias sind ohne Zweifel die Aufzeichnungen von Johannes Burchard, des päpstlichen Zeremonienmeisters. Sein Amt, ein Vertrauensposten, verschaffte ihm vielerlei Einblicke in die innersten Kreise des Vatikan. In sein »Diarium« oder »Liber notarum«, eine Art Leitfaden für kirchliche Zeremonien, fügte er allerlei private und kuriose Mitteilungen ein, die eine unvergleichliche Fundgrube für spätere Historiker sind, für kritische Historiker allerdings, die nicht alle seine Schilderungen für bare Münze nehmen.

Den Papst Alexander VI. konnte Burchard nicht leiden, und das schlägt sich in seiner Darstellung nieder. Die Tabubrüche dieses Papstes beschrieb der Zeremonienmeister scheinbar sachlich, aber oft mit versteckter Ironie, Sarkasmus und Übertreibung. Lucrezias Hochzeiten im Vatikan waren ihm ersichtlich ein Gräuel, Frauen im Papstpalast erschienen ihm zwar nicht direkt als Hexen, aber unerwünschte Gäste waren sie allemal. Genüsslich berichtet Burchard der Nachwelt, dass am 31. Oktober 1501 in den Räumen des Vatikan eine absolut skandalöse Veranstaltung stattfand. 50 Kurtisanen waren von Cesare Borgia zu einem Bankett eingeladen, das sich zu einer Orgie auswuchs, bei der die Damen nackt tanzten und vom Boden Kastanien aufklaubten; der wüste Reigen, bekannt bis heute als Kastanienball, endete mit Gruppensex. Lucrezia wird eigens als Zuschauerin erwähnt, neben ihrem Vater und Bruder. Die Papsttochter bei einer derart anrüchigen Begebenheit und das kurz vor ihrer Hochzeit? Vielerlei Indizien deuten darauf hin, dass dieser vatikanische Abend nicht unbedingt so verlaufen ist, wie von Burchard beschrieben.

»So spricht alles für eine Erfindung. Dennoch waren in diesem wollüstig ausgemalten Tableau Virtualität und Realität miteinander vermischt, und zwar mit großer psychologischer Kunstfertigkeit.«[79]

Viele glaubten dem Zeremonienmeister bedenkenlos, weil man den Borgia eben alles zutraute.

Zwischen 1537 und 1540 schreibt Francesco Guicciardini seine »Storia d'Italia«, ein Standardwerk, das die weitere Geschichtsschreibung bestimmt. Er lässt kein gutes Haar an Papst Alexander VI., und dieses vernichtende Urteil tradiert sich ständig fort. Im Sechsten Buch, Erstes Kapitel schreibt er nach dem Tod des Papstes:

»Zu dem Leichnam Alexanders strömte in St. Peter ganz Rom mit unglaublicher Freude zusammen, und Niemand konnte sich satt sehen an dem todt daliegenden Drachen, der durch seinen maßlosen Ehrgeiz, durch seine unheilvolle Meineidigkeit und durch alle die Beispiele von schauderhafter Grausamkeit, von unnatürlicher Unzucht, von unerhörter Habsucht, indem er ohne Unterschied Heiliges und Profanes verkaufte, die ganze Welt vergiftet hatte, und nichtsdestoweniger von einem höchst seltenen und fast ununterbrochenem Glück von seiner ersten Jugend bis zum Ende seines Lebens begünstigt worden war.«[80]

Nach Guiccardini ist die ganze Familie, also auch Lucrezia, mit einem Fluch behaftet, und vor allem die Frau trägt wie Eva die entscheidende Schuld, sie unterhält blutschänderische Beziehungen zu ihrem Vater und ihren Brüdern, und diese sexuell perverse Beziehung wird zum Anlass für den Brudermord. Damit war ein historisches Verdammungsurteil über Lucrezia gesprochen. Beweise oder konkrete Anhaltspunkte für seine Behauptung liefert der Historiker nicht. Und so werden Gerüchte am Ende zu historischen Wahrheiten.

Lucrezias siebzehn Jahre in Ferrara sind durch vielerlei Quellen belegt, sei es durch Briefe, Berichte der Botschafter, Chroniken und verschiedenste Aufzeichnungen. Die zeitgenössischen Chronisten Ferraras zeichnen ein durchweg positives Bild der Herzogin, die ihnen allerdings mit der Zeit etwas zu fromm erschien.

Ferdinand Gregorovius lebte schon über zwanzig Jahre in Rom, als er seine Lebensbeschreibung der Borgiatochter begann, die er 1874 abschloss. Anlass für den renommierten Historiker und Journalisten war, neben finanziellen Erwägungen, ein besonderes Erlebnis. Mit der Einigung Italiens verschwanden nicht alle Dokumente Roms in den vatikanischen Archiven, sondern manches wurde frei zugänglich, und eines Tages hielt Gregorovius ein unschätzbares Dokument in Händen, den Protokollband des Notars Camillo Beneimbene, und das beflügelte ihn zu seinem neuen Werk. Als ich vor einiger Zeit das Archivio di Stato besuchte, dauerte es nicht lange, und ohne bürokratischen Aufwand erhielt ich den Band mit vielen Urkunden vom Ende des 15. Jahrhunderts. Camillo, der spezielle Notar von Rodrigo Borgia, hat auch die überaus detailreichen Eheverträge für Lucrezia aufgesetzt. Gregorovius wollte eine »wahre Geschichte Lucrezias« schreiben, aber sein Werk ist trotz der verdienstvollen Einarbeitung zahlreicher Dokumente nicht wirklich sachlich und kritisch. Als gewandter Erzähler ließ er seiner Feder freien Lauf, und es ging ihm streckenweise mehr um ein effektvoll gemaltes Historienbild als um beweisbare Tatsachen.

Neben Ludwig von Pastor, der in seiner monumentalen Papstgeschichte von 1895 im 3. Band auch die römischen Jahre der Papsttochter Lucrezia anspricht, war es Maria Bellonci, die Lucrezia eine umfangreiche Biographie widmete.1939 erschien ihre »Lucrezia Borgia« mit dem charakteristischen Untertitel »Nicht Teufel, nicht Engel, nur Weib«. Obwohl die Autorin unzählige Dokumente auswertete, füllte sie viele Seiten doch mit Ausschmückungen und Behauptungen, denen man nicht immer folgen kann.

Das literarische Bild Lucrezias ist im Wesentlichen ein Produkt der Romantik mit ihrer Sehnsucht nach Horrorgeschichten und leidenschaftlichen Affären. Das Bild Lucrezias wurde zunehmend mit schaurigen Details angereichert, danach hat sie ihre Liebhaber vergiftet, inzestuöse Liebesbeziehungen zu Vater und Bruder in »teuflischer Dreieinigkeit« gepflegt. Von Alexandre Dumas stammt der erste ausführliche Borgia-

Roman und zwar als erster Band seiner Serie »Les Crimes célèbres«, die ab 1840 erschien. Aus dieser Quelle haben spätere Literaten ausführlich geschöpft.

Victor Hugo brachte in die Borgialegende die Idee von Lucrezia als Giftmörderin. Eine grazile, sehr hübsche, wunderbare Frau als Giftmischerin, das ergibt eine sentimentale, aber zugleich spannende und hochdramatische Geschichte. Nicht zufällig wurde das 1831 uraufgeführte Schauspiel »Lucrèce Borgia« der größte Bühnenerfolg des Autors. Hugo wollte keine historische Persönlichkeit auf die Bühne bringen, er nennt Lucrezia eine »Monstreuse«, die Zuschauer wollen Gänsehaut bekommen.

Die Tragödie zwischen Mutter und Sohn ist das eigentliche Thema des Hugo-Dramas. Lucrezia kommt, wie der Dichter sagt, aus »einer Familie von Teufeln«. Die inzestbesudelte Lucrezia Borgia hat aus einer ihrer blutschänderischen Beziehungen ein Kind zur Welt gebracht, das die junge Mutter heimlich weggeben musste. Nun endlich hat sie ihren Sohn Gennaro in Venedig wiedergefunden. Er allerdings kennt seine Eltern nicht, und sie gibt sich ihm nicht als Mutter zu erkennen. Am Ende verübt Lucrezia einen Massenmord an den Freunden ihres Sohnes, sie teilt ihnen freudig mit: »Meine Herren, Sie sind vergiftet!« Unter den Opfern ist auch ihr Sohn Gennaro, der in ihren Armen stirbt, und auch sie sinkt tot zu Boden.

Hugos Bild einer mordlüsternen, dämonischen Lucrezia bestimmt die öffentliche Meinung über Lucrezia Borgia bis heute – eine Unzahl von Romanen und Filmen folgte seinem Vorbild. Auch Gaetano Donizettis Oper »Lucrezia Borgia«, die am 26. Dezember 1833 an der Mailänder Scala uraufgeführt wurde, basiert auf Victor Hugos Vorlage.

Wer die Lebensgeschichte dieser berühmten Renaissancefürstin liest und deftige Schilderungen erwartet, reibt sich verwundert die Augen und fragt, wo bleibt das Gift und wo sind die Sex-Szenen? Wo bleiben die Skandale? Diese zeigen sich nicht im Schlafzimmer und nicht in der Giftküche, wohl aber rund um den Petersplatz, wo eine leichtlebige, veräußerlichte Papsttochter in Luxus lebt und von der Verschleuderung kirchlicher Gelder mitprofitiert. Aber für diese moderne, sozialkritische Sicht bestand damals kein Empfinden. Ihr Hang zum Luxus begleitet sie nach Ferrara, wo sie sich als verantwortungsvolle und mildtätige Fürstin im Laufe der Jahre großes Ansehen erwarb. Für ihre erotischen Affären, auf die sie bei alledem nicht verzichtete, hätte die heutige Zeit Verständnis. Skandalös war ohne Zweifel die Familienpolitik ihres Vaters, in die sie nolens volens eingebunden war. Skandalös war ihr Auftreten in Rom, allerdings halten wir heute vieles für skandalös, was sie selber so nicht erkennen konnte oder wollte.

Geben wir am Schluss dem großen Ariost, dem Dichter Ferraras, das Wort:

> Wie aber preis ich dir mit würd'gem Munde
> Die hoheitsvolle edle Herzogin
> Lucrezia Borgia? Die mit jeder Stunde
> An Schönheit wächst, an Tugend, am Gewinn
> Des Ruhms und Glückes, wie die junge Pflanze
> Im lockern Erdreich wächst beim Sonnenglanze.
> Ariost, Orlando furioso, 13. Gesang, 69. Stanze

Anhang

Anmerkungen

1 Severidt, Gonzaga, S. 85
2 Gregorovius, Lucrezia, S. 41
3 Poeschel hat in einer sorgfältigen wissenschaftlichen Arbeit nachgewiesen, dass hier nicht Lucrezia porträtiert ist, dazu Poeschel, Alexander Maximus
4 Zitat bei Bellonci, Lucrezia Borgia, S. 88
5 ebenda, S. 92
6 ebenda, S. 95
7 Gregorovius, Lucrezia, S. 74
8 Müller, Kirchenfürsten, S. 70
9 ebenda, S. 71
10 ebenda, S. 72
11 ebenda, S. 73
12 ebenda, S. 90
13 ebenda, S. 115
14 ebenda, S. 117
15 Grillandi, Lucrezia Borgia, S. 70
16 Zitat bei Schraut, Die Renaissancefamilie Borgia, S. 60
17 Pastor, Päpste, Bd. III/1, S. 363
18 The Pope's Daugther, unter diesem Titel ist in Amerika eine umfangreiche Monografie von 350 Seiten über sie erschienen. Wer den Titel liest, denkt vermutlich nicht an die Juliustochter Felice. Bei »Papsttochter« richten sich alle Augen auf Lucrezia.
19 Müller, Kirchenfürsten, S. 150
20 Reinhardt, Der unheimliche Papst, S. 195
21 Bellonci, S. 269
22 Müller, Kirchenfürsten, S. 170
23 ebenda, S. 171
24 Gregorovius, Lucrezia, S. 167/168
25 Pastor, Päpste, Bd. III/1, S. 572
26 Gregorovius, Lucrezia, S. 180/181
27 Müller, Kirchenfürsten, S. 176/177
28 Gregorovius, Lucrezia, S. 183
29 ebenda, S. 186/187
30 Die Universität von Ferrara hat zum Jubiläum 2002 Texte einer ganzen Reihe von Chronisten ins Netz gestellt: Università degli Studi di Ferrara »Lucrezia Borgia« – Cenni storici, darunter z. B.:
Bernardino Zambotti, Diario ferrarese

Paolo Zerbinati, Cronache di Ferrara
Filipo Rodi, Annali di Ferrara
31 Gregorovius, Lucrezia Borgia, S. 209
32 ebenda, S. 217
33 Schwindt, Frauen, S. 51
34 Text bei Toselli, Lucrezia Borgia a Ferrara, S. 13
35 die Stadthistorikerin Francesca Bocchi im Lexikon des Mittelalters, Bd. IV, Sp. 28
36 Chledowski, Der Hof von Ferrara, S. 464
37 Gregorovius, Lucrezia, S. 238
38 ebenda, S. 239
39 ebenda, S. 240
40 ebenda, S. 242
41 ebenda, S. 243
42 Musini, Lucrezia Borgia, S. 159
43 Gregorovius, Lucrezia, S. 252
44 Vancini, Lucrezia Borgia, S. 191
45 Chledowski, Der Hof von Ferrara, S. 190
46 Bembo, La grande fiamma, S. 130 u. 132,
47 In dem Buch von Walter/Zapperi, Das Bild der Geliebten, ist auf S. 75–98 ausführlich die Beziehung Pietro Bembo und Maria Savorgnan beschrieben. Nach Bembos Tod wurde im Jahr 1552 der Briefwechsel zwischen den Liebenden veröffentlicht.
48 Cloulas, Die Borgias, S. 331
49 Bembo, Asolaner Gespräche, S. 9
50 ebenda, S. 10
51 ebenda, S. 54
52 ebenda, S. 134
53 Gregorovius, Lucrezia, S. 254
54 Ariosto, Der rasende Roland, S. 63: 3. Gesang, Stanze 56
55 ebenda, S. 465: 42. Gesang, Stanze 83
56 Süddeutsche Zeitung vom 31. 7. 2007
57 Ihm und Francesco del Cossa wurde vom 23. September 2007 bis 6. Januar 2008 in Ferrara eine große Ausstellung gewidmet. Dazu ist ein umfangreicher Katalog erschienen.
58 Giovanna Niebler, Exposé S. 3: An der Universität Heidelberg ist eine Dissertation von Frau Niebler in Arbeit mit dem Thema »Frauen im Hintergrund der Macht: Isabella d'Este, Beatrice d'Este und Lucrezia Borgia und ihr Verhältnis zu den Künsten.« [www.khi.uni-heidelberg.de/projekte/doktoranden/niebler.pdf]
Die einzelnen Bilder des Bartolomeo Veneto sind aufgelistet bei Laureati, Ausstellungskatalog
59 Giovanna Niebler, Exposé, S. 3
60 Laureati, Lucrezia Borgia, S. 62
61 Reinhardt, Die großen Familien, S. 297
62 Trevor Dean in Reinhardt, Die großen Familien, S. 255
63 Zitat bei Simon, Die Gonzaga, S. 206
64 Krabs, Wir von Gottes Gnaden, S. 94
65 Pastor, Päpste, Bd. III/2, S. 781

66 ebenda, S. 792
67 Schüller-Piroli, Die Borgia-Dynastie, S. 169
68 Pastor, Päpste, Bd. III/2, S. 841
69 Notiz bei Farinelli Toselli, Lucrezia Borgia, S. 18
70 Zarri, La religione, S. 6
71 ebenda, S. 183
72 Rendina, I palazzi storici, S. 119
73 Gregorovius, Lucrezia, S. 287
74 ebenda, S. 290
75 ebenda, S. 291
76 ebenda, S. 292
77 Dazu der Artikel von Ottorino Bacilieri: La morte di Lucrezia Borgia a Belriguardo: realtà o finzione? In: Comune di Voghiera (Hg.): Il mito di Lucrezia Borgia S. 67–72
78 Gregorovius, Lucrezia, S. 292
79 Reinhardt, Der unheimliche Papst, S. 211
80 Guiccardini, Geschichte Italiens, Darmstadt 1846, S. 22

Literatur

Ariosto, Ludovico: Der rasende Roland, in der Übertragung von Johann Diederich Gries, Winkler Bibliothek der Weltliteratur, München 1980

Bellonci, Maria: Lucrezia Borgia – Nicht Teufel, nicht Engel, nur Weib, Wien 1941

Bembo, Pietro: Lucrezia Borgia – La grande fiamma, herausg. von Raboni Giulia, Milano 2002

Bembo, Pietro: Asolaner Gespräche – Dialog über die Liebe, herausg. und übersetzt von Michael Rumpf, Heidelberg 1992

Blum, Paul Richard (Hg.): Philosophen der Renaissance, Darmstadt 1999

Bordin, Michele e Trovato, Paolo: Lucrezia Borgia – Storia e mito, Firenze 2006

Burke, Peter: Die europäische Renaissance, München 1998

Chastenet, Geneviève: Lucrezia Borgia – La perfida innocente, Milano 1996

Chledowski von, Casimir: Der Hof von Ferrara, München 1934

Cloulas, Ivan: Die Borgias: Biographie einer Familiendynastie, 4. Aufl. Düsseldorf 1994

Comune di Voghiera (Hg.): Il mito di Lucrezia Borgia nell' età contemporanea – atti del convegno nazionale di studi, Ferrara 2003

Dizionario biografico degli Italiani, Rom, 1960 ff

Farinelli Toselli, Alessandra (Hg.): Lucrezia Borgia a Ferrara – Testimonianze librarie e documentarie di un mito, Ferrara 2002

Ferino-Pagden, Sylvia: »La prima donna del mondo«. Isabella d'Este: Fürstin und Mäzenatin der Renaissance, Ausstellungskatalog Wien 1994.

Ferrara, Orestes: Alexander VI. Borgia, Zürich 1957

Gregorovius, Ferdinand: Lucrezia Borgia, Stuttgart, 1875, Ausgabe München 1982

Grillandi, Massimo: Lucrezia Borgia, Düsseldorf 1991

Guicciardini, Francesco: Geschichte Italiens, übersetzt von Eduard Sander, Darmstadt 1846

Hermann-Röttgen, Marion (Hg.): Die Borgia zwischen Wissenschaft und Kunst – ein Kongress in Schwäbisch Hall, Stuttgart 1996

Hermann-Röttgen, Marion: Die Familie Borgia: Geschichte einer Legende, Stuttgart–Weimar 1992

Krabs, Otto: Wir von Gottes Gnaden, München 1996

Laureati, Laura (Hg.): Lucrezia Borgia, Ferrara 2002, Ausstellungskatalog »LUCREZIA BORGIA«, Ferrara – Palazzo Bonacossi, 5 ottobre–15 dicembre 2002, Ferrara 2002

Müller, Martin (Hg.): Kirchenfürsten und Intriganten, Ungewöhnliche Hofnachrichten aus dem Tagebuch des Johannes Burcardus, Zürich 1985

Musini, Daniela: Lucrezia Borgia: Misteri, intrighi e delitti, Viterbo 2005

Neumahr, Uwe: Cesare Borgia – Der Fürst und die italienische Renaissance, München 2007

Pade, Marianne: La corte di Ferrara e il suo mecenatismo, Modena 1990
Pastor, Ludwig von: Geschichte der Päpste seit dem Ausgang des Mittelalters, 16 Bände, Freiburg 1886–1933
Poeschel, Sabine: Alexander Maximus: das Bildprogramm des Appartamento Borgia im Vatikan, Weimar 1999
Reinhardt, Volker (Hg.): Die großen Familien Italiens, Stuttgart 1992
Reinhardt, Volker: Der unheimliche Papst – Alexander VI. Borgia 1431–1503, München 2005
Rendina, Claudio: I palazzi storici di Roma, Roma 2005
Schraut, Elisabeth (Hg.): Die Renaissancefamilie Borgia: Geschichte und Legende, Sigmaringen 1992
Schüller-Piroli, Susanne: Die Borgia-Päpste Kalixt III. und Alexander VI., München 1980
Schüller-Piroli, Susanne: Die Borgia-Dynastie: Legende und Geschichte, München 1985
Schwindt, Nicole, (Hg.): Frauen und Musik im Europa des 16. Jahrhunderts. Infrastrukturen – Aktivitäten – Motivationen, Kassel 2005
Severidt, Ebba: Familie, Verwandtschaft und Karriere bei den Gonzaga, Leinfelden-Echterdingen 2002
Simon, Kate, Die Gonzaga – eine Herrscherfamilie der Renaissance, Köln 1991
Uhl, Alois: Papstkinder – Lebensbilder aus der Zeit der Renaissance, Düsseldorf 2. Auflage 2003
Uhl, Alois: Die Päpste und die Frauen, Düsseldorf 2. Auflage 2005
Varanini, Gianna (Hg.): Lucrezia Borgia nell' opera di cronisti, letterati e poeti suoi contemporanei alla corte di Ferrara, Ferrara 2003
Walter, Ingeborg und Zapperi, Roberto: Das Bildnis der Geliebten, München 2007
Zarri, Gabriella: La religione di Lucrezia Borgia – Le lettere inedite del confessore, Roma 2006

Bildnachweis

Titelbild:
links: Bartolomeo da Venezia, Lucrezia Borgia. Foto © akg-images.
rechts: Castello Estense Ferrara. Foto © Alois Uhl.

Bildnachweis Innenteil:
7/13 © akg-images.